당송 예악지 역주 총서 10

신당서
예악지
4
의위지

이 책은 2018년 대한민국 교육부와 한국연구재단의 지원을 받아 수행된 연구임
(NRF-2018S1A5B8070200)

당송 예악지 역주 총서 10

신당서
예악지
4
의위지

연세대학교 중국연구원
당송 예악지 연구회 편

學古房

연세대학교 중국연구원은 부상하는 중국에 대한 전문적인 연구의 필요성에 부응하고자 설립되었다. 본 연구원은 학술 방면뿐만 아니라 세미나, 공개강좌 등 대중과의 소통으로 연구 성과를 사회적으로 확산하는 데 노력해왔다. 그 일환으로 현재의 중국뿐만 아니라 오늘을 만든 과거의 중국도 중요하다고 판단하고 학술연구의 토대가 되는 방대한 중국의 고적古籍에 관심을 기울였다. 중국 고적을 번역하여 우리의 것으로 자기화하고 현재화하려는 중장기적 목표를 세우고, 이를 단계적으로 추진하고자 '중국 예악禮樂문화 프로젝트'를 기획하였다. 그 결과 '당송 예악지 연구회'는 2018년 한국연구재단의 중점연구소 지원 사업에 선정되어 출범하였다.

중국 전통문화의 중요한 특성을 대변하는 것이 바로 예악이다. 예악은 전통시대 중국을 포함한 동아시아 국가 체제, 사회 질서, 개인 간의 관계를 설명할 수 있는 중요한 개념이다. 국가는 제사를 비롯한 의례를 통해 정통성을 확보하였고, 사회는 예악의 실천적 확인을 통해 신분제 사회의 위계질서를 확인하였다. 개개인이 일정한 규범 속에서 행위를 절제할 수 있었던 것 역시 법률과 형벌에 우선하여 인간관계의 바탕에 예악이 작동했기 때문이다.

이렇게 예악으로 작동되는 전통사회의 양상이 정사 예악지에 반영되어 있다. 본 연구원이 '중국 예악문화 프로젝트'로 정사 예악지에 주목한 이유도 이것이다. '당송 예악지 역주 총서'는 당송시대 정사 예악지를 번역 주해한 것이다. 구체적으로 『구당서』(예의지·음악지·여복지), 『신당서』(예악지·의위지·거복지), 『구오대사』(예지·악지), 『송사』(예지·악지·의위지·여복지)가 그 대상이다. 여복지(거복지)와 의위지를 포함한 이유는 수레와 의복 및 의장 행렬에 관한 내용 역시 예악의 중요한 부분이기 때문이다.

'당송 예악지 역주 총서'는 옛 자료에 생명력을 부여하는 작업이다. 인류가 자연을 개조하고 문명을 건설한 이래 그 성과를 보존하고 전승하는 중요한 수단 중의 하나는 문자였다. 문자는 기억과 전문傳聞에 의한 문명 전승의 한계를 극복해준다. 예악 관련 한자 자료는 그동안 접근하기 어려워서 생명력이 없는 박물관의 박제물과 같았다. 이번에 이를 우리말로 풀어냄으로써 동아시아 전통문화를 보다 정확히 이해하는 데 토대가 되길 기대한다. 이 총서가 우리 학계를 포함하여 사회 전반에 중요한 자산이 되길 바란다.

연세대학교 중국연구원 원장 김현철

일러두기

1. 본 총서는 『구당서』『신당서』『구오대사』『송사』의 예악禮樂, 거복車服, 의위儀衛 관련 지志에 대한 역주이다.

2. 중화서국中華書局 표점교감본標點校勘本을 저본으로 사용하였다.

3. 각주에 [교감기]라고 표시된 것은 중화서국 표점교감본의 교감기를 번역한 것이다.

4. 『신당서』 [교감기]가 참조한 판본은 구체적으로 다음과 같다.

　　　　殘宋本(南宋 小興 越州刻本)

　　　　聞本(明 嘉靖 聞人詮刻本)

　　　　殿本(淸 乾隆 武英殿刻本)

　　　　局本(淸 同治 浙江書局刻本)

　　　　廣本(淸 同治 廣東 陳氏 葄古堂刻本)

5. 번역문의 문단과 표점은 저본을 따르는 것을 원칙으로 하되, 원문이 너무 긴 경우에는 가독성을 위해 문단을 적절히 나누어 번역하였다.

6. 인명·지명·국명·서명 등 고유명사는 한자를 병기하되, 주석문은 국한문을 혼용하였다.

7. 번역문에서 서명은 『　』, 편명은 「　」, 악무명은 〈　〉로 표기하였다.

8. 원문의 주는 【　】안에 내용을 넣고 글자 크기를 작게 표기하였다.

9. 인물의 생졸년, 재위 기간, 연호 등은 (　)에 표기하였다.

新唐書卷二十一
『신당서』권21

禮樂十一
예악 11

이유진 역주

聲無形而樂有器. 古之作樂者, 知夫器之必有弊, 而聲不可以言
傳, 懼夫器失而聲遂亡也, 乃多爲之法以著之. 故始求聲者以律,
而造律者以黍. 自一黍之廣, 積而爲分·寸; 一黍之多, 積而爲龠
·合; 一黍之重, 積而爲銖·兩. 此造律之本也. 故爲之長短之法,
而著之於度; 爲之多少之法, 而著之於量; 爲之輕重之法, 而著之
於權衡. 是三物者, 亦必有時而弊, 則又總其法而著之於數. 使其
分寸·龠合·銖兩皆起於黃鍾, 然後律·度·量·衡相用爲表裏, 使
得律者可以制度·量·衡, 因度·量·衡亦可以制律. 不幸而皆亡,
則推其法數而制之, 用其長短·多少·輕重以相參考. 四者旣同, 而
聲必至, 聲至后樂可作矣. 夫物用於有形而必弊, 聲藏於無形而不
竭, 以有數之法求無形之聲, 其法具存. 無作則已, 苟有作者, 雖
去聖人於千萬歲後, 無不得焉. 此古之君子知物之終始, 而憂世之
慮深, 其多爲之法而丁寧纖悉, 可謂至矣.

소리에는 형形이 없으나 악樂에는 기器가 있다. 고대에 악을 만든
사람은 기器에 분명히 폐단이 있지만 (악의) 소리는 말로 전할 수
없음을 알았고, 기器가 사라지면 (악의) 소리가 없어질 것을 염려했
기에 여러 방법을 강구하여 그것을 나타냈다. 그러므로 처음에 소리
를 구하는 것은 율律로써 하고 율을 만드는 것은 서黍(기장)로써 했
다.1)

----

1) 기장[黍]의 낱알을 이용해 律管의 길이를 정하는 累黍法을 가리킨다. 기
   장 한 알이 1分이고, 10分이 1寸이며, 10寸이 1尺이고, 10尺이 1丈이며,
   10丈이 1引이다. 기장 90알(즉 90分)을 나열해, 음률의 기본인 12律을 정
   하는 척도인 黃鍾管의 길이로 삼았다. 黃鍾管은 度(길이)는 물론 量(부
   피), 衡(무게)과도 밀접하게 관련되어 있다. 黃鍾管에는 기장 1200알이
   담기는데, 이것이 1龠이다. 10龠이 1合이고, 10合이 1升이며, 10升이 1斗

1서黍의 너비로부터 누적하면 분分과 촌寸이 된다.2) 1서의 수량으로부터 누적하면 약龠과 홉合이 된다.3) 1서의 무게로부터 누적하면 수銖와 양兩이 된다.4) 이것이 율을 만드는 기본이다. 이에 (율을 가지고) 장단長短(길이)을 확정하는 방법은 도度로 나타내고, 다소多少(부피)를 확정하는 방법은 양量으로 나타내고, 경중輕重(무게)을

이고, 10斗가 1斛이다. 黃鍾管에 기장 1200알이 담긴 1龠의 무게가 12銖에 해당한다. 1兩은 24銖이다. 16兩이 1斤이 되고, 30斤이 1鈞이 되며, 4鈞이 1石이 된다.

2) 기장[黍] 한 알이 1分이고, 10分이 1寸이며, 10寸이 1尺이고, 10尺이 1丈이며, 10丈이 1引이다. 기장 90알(즉 90分)을 나열해, 음률의 기본인 12律을 정하는 척도인 黃鍾管의 길이로 삼았다.

3) 黃鍾管에는 기장 1200알이 담기는데, 이것이 1龠이다. 10龠이 1合이고, 10合이 1升이며, 10升이 1斗이고, 10斗가 1斛이다. 고대의 표준 量器인 嘉量은 바로 龠·合·升·斗·斛을 하나의 量器로 만든 것이다.

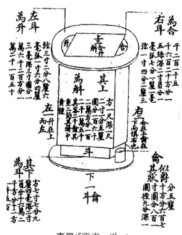

嘉量(『樂書』 권97)

4) 黃鍾管에 기장 1200알이 담긴 1龠의 무게가 12銖에 해당한다. 1兩은 24銖이다. 16兩이 1斤이 되고, 30斤이 1鈞이 되며, 4鈞이 1石이 된다.

확정하는 방법은 권형權衡으로 나타냈다.5) 이 세 기물(도·양·권형) 역시 때로는 폐단이 있게 마련이므로 그 방법을 총괄하여 수數로 나타냈다. 분촌分寸·약홉龠合·수양銖兩을 모두 황종黃鍾6)에서 비롯하게 한 연후에 율律·도度·양量·형衡이 서로 표리表裏가 되며, 율을 얻은 자로 하여금 도·양·형을 제정할 수 있게 해주고 도·양·형에 근거해서 율 역시 제정할 수 있다. 불행히도 (율·도·양·형이) 모두 사라졌다면 그 법수法數를 추산하여 그것을 제정하는데, 장단·다소·경중을 이용해 서로 참고한다.

　네 가지(율·도·양·형)가 통일되면 소리를 반드시 얻을 수 있고 소리가 얻어진 뒤에는 악을 만들 수 있다. 대저 기물[物]은 유형有形으로 쓰이므로 반드시 폐단이 있지만 소리는 무형無形에 감추어져 있으므로 다함이 없으니, 정해진 수數가 있는 법法으로써 무형의 소리를 추구하는 방법은 보존되어 있다. 만들지 않으면 그만이거니와 만약 만들려는 자가 있다면 비록 성인聖人으로부터 천만년 떨어져 있다고 할지라도 모두 이것으로부터 얻을 수 있다. 이는 고대의 군자가 사물을 이해하는 처음과 끝이자 세상을 걱정하는 사려 깊음이

---

5) 『尚書』「虞書·舜典」에 "율·도·양·형을 통일시켰다.同律度量衡."라는 내용이 보인다. 여기에서 '律'은 12율, '度'는 長短(길이), '量'은 多少(부피), '衡'은 輕重(무게)을 말한다.

6) 황종黃鍾 : 12律의 하나로, 六律 가운데 첫 번째 律이다. 律은 陰陽으로 나뉘는데, 陽律에 해당하는 6개를 六律이라 하고, 陰律에 해당하는 6개를 六呂라 한다. 六律은 黃鍾·太蔟·姑洗·蕤賓·夷則·無射이고, 六呂는 大呂·應鍾·南呂·林鍾·仲呂·夾鍾이다. 12律은 黃鍾을 시작으로 六律과 六呂를 교차하며 저음에서 고음 순으로 배열한 것이다. 黃鍾과 大呂가 각각 六律과 六呂의 첫 번째에 해당한다.

니, 그가 여러 방법을 강구하고 세심히 당부한 것이 지극하다고 할 만하다.

三代旣亡, 禮樂失其本, 至其聲器·有司之守, 亦以散亡. 自漢以來, 歷代莫不有樂, 作者各因其所學, 雖淸濁高下時有不同, 然不能出於法數. 至其所以用於郊廟·朝廷, 以接人神之歡, 其金石之響, 歌舞之容, 則各因其功業治亂之所起, 而本其風俗之所由.

삼대三代[7]가 망한 이후 예악이 그 근본을 상실하여 소리와 악기, 유사有司의 직분 역시 산실되었다. 한漢나라 이래 역대로 모두 악樂이 있었으며 제작자는 각각 그가 배운 바에 근거했으니, 비록 청탁淸濁과 고저[高下]가 시대에 따라 다름이 있었으나 법수法數에서 벗어날 수는 없었다. 교묘郊廟와 조정朝廷에 사용되어 인간과 신의 기쁨을 이어주는 악樂에 있어서는, 그 악기[金石]의 울림과 가무의 형태가 각각 그 공업功業와 치란治亂의 흥기에 근거하고 그 풍속의 유래에 근본했다.

自漢·魏之亂, 晉遷江南, 中國遂沒於夷狄. 至隋滅陳, 始得其樂器, 稍欲因而有作, 而時君褊迫, 不足以堪其事也. 是時鄭譯·牛弘·辛彦之·何妥·蔡子元·于普明之徒, 皆名知樂, 相與譔定. 依京房六十律, 因而六之, 爲三百六十律, 以當一歲之日, 又以一律爲七音, 音爲一調, 凡十二律爲八十四調, 其說甚詳. 而終隋之

---

7) 삼대三代 : 夏, 商(殷), 周를 가리킨다.

世, 所用者黃鍾一宮, 五夏·二舞·登歌·房中等十四調而已.

한漢나라와 위魏나라의 전란과 진晉나라의 강남 천도 이후로부터 중국은 마침내 이적夷狄에게 점령당했다. 수隋나라가 진陳나라를 멸망시킴에 이르러서 비로소 그 악기를 얻으니, 약간이나마 그것에 근거해 (악樂을) 만들고자 했으나 당시 군주의 도량이 좁아서 그 일을 감당하기에 부족했다.

당시에 정역鄭譯·우홍牛弘·신언지辛彦之·하타何妥·채자원蔡子元·우보명于普明의 무리가 모두 악을 잘 아는 것으로 이름나, 서로 더불어서 (악을) 찬정撰定했다. 경방京房[8]의 60율律에 근거해 그것(60율)을 각각 6배 하여 360율을 정함으로써 1년의 날수에 대응시켰다. 또 1율을 7음音으로 정하고 1음을 1조調로 정하여 무릇 12율을 84조로 만들었으니, 그 설명이 매우 상세했다.

수나라가 멸망함에 이르렀을 때 사용된 것은 (황종黃鍾을 으뜸음으로 삼는) 황종궁黃鍾宮 하나로, 오하五夏[9]·이무二舞[10]·등가登歌[11]

───────────────

8) 경방京房(기원전 77~기원전 37) : 前漢의 학자로, 字는 君明이다. 본래 姓은 李인데, 스스로 京으로 고쳤다. 焦延壽에게 『周易』을 배웠으며, 災異學說에 능통하여 京氏易學을 창시했다. 音律 이론과 관련해서는 12律을 확대해 60律을 이루는 방법을 개발했다.

9) 오하五夏 : 郊廟樂曲인 〈昭夏〉〈皇夏〉〈誠夏〉〈需夏〉〈肆夏〉의 合稱이다. "황제가 출입할 때는 모두 〈皇夏〉를 연주한다. 관리들이 출입할 때는 모두 〈肆夏〉를 연주한다. 食擧와 上壽에는 〈需夏〉를 연주한다. 迎神과 送神에는 〈昭夏〉를 연주한다. 郊廟에 제사하여 헌향할 때에는 〈誠夏〉를 연주한다.皇帝入出, 皆奏皇夏. 群官入出, 皆奏肆夏. 食擧上壽, 奏需夏. 迎·送神, 奏昭夏. 薦獻郊廟, 奏誠夏."(『隋書』「音樂志」)

10) 이무二舞 : 文舞와 武舞를 가리킨다. 『資治通鑑』 '隋 文帝 開皇 9年

· 방중房中12) 등의 14조13)뿐이었다.

記曰:「功成作樂.」蓋王者未作樂之時, 必因其舊而用之. 唐與
卽用隋樂. 武德九年, 始詔太常少卿祖孝孫 · 協律郎竇璡等定樂.
初, 隋用黃鍾一宮, 惟擊七鍾, 其五鍾設而不擊, 謂之啞鍾. 唐協
律郎張文收乃依古斷竹爲十二律, 高祖命與孝孫吹調五鍾, 叩之
而應, 由是十二鍾皆用. 孝孫又以十二月旋相爲六十聲 · 八十四
調. 其法, 因五音生二變, 因變徵爲正徵, 因變宮爲清宮. 七音起黃
鍾, 終南呂, 迭爲綱紀. 黃鍾之律, 管長九寸, 王於中宮土. 半之,
四寸五分, 與清宮合, 五音之首也. 加以二變, 循環無間. 故一宮
· 二商 · 三角 · 四變徵 · 五徵 · 六羽 · 七變宮, 其聲繇濁至清爲一均.
凡十二宮調, 皆正宮也. 正宮聲之下, 無復濁音, 故五音以宮爲尊.
十二商調, 調有下聲一, 謂宮也. 十二角調, 調有下聲二, 宮 · 商也.
十二徵調, 調有下聲三, 宮 · 商 · 角也. 十二羽調, 調有下聲四, 宮
· 商 · 角 · 徵也. 十二變徵調, 居角音之後, 正徵之前. 十二變宮調,
在羽音之後, 清宮之前. 雅樂成調, 無出七聲, 本宮遞相用. 唯樂章
則隨律定均, 合以笙 · 磬, 節以鍾 · 鼓. 樂旣成, 奏之.

『예기禮記』에 이르기를 "(왕은) 공을 이루면 악을 제작한다[功成
作樂]"[14]라고 했다. 대개 왕이 아직 악을 제작하지 않았을 때는 기

청악 14조뿐이었다隋世雅音, 惟清樂十四調而已"고 한다. 이상의 내용에
근거하면 隋나라 때의 이무 · 등가 · 방중 등의 14조는 清樂에 해당한다.

14) 공성작악功成作樂 : "왕은 공을 이루면 악을 제작하고 다스림이 안정되
면 예를 제정한다.王者功成作樂, 治定制禮."(『禮記』 「樂記」) 樂과 禮를
만든 것을 각각 '作'과 '制'로 구분하여 사용한 이유는 다음과 같다. "樂
은 陽이다. 움직여 시작을 만들기에 作이라고 한다.樂者, 陽也. 動作倡
始, 故言作."(『白虎通』 「禮樂」) "禮는 陰이다. 陽에 매여 절제되기에 制
라고 한다.禮者, 陰也. 繫制於陽, 故言制."(『白虎通』 「禮樂」) "樂은 氣

존의 것을 답습해 사용하기 마련이다. 당唐나라가 흥기하자 수隋나라 악을 사용했다. (당 고조高祖 이연李淵) 무덕武德 9년(626)에 비로소 태상소경太常少卿 조효손祖孝孫, 협률랑協律郎 두진竇璡 등에게 조詔를 내려 악을 제정하게 했다.

처음에, 수나라에서는 황종궁黃鍾宮 하나만 사용했으니 (12개의 종 가운데) 7개의 종鍾만 치고 나머지 5개의 종은 진설해 놓되 치지 않아서 그것을 '아종啞鍾(벙어리 종)'이라고 했다. 이에 당나라의 협률랑 장문수張文收가 옛것에 근거해 대나무를 잘라 (12개의 율관으로) 12율을 만들었는데,15) 고조高祖(이연, 566~635)가 (장문수에게)

로 드러나기에 作이라고 한다.樂是氣化, 故言作."(『禮記正義』「樂記」)」 "禮는 形으로 드러나기에 制라고 한다.禮是形化, 故言制."(『禮記正義』「樂記」)

15) 張文收가 음률에 관한 역대 연혁을 취해 대나무를 잘라 12개의 율관으로 12律을 만듦으로써 旋宮의 의미를 갖춘 것을 말한다. 旋宮은 調가 이루어지는 원리인 '旋相爲宮'을 가리키는데, 12律에 宮·商·角·徵·羽의 5音 또는 宮·商·角·徵·羽·變徵·變宮의 7音을 배합하되 12律이 서로 돌아가면서 宮音이 되면[旋相爲宮] 각각 60調와 84調를 얻게 된다. 張文收가 12律을 만듦으로써 旋宮의 의미를 갖춘 일은 『太平廣記』권 203에서 인용한 『譚賓錄』에 자세히 나와 있다. "당시에 장문수는 음률을 잘 알았는데, 蕭吉의 악보가 그다지 상세하지 않다고 여겨 역대 연혁을 취하여 대나무를 잘라 12율을 만들어서 불어 旋宮의 의미를 모두 갖추게 되었다. 太宗은 장문수를 太常으로 불러 祖孝孫과 함께 아악을 살펴 정하게 했다. 太樂의 옛 종 12개를 세간에서 '啞鍾'이라고 불렀는데, 그것에 통달한 자가 없었다. 장문수가 律管을 불어서 그것을 조절하자 소리가 제대로 펼쳐지게 되었다. 음악을 아는 사람은 모두 그 오묘함에 탄복했고, (장문수는) 協律郎을 제수받았다. 조효손이 세상을 떠나자 장문수는 비로소 三禮를 다시 가려내고 더 개량했으며 樂教가 완비되었다.時

명하여 조효손과 함께 (12개의 율관을) 불어 (진설만 하고 치지는 않던) 5개 종과 조화시키게 하니 그것(종)을 두드리자 (12율에) 호응하였고, 이로써 12개의 종이 모두 사용되었다.

조효손은 또 12달(12율)을 서로 돌아가며 각각 궁음宮音이 되도록 하여[旋相] 60성聲과 84조調를 만들었다.[16) 그 방법은 5음에 근거해 2개의 변음變音(변치變徵와 변궁變宮)을 파생시키고, 변치變徵[17)에 근거해 정치正徵를 만들며 변궁變宮[18)에 근거해 청궁淸宮을 만드는

張文收善音律, 以蕭吉樂譜未甚詳悉, 取歷代沿革, 截竹爲十二律吹之, 備盡旋宮之義. 太宗又召文收於太常, 令與孝孫參定雅樂. 太樂古鍾十二, 俗號啞鍾, 莫能通者. 文收吹律調之, 聲乃暢徹. 知音樂者咸服其妙, 授協律郎. 及孝孫卒, 文收始復採三禮, 更加釐革, 而樂敎大備矣."(『譚賓錄』)

16) 調가 이루어지는 원리인 '旋相爲宮'에 대한 설명이다. 旋相爲宮은 還相爲宮이라고도 하며 줄여서 '旋宮'이라고 한다. 12律에 宮·商·角·徵·羽의 5音 또는 宮·商·角·徵·羽·變徵·變宮의 7音을 배합하되 12律이 서로 돌아가면서 宮音이 되면 각각 60調(12×5)와 84調(12×7)를 얻게 된다. 예를 들면, 12율 중 黃鐘을 宮音으로 삼으면 太簇가 商音, 姑洗이 角音, 林鐘이 徵音, 南呂가 羽音에 해당된다. 이렇게 구성된 調를 '黃鐘宮'이라고 한다. 만약 大呂을 宮音으로 삼으면 夾鐘이 商音, 仲呂가 角音, 夷則이 徵音, 無射이 羽音에 해당된다. 이렇게 구성된 調를 '大呂宮'이라고 한다. 宮·商·角·徵·羽에 變宮·變徵를 더하여 7聲을 사용하면 이론상 84개의 調를 얻을 수 있다. 본문의 60聲은 60調를 의미한다.

17) 변치變徵 : 七聲의 4번째 음으로, 徵보다 반음 낮은 음이다. 서양 음계의 '올림 파'에 해당한다.

18) 변궁變宮 : 七聲의 7번째 음으로, 宮보다 반음 낮은 음이다. 서양 음계의 '시'에 해당한다.

것이다. 7음은 황종黃鍾에서 시작해 남려南呂에서 끝이 나는데, 서로 갈마들며 기본틀[綱紀]이 된다. 황종의 율律은, 율관律管의 길이가 9촌寸이며 (율의) 중추[中宮土]에 자리하며[19] (율을 정하는 데 있어서) 으뜸이 된다. 이것을 반절半折하면 (황종청궁黃鍾清宮인) 4촌 5분分이 되는데, (황종정성黃鍾正聲은) 청궁清宮(황종청궁)과 합하면 5음의 으뜸이 된다.[20] (궁·상·각·치·우의 5음에 변치와 변궁의) 변음變音 2개를 더하여 끊임없이 순환한다. 따라서 첫째는 궁宮, 둘째는 상商, 셋째는 각角, 넷째는 변치變徵, 다섯째는 치徵, 여섯째는 우羽, 일곱째는 변궁變宮으로, 그 소리는 탁濁에서 청清에 이르기까

---

19) 황종의 율律은 … (율의) 중추[中宮土]에 자리하며 : 中宮은 天宮을 '井' 자 형태로 나눈 9개 영역인 九宮의 하나다. 九宮은 乾宮·坎宮·艮宮·震宮·中宮·巽宮·離宮·坤宮·兌宮이다. 九宮의 중앙인 中宮은, 五行의 중앙인 土에 해당한다. 黃鍾의 律이 律의 중추라는 것은, 黃鍾律이 12律의 기준이 된다는 의미다. 또한 중앙인 土의 律이 바로 黃鐘의 宮에 해당한다. "중앙은 土이다. … 그 음은 宮이고, 律은 黃鍾의 宮에 해당한다.中央土. … 其音宮, 律中黃鍾之宮."(『禮記』「月令」)

20) 律에는 清·濁의 구별이 있는데, 清聲은 높은음을 가리키고 濁聲은 낮은음을 가리킨다. 중간 음역의 소리를 기준으로 할 때, 청성은 한 옥타브 높은 소리에 해당하고 탁성은 한 옥타브 낮은 소리에 해당한다. 律管의 길이가 길수록 음이 낮아지고 律管의 길이가 짧을수록 음이 높아진다. "소위 청탁의 數라는 것은 황종 (律管의) 길이는 9촌을 正聲으로 삼고, 1척 8촌을 黃鍾濁宮이라 하고, 4촌 5분을 黃鍾清宮으로 하는 것이다. 곱절로 긴 것이 濁宮이 되고, 절반으로 짧은 것이 清宮이 된다. 나머지 律은 이에 준거한다.所謂清濁之數者, 黃鍾長九寸爲正聲, 一尺八寸爲黃鍾濁宮, 四寸五分爲黃鍾清宮. 倍而長爲濁宮, 倍而短爲清宮. 餘律准此."(『補筆談』) 본문에서 9寸인 黃鍾 律管에 해당하는 소리가 黃鍾正聲이고, 이것을 半折하여 4寸 5分의 律管에 해당하는 소리가 黃鍾清宮이다.

지 1균均을 이룬다.[21]

　무릇 12개의 궁조宮調는 모두 정궁正宮이다. 정궁음의 아래에는
탁음濁音이 없기 때문에 5음에서 궁宮을 존귀하게 여기는 것이다.
12개의 상조商調는 조調마다 1개의 아랫소리[下聲]가 있는데, (그 아
랫소리는) 궁성宮聲이다. 12개의 각조角調는 조마다 2개의 아랫소리
가 있는데, 궁성과 상성商聲이다. 12개의 치조徵調는 조마다 3개의
아랫소리가 있는데, 궁성·상성·각성角聲이다. 12개의 우조羽調는
조마다 4개의 아랫소리가 있는데, 궁성·상성·각성·치성徵聲이다.
12개의 변치조變徵調는 각음角音의 뒤, 정치음正徵音의 앞에 자리한
다. 12개의 변궁조變宮調는 우음羽音의 뒤, 청궁음淸宮音의 앞에 자
리한다.

　아악雅樂에서 연주되는 조調는 (궁·상·각·치·우·변치·변궁의)
7성聲을 벗어나지 않으며, (각각의) 으뜸음[宮]에 바탕해 번갈아가며
사용한다.[22] 다만 악장樂章의 경우에는 율律에 따라 균均을 정하며,

------

21) 12律에서 각각의 으뜸음을 토대로 만들어진 音階를 '均'이라고 한다. 예
　　를 들면 12율의 黃鐘을 으뜸음으로 삼은 음계를 黃鐘均이라 하고, 12율
　　의 大呂를 으뜸음으로 삼은 음계를 大呂均이라고 한다. 張炎의 『詞源』에
　　서는 "12律呂에는 각각 5음이 있는데, 이것이 변화하여 宮이 되고 調가
　　된다.十二律呂各有五音, 演而爲宮爲調."고 했다. 여기서 宮은 均을 의
　　미하고 調는 調式을 의미한다. 『詞源』에 따르면, 黃鐘均의 調式에는 黃
　　鐘宮·黃鐘商·黃鐘角·黃鐘變·黃鐘徵·黃鐘羽·黃鐘閏이 있다. 여기
　　서 黃鐘變의 變은 變徵를 의미하고, 黃鐘閏의 閏은 閏宮 즉 變宮을 의
　　미한다. 이처럼 12均의 각 均마다 宮·商·角·變徵·徵·羽·變宮의 調
　　式이 있다.
22) 12律에 宮·商·角·徵·羽·變徵·變宮의 7音을 배합하되 12律이 서로

생笙과 경磬을 배합하고 종鍾과 북으로 박자를 맞춘다.

악이 완성되니, 그것을 연주했다.

太宗謂侍臣曰:「古者聖人沿情以作樂, 國之興衰, 未必由此.」
御史大夫杜淹曰:「陳將亡也, 有玉樹後庭花, 齊將亡也, 有伴侶
曲, 聞者悲泣, 所謂亡國之音哀以思. 以是觀之, 亦樂之所起.」帝
曰:「夫聲之所感, 各因人之哀樂. 將亡之政, 其民苦, 故聞以悲.
今玉樹·伴侶之曲尚存, 爲公奏之, 知必不悲.」尚書右丞魏徵進
曰:「孔子稱:樂云樂云, 鍾鼓云乎哉. 樂在人和, 不在音也.」十一
年, 張文收復請重正餘樂, 帝不許, 曰:「朕聞人和則樂和, 隋末喪
亂, 雖改音律而樂不和. 若百姓安樂, 金石自諧矣.」

태종太宗(이세민李世民, 599~649)이 근신[侍臣]에게 말했다. "고대
에 성인聖人은 정情에 따라 악樂을 제작했으니, 나라의 흥망성쇠가
반드시 이것(악)에서 말미암는다고는 할 수 없다."

어사대부御史大夫 두엄杜淹이 아뢰었다. "진陳이 망하려고 할 때
〈옥수후정화玉樹後庭花〉[23]가 만들어졌고 북제北齊가 망하려고 할 때

돌아가면서 宮(으뜸음)이 되어 만들어지는 84調(12×7)에 대한 설명이다.
즉 調가 이루어지는 원리인 '旋相爲宮'을 가리킨다.

23) 〈옥수후정화玉樹後庭花〉: 南朝 陳의 마지막 황제인 後主 陳叔寶
(553~604)가 지은 曲으로, 〈後庭花〉라고도 하며 '亡國의 音'으로 칭해
진다. 後庭花는 본래 江南 지역의 정원에서 재배하던 꽃의 이름으로,
붉은색 꽃과 흰색 꽃 2종류가 있다. 그중에서 흰색 꽃이 피면 마치 玉처
럼 아름답다고 해서 '玉樹後庭花'라고 불렀다. 이 꽃의 명칭이 〈玉樹後
庭花〉라는 曲名이 된 것이다. 陳이 멸망해가고 있었음에도 陳叔寶는
애첩인 張貴妃·孔貴嬪, 그리고 빈객들과 어울려 연회를 즐겼는데, 왕

〈반려곡伴侶曲〉[24]이 만들어졌는데, 이를 들은 자는 슬퍼 울었으니 이른바 '망국의 음은 슬프고 걱정스럽다亡國之音哀以思'[25]는 것이옵니

조가 멸망해가던 이 시기가 바로 〈玉樹後庭花〉가 궁중에서 성행하던 때였다. 589년, 隋나라 군대가 建康(현재 南京)을 공격했을 때 陳叔寶는 생포되었고 후에 그는 洛陽에서 병사했다. 다음은 〈玉樹後庭花〉가사의 일부인데, 마치 陳의 短命을 암시하는 듯하다. "아리따운 여인의 얼굴은 이슬 머금은 꽃과 같고, 옥수에 흐르는 빛은 뒤뜰을 비추는구나. 꽃이 피고 꽃이 지는 짧은 시간, 길 가득히 떨어진 꽃잎은 적막 속으로 돌아간다네.妖姬臉似花含露, 玉樹流光照後庭. 花開花落不長久, 落紅滿地歸寂中."

24) 〈반려곡伴侶曲〉: 北齊의 5번째 황제인 後主 高緯(556~577)가 지은 曲으로, 소리가 매우 슬펐으며 '亡國의 音'으로 칭해진다. "후주는 또한 자신이 곡을 지을 수 있어 직접 악기를 들고 현의 가락에 맞추어 노래하고 따로 新聲을 채택해 〈無愁曲〉과 〈伴侶曲〉을 만들었는데, 음운이 그윽하고 매우 슬펐다. 胡人과 환관 무리에게 그 곡의 연주에 맞춰 일제히 노래하게 했는데, 곡과 음악이 끝나면 눈물을 흘리지 않는 이가 없었다. 황제가 행차하는 중일지라도 때로는 말 위에서 그것을 연주했는데, 즐거움이 지나가면 슬픔이 오니 망국에 이르렀다.後主亦自能度曲, 親執樂器, 倚絃而歌, 別採新聲, 爲無愁·伴侶曲, 音韻窈窕, 極於哀思. 使胡兒閹官輩齊唱和之, 曲終樂闋, 莫不殞涕. 雖行幸道路, 或時馬上奏之, 樂往哀來, 以至亡國."(『文獻通考』「樂考」)

25) 망국의 음은 슬프고 걱정스럽다亡國之音哀以思: "音은 사람의 마음에서 생겨나는 것이다. 情이 마음에서 움직이면 이로 인해 聲으로 나타나는데, 聲이 문채를 이룬 것을 音이라고 한다. 따라서 잘 다스려져 편안한 세상의 音은 평안하고 즐거우며, 그 정치도 평화롭다. 어지러운 시대의 音은 원망과 분노로 가득하며, 그 정치도 도리에 맞지 않다. 亡國의 音은 슬프고 걱정스러우며, 그 백성은 곤궁하다. 聲音의 이치는 정치와 통한다. 凡音者, 生人心者也. 情動於中, 故形於聲, 聲成文謂之音. 是故治世之

다. 이로써 보건대 (나라의 흥망성쇠) 역시 악에 기인하는 것입니다."

황제가 말했다. "대저 소리가 (사람을) 감동시키는 것은 사람 각각의 슬픔과 즐거움에 달려 있다. 장차 망할 (나라의) 정치는 그 백성이 고달프기 때문에 슬프게 들렸던 것이다. 지금 〈옥수(옥수후정화)〉와 〈반려곡〉이 아직 존재하는데, 공公을 위해 그것을 연주하게 하면 분명 슬프지 않음을 알 것이다."

상서우승尙書右丞 위징魏徵26)이 나아가 아뢰었다. "공자가 말하길 '악이여! 악이여! 하는 것이 종과 북을 말하는 것이겠느냐?'27)라고 하였습니다. 악은 인화人和에 달려 있는 것이지, 소리[音]에 달려 있는 것이 아닙니다."

(태종 정관貞觀) 11년(637), 장문수張文收가 나머지 악[餘樂]28)을

音 安以樂, 其政和. 亂世之音怨以怒, 其政乖. 亡國之音哀以思, 其民困. 聲音之道, 與正通矣."(『禮記』「樂記」)

26) 위징魏徵(580~643) : 隋·唐 시기의 정치가·사상가·사학가·문학가이다. 字는 玄成이고 祖籍은 下曲 陽縣(오늘날의 晉州市)이다. 唐 太宗을 보좌하여 '貞觀之治'를 이룬 명재상으로, 『貞觀政要』에 그 언행이 잘 기록되어 있다.

27) "공자께서 말씀하셨다. '예여! 예여! 하는 것이 玉帛을 말하는 것이겠는가? 악이여! 악이여! 하는 것이 종과 북을 말하는 것이겠느냐?'子曰: 禮云禮云, 玉帛云乎哉. 樂云樂云, 鐘鼓云乎哉."(『論語』「陽貨」)

28) 나머지 악[餘樂] : "高祖 李淵이 武德 9년(626)에 太常少卿 祖孝孫, 協律郎 竇璡 등에게 詔를 내려 악을 제정하게 했다"는 내용이 앞에 나오는데, 『舊唐書』「音樂志」에 따르면 이 일이 완성된 시기는 太宗 貞觀 2년(628)이다. 따라서 본문에 언급된, 貞觀 11년(637)에 張文收가 다시 바로잡을 것을 거듭 청한 '나머지 악[餘樂]'은 기존에 정비한 雅樂 외의 악을 의미한다.

다시 바로잡을 것을 거듭 청하였지만 황제가 허락하지 않으며 이렇게 말했다. "짐이 듣기로 사람이 조화로우면[人和] 악도 조화로우니, 수隋나라 말 재난[喪亂]의 시기에는 비록 음률을 개정했으나 악은 조화롭지 않았다. 만약 백성이 평안하고 즐겁다면 악기소리[金石]는 절로 조화로울 것이다."

文收旣定樂, 復鑄銅律三百六十·銅斛二·銅秤二·銅甌十四· 秤尺一. 斛左右耳與臀皆方, 積十而登, 以至於斛, 與古玉尺·玉斗同. 皆藏於太樂署. 武后時, 太常卿武延秀以爲奇玩, 乃獻之. 及將考中宗廟樂, 有司奏請出之, 而秤尺已亡, 其跡猶存, 以常用度量校之, 尺當六之五, 量·衡皆三之一. 至肅宗時, 山東人魏延陵得律一, 因中官李輔國獻之, 云:「太常諸樂調皆下, 不合黃鍾, 請悉更制諸鍾磬.」帝以爲然, 乃悉取太常諸樂器入于禁中, 更加磨刻, 凡二十五日而成. 御三殿觀之, 以還太常, 然以漢律考之, 黃鍾乃太簇也, 當時議者以爲非是.

장문수張文收가 악樂을 수정한 이후 또 동률銅律 360개, 동곡銅斛 2개, 동칭銅秤 2개, 동구銅甌 14개, 칭척秤尺 1개를 주조했다. 곡斛[29]의 좌우 귀[耳]와 밑바닥[臀]은 모두 방형方形이다. (두斗의 용량을)

---

29) 곡斛 : 斗의 10배에 해당하는 도량형 용기다. "위나라 초기에 杜夔가 斛을 만들었는데, 바로 『주례』에서 嘉量이라고 한 것이다. 깊이 1尺, 사방 1尺이며 1䆃를 채운다. 밑바닥은 1寸인데 1豆를 채운다. 귀는 3寸인데 1升을 채운다. 무게는 1鈞이다.魏初, 杜夔造斛, 即周禮所謂嘉量也. 深尺, 方尺, 實一䆃. 臀一寸, 實一豆. 耳三寸, 實一升. 重一鈞."(『通典』「樂典」)

10배 하면 곡斛이 되는데, (곡에 적용된 길이와 부피가) 고대의 옥척
玉尺 및 옥두玉斗와 부합했다. (장문수가 주조한 것들은) 모두 태악
서太樂署에 보관했다.

무후武后(무측천武則天, 624~705) 때 태상경太常卿 무연수武延
秀[30])가 진기한 물건이라 여겨 그것을 헌상했다. 중종中宗(이현李顯,
656~710)의 묘악廟樂을 점검할 때에 이르러 유사有司가 그것들을
꺼내길 주청奏請했는데, 칭척秤尺은 이미 사라졌으나 그 흔적은 아
직 남아 있었다.[31]) (지금) 상용하는 도량형으로 그것을 비교해보니,
길이[尺]는 6분의 5에 해당하고 부피[量]와 무게[衡]는 모두 3분의 1
이었다.

숙종肅宗(이형李亨, 711~762) 때에 이르러 산동山東사람 위연릉
魏延陵이 율관律管을 하나 얻어서 환관[中官] 이보국李輔國[32])을 통
해 그것을 바치며 이렇게 아뢰었다. "태상악太常樂은 음조가 모두

---

30) 무연수武延秀(?~710) : 武則天의 조카 武承嗣(649~698)의 둘째아들로,
武則天이 稱帝한 이후 淮陽王에 봉해졌다.

31) "秤尺은 이미 사라졌으나 그 흔적은 아직 남아 있었다"라는 것은 『通典』
에서 말한, 상자[匣] 위에 '秤尺'이라는 두 글자가 붉은 옻칠로 적혀 있었
던 일을 가리킨다. "秤盤銘에서 말하길, '대당 정관 연간에 秤을 만들어
律과 도량형을 통일시켰다'고 했다. 상자 위에 붉은 옻칠로 적힌 秤尺이
라는 두 글자가 있으니, 尺은 사라졌으나 그 흔적은 아직 남아 있다.秤
盤銘云, 大唐貞觀秤, 同律度量衡. 匣上有朱漆題秤尺二字, 尺亡, 其跡
猶存."(『通典』 「樂典」)

32) 이보국李輔國(704~762) : 唐 中期의 환관이다. 安史의 亂 때 李輔國은
太子 李亨에게 稱帝할 것을 권했고 李亨이 肅宗으로 즉위한 뒤 元帥府
行軍司馬에 제수되어 兵權을 장악하기 시작했다.

낮아 황종黃鍾과 합치되지 않으니, 청컨대 종鍾과 경磬을 모두 다시 만드소서." 황제는 그 말이 맞다고 여겨 태상시太常寺의 모든 악기를 가져다 궁중으로 들여와서 더욱 정교하게 다듬도록 했는데, 25일 만에 완성되었다. 황제가 삼전三殿[33]으로 가서 그것을 본 다음에 태상시에 돌려보냈다. 하지만 한대漢代의 율률로 그것을 살피면 황종이 태주太簇에 해당했으므로, 당시의 논자들은 그것이 맞지 않다고 여겼다.

其後黃巢之亂, 樂工逃散, 金奏皆亡. 昭宗卽位, 將謁郊廟, 有司不知樂縣制度. 太常博士殷盈孫按周法以算數除鏄鍾輕重高卬, 黃鍾九寸五分, 倍應鍾三寸三分半, 凡四十八等. 圖上口項之量及徑衡之圍. 乃命鑄鏄鍾十二, 編鍾二百四十. 宰相張濬爲脩奉樂縣使, 求知聲者, 得處士蕭承訓等, 校石磬, 合而擊拊之, 音遂諧.

그 후 황소黃巢의 난亂이 일어나, 악공樂工은 뿔뿔이 도망쳐 흩어지고 금주金奏[34]는 거의 다 없어졌다. 소종昭宗(이엽李曄, 867~904)이 즉위하여 장차 교묘郊廟에 전알展謁하고자 했는데, 유사有司가 악현樂縣 제도[35]에 대해 알지 못했다. 태상박사太常博士 은영손殷盈

---

33) 삼전三殿 : 唐 大明宮의 麟德殿을 가리킨다.
34) 금주金奏 : (鐘과 鏄처럼) 쇠로 만든 악기를 연주한다는 뜻이다. 鐘의 연주에는 磬의 연주가 수반되므로 金奏는 磬의 연주를 포함하는 의미다. "종사는 金奏를 관장한다.鐘師掌金奏."(『周禮』 「春官·鐘師」)는 구절에 대한 다음의 鄭玄 注 참고 "金奏란 金을 두드려 음악 연주의 박자로 삼는 것이다. 金이란 鐘과 鏄을 말한다.金奏, 擊金以爲奏樂之節. 金謂鐘及鏄."
35) 악현樂縣 제도 : 鐘·磬 등과 같이 틀에 거는 악기의 배치와 관련된 제도

孫이 주법周法36)에 근거해서 (곱셈과) 나눗셈을 사용해37) 박종鎛鍾의 무게와 높이를 계산해냈다. 황종黃鍾은 (그 길이가) 9촌寸 5푼[分]이고 배응종倍應鍾은 3촌 3푼 반半으로, (황종에서 배응종까지) 무릇 48등급이었다. 종의 아가리[口項]의 크기와 경형徑衡의 둘레를 그림으로 그렸다.38) 이에 박종 12개와 편종編鍾 240개를 주조하도록

를 가리키는데, 縣은 '懸(매달다)'으로, 악기 틀을 의미한다.

36) 주법周法 : 『周禮』 「冬官考工記」에 나온 내용을 말한다. "부씨가 종을 만들었다. 종 아가리의 양쪽 모서리[兩欒]를 銑이라 하고, 銑 사이를 于라 하고, 于의 위를 鼓라 하고, 鼓의 위를 鉦이라 하고 鉦의 위를 舞라 하고, 舞의 위를 甬이라 하고, 甬의 위를 衡이라 한다. 종을 매다는 부분을 旋이라 하고, 旋의 장식[旋蟲]을 幹이라 한다. 종의 띠[鍾帶]를 篆이라 하고, 篆 사이를 枚라 하고, 枚를 景이라 한다. 于 위의 치는 곳을 遂라고 한다. 銑을 10등분하여 둘을 덜어내 鉦을 삼고, 그 鉦으로 銑間을 삼고, 둘을 덜어내 鼓間을 삼고, 둘을 덜어내 舞의 세로 길이로 삼고, 둘을 덜어내 舞의 너비로 삼는다. 鉦의 길이를 甬의 길이로 삼고, 甬의 길이를 둘레로 삼는다. 그 둘레를 3등분하여 하나를 덜어내 衡의 둘레로 삼는다. 甬의 길이를 3등분하여, 둘은 위에 있게 하고 하나는 아래에 있게 해 旋을 설치한다. 鳧氏爲鍾. 兩欒謂之銑, 銑間謂之于, 于上謂之鼓, 鼓上謂之鉦, 鉦上謂之舞, 舞上謂之甬, 甬上謂之衡. 鍾縣謂之旋, 旋蟲謂之幹. 鍾帶謂之篆, 篆間謂之枚, 枚謂之景. 于上之擽之遂. 十分其銑, 去二以爲鉦, 以其鉦爲之銑間, 去二分以爲之鼓間. 以其鼓間爲之舞修, 去二分以爲舞廣. 以其鉦之長爲之甬長, 以其甬長爲之圍. 參分其圍, 去一以爲衡圍. 參分其甬長, 二在上, 一在下, 以設其旋."

37) (곱셈과) 나눗셈을 사용해 : 본문의 "以算數除"가 『舊唐書』 「音樂志」와 『唐會要』 권33에는 "用算法乘除"로 나와 있다. 이에 근거해서 '곱셈[乘]'을 추가하여 번역하였다.

38) 『周禮』 「冬官考工記」에 따르면 鍾은 다음과 같이 구성되어 있다. "종 아가리의 양쪽 모서리[兩欒]를 銑이라 하고, 銑 사이를 于라 하고, 于의

명했다.[39] 재상 장준張濬이 수봉악현사脩奉樂縣使가 되어 소리에 대

위를 鼓라 하고, 鼓의 위를 鉦이라 하고 鉦의 위를 舞라 하고, 舞의 위를
甬이라 하고, 甬의 위를 衡이라 한다. 종을 매다는 부분을 旋이라 하고,
旋의 장식[旋蟲]을 幹이라 한다. 종의 띠[鐘帶]를 篆이라 하고, 篆 사이
를 枚라 하고, 枚를 景이라 한다. 于 위의 지는 곳을 遂라고 한다.兩欒謂
之銑, 銑間謂之于, 于上謂之鼓, 鼓上謂之鉦, 鉦上謂之舞, 舞上謂之甬,
甬上謂之衡. 鐘縣謂之旋, 旋蟲謂之幹. 鐘帶謂之篆, 篆間謂之枚, 枚謂
之景. 于上之擫之遂."

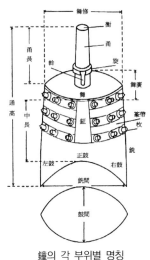

鐘의 각 부위별 명칭

(李亞明,「『周禮』「考工記」樂鐘部件系統」, 149쪽.)

본문에서 "종의 아가리의 크기와 경형의 둘레[口項之量及徑衡之圍]"라
고 한 것은 종의 각 부위의 길이 간의 비례, 大直徑과 小直徑의 비례,
길이와 둘레의 비례를 말한 것이다. "銑을 10등분하여 둘을 덜어내 鉦을
삼고, 그 鉦으로 銑間을 삼고, 둘을 덜어내 鼓間을 삼고, 둘을 덜어내
舞의 세로 길이로 삼고, 둘을 덜어내 舞의 너비로 삼는다. 鉦의 길이를
甬의 길이로 삼고, 甬의 길이를 둘레로 삼는다. 그 둘레를 3등분하여 하나
를 덜어내 衡의 둘레로 삼는다.十分其銑, 去二以爲鉦, 以其鉦爲之銑間,

去二分以爲之鼓間. 以其鼓間爲之舞修, 去二分以爲舞廣. 以其鉦之長爲之甬長, 以其甬長爲之圍. 參分其圍, 去一以爲衡圍.(『周禮』「冬官考工記」) 이상의 내용을 李亞明의 「『周禮』「考工記」樂鐘部件系統」(『交資學報』第四期, 2008), 154-155쪽을 참고해 간단히 정리하면 다음과 같다.

각 길이 간의 비례 : 銑(10分) - 2分 = 鉦(8分) = 甬長(8分)

= 銑間(8分) - 2分 = 鼓間(6分) = 舞修(6分)

대직경과 소직경의 비례 : 舞修(6分) - 2分 = 舞廣(4分)

길이와 둘레의 비례 : 甬長(8)×$\frac{2}{3}$=衡圍(5.333)=銑×$\frac{8}{10}$×$\frac{2}{3}$

39) 太常博士 殷盈孫이 정한 鐘制에 관한 이상의 내용이 『舊唐書』「音樂志」에는 다음과 같이 나와 있다. "昭宗께서 즉위하여 장차 郊廟에 친히 展謁하고자 하시니, 有司가 樂縣을 만들 것을 청하고 옛 악공들에게 물어보았으나 그(악현) 제도에 대해서 아무도 알지 못했다. 악현을 복구하고자 재상 張濬에게 太常의 樂胥를 모두 모아서 심의하여 채택하도록 했지만 결국 그 방법을 얻지 못했다. 당시에 太常博士 殷盈孫이 典故에 조예가 깊어 『周官』(『周禮』)「考工記」의 문장에 근거해, 欒·銑·于·鼓·鉦·舞·甬의 방법을 탐구하며 사나흘 동안 심사숙고하여 곱셈과 나눗셈의 계산법을 사용해 鑄鐘의 무게와 높이가[輕重高低] 비로소 정해졌다. 악현의 編鐘에서 (표준이 되는 律管인) 正黃鐘은 (그 길이가) 9寸 5分이며, 아래로 登歌 때 (사용하는) 倍應鐘의 3寸 3分 半에 이르기까지 무릇 48등급이었다. 종의 아가리[口項]의 크기와 徑衡의 둘레가 모두 그림으로 그려지자 金工을 보내 법식대로 그것을 주조하게 하니, 무릇 240개였다.昭宗卽位, 將親謁郊廟, 有司請造樂縣, 詢於舊工, 皆莫知其制度. 修奉樂縣使宰相張濬悉集太常樂胥詳酌, 竟不得其法. 時太常博士殷盈孫深於典故, 乃案周官考工記之文, 究其欒·銑·于·鼓·鉦·舞·甬之法, 沈思三四夕, 用算法乘除, 鑄鐘之輕重高低乃定. 懸下編鐘, 正黃鐘九寸五分, 下至登歌倍應鐘三寸三分半, 凡四十八等. 口項之量, 徑衡之圍, 悉爲圖, 遣金工依法鑄之, 凡二百四十口."

해 잘 아는 사람을 물색해 처사處士 소승훈蕭承訓 등을 찾아내 석경
石磬을 교정하게 했는데, 합주하여 쳐보도록 하니 소리[音]가 마침
내 조화로웠다.[40]

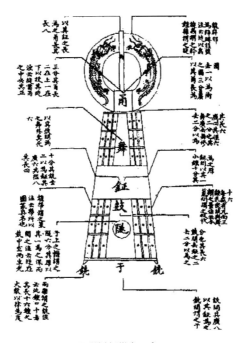

종제鐘制(『樂書』 권109)

---

40) 張濬이 處士 蕭承訓 등을 찾아내 石磬을 교정하게 한 일이 『舊唐書』
「音樂志」에는 다음과 같이 나와 있다. "장준이 소리에 대해 잘 아는 處士
蕭承訓과 梨園 악공 陳敬言을 찾아 太樂令 李從周와 함께 먼저 石磬을
교정하게 했는데, 합주하여 쳐보도록 하니 八音이 능히 조화로워 참관한
이들이 귀 기울여 들었다.張濬求知聲者處士蕭承訓·梨園樂工陳敬言與
太樂令李從周, 令先校定石磬, 合而擊拊之, 八音克諧, 觀者聳聽."

唐爲國而作樂之制尤簡, 高祖·太宗卽用隋樂與孝孫·文收所定而已. 其後世所更者, 樂章舞曲. 至于昭宗, 始得盈孫焉, 故其議論罕所發明. 若其樂歌廟舞, 用於當世者, 可以考也.

당唐이 나라를 다스리면서 악樂을 만든 제도는 특히 간단했다. 고조高祖(이연李淵, 566~635)와 태종太宗(이세민李世民, 599~649)은 수隋의 악, 그리고 조효손祖孝孫과 장문수張文收가 정한 것을 사용했을 따름이다. 그 후에 바뀐 것은 악장樂章과 무곡舞曲뿐이다. 소종昭宗(이엽李曄, 867~904)에 이르러 비로소 은영손殷盈孫을 얻었기 때문에[41] 당나라 때의 논의에는 새로 만들어낸 것이 드물었다. 악가樂歌와 묘무廟舞의 경우, 그 당시에 사용되었던 것은 고찰할 수 있다.

樂縣之制. 宮縣四面, 天子用之. 若祭祀, 則前祀二日, 太樂令設縣於壇南內壝之外, 北嚮. 東方·西方, 磬虡起北, 鍾虡次之; 南方·北方, 磬虡起西, 鍾虡次之. 鎛鍾十有二, 在十二辰之位. 樹雷鼓於北縣之內·道之左右, 植建鼓於四隅. 置柷·敔於縣內, 柷在右, 敔在左. 設歌鍾·歌磬於壇上, 南方北向. 磬虡在西, 鍾虡在東. 琴·瑟·箏·筑皆一, 當磬虡之次, 匏·竹在下. 凡天神之類, 皆以雷鼓; 地祇之類, 皆以靈鼓; 人鬼之類, 皆以路鼓. 其設於庭, 則在南, 而登歌者在堂. 若朝會, 則加鍾磬十二虡, 設鼓吹十二案於建鼓之外. 案設羽葆鼓一, 大鼓一, 金錞一, 歌·簫·笳皆二. 登歌, 鍾·磬各一虡, 節鼓一, 歌者四人, 琴·瑟·箏·筑皆一, 在堂上; 笙·和·

---

41) 昭宗이 즉위한 뒤, 殷盈孫이 周法에 근거해서 鎛鍾의 무게와 높이를 계산해낸 결과 鎛鍾 12개와 編鍾 240개를 주조한 데 이어서 蕭承訓 등이 石磬을 교정했던 일을 말한다.

簫·篪·塤皆一, 在堂下. 若皇后享先蠶, 則設十二大磬, 以當辰位, 而無路鼓. 軒縣三面, 皇太子用之. 若釋奠于文宣王·武成王, 亦用之. 其制, 去宮縣之南面. 判縣二面, 唐之舊禮, 祭風伯·雨師·五嶽·四瀆用之. 其制, 去軒縣之北面. 皆植建鼓於東北·西北二隅. 特縣, 去判縣之西面, 或陳於階間, 有其制而無所用.

악현樂縣 제도.[42]

궁현(宮縣)[43]은 4면으로, 천자天子가 그것을 사용한다. 제사가 있을 때면 제사 이틀 전에 태악령太樂令이 단壇 남쪽의 안쪽 담 바깥에 (종鐘과 경磬 등을 매다는) 악현樂縣을 진설하는데, 북쪽을 향하도록

---

[42] 樂縣 제도에 따르면 음악을 사용하는 이의 지위에 따라 각기 구별이 있었다. "周나라 천자는 宮縣을 사용하고, 제후는 軒縣을 사용하고, 대부는 曲縣을 사용하고, 士는 特縣을 사용했다.周天子宮縣, 諸侯軒縣, 大夫曲縣, 士特縣."(『舊唐書』「音樂志」) 천자는 악기를 4면에 거는데, 이는 궁전의 4면을 상징하기 때문에 '宮縣'이라고 했다. 천자의 궁현에서 1면을 줄인 것이 제후의 軒縣이고, 헌현에서 다시 1면을 줄인 것이 대부의 曲縣이고, 곡현에서 또 1면을 줄인 것이 士의 特縣이다. "대부는 곡현을 사용한다.大夫曲縣."가 『周禮』에서는 "경대부는 판현을 사용한다.卿大夫判縣."로 나와 있다. "正樂縣之位, 王宮縣, 諸侯軒縣, 卿大夫判縣, 士特縣."(『周禮』「春官·小胥」) 헌현은 남쪽을 비우고 나머지 3면에 악기를 건다. 판현은 남북을 비우고 동서 2면에 악기를 거는데, 서쪽에는 鐘을 매달고 동쪽에는 磬을 매단다. 특현은 동쪽 1면에만 磬을 매달 뿐이다. 궁현이 4면인 것은 왕이 사방을 집으로 삼기 때문이고, 헌현이 남쪽을 비운 것은 왕이 南面하는 방향을 피한 것이다. 판현이 동쪽과 서쪽에 종과 경을 매단 것은 경대부가 좌우에서 왕을 보좌하는 것을 상징하고, 特縣은 士가 홀로 지조 있게 행동하는 것을 상징한다. 궁현·헌현·판현·특현의 배치도는 다음과 같다.(『文獻通考』 권140 「樂考」 참고)

한다. 동방과 서방에는 각각 맨 북쪽에서부터 경거磬虡(경을 거는
틀)를 진설하고 종거鍾虡(종을 거는 틀)[44]를 그 다음에 진설한다. 남

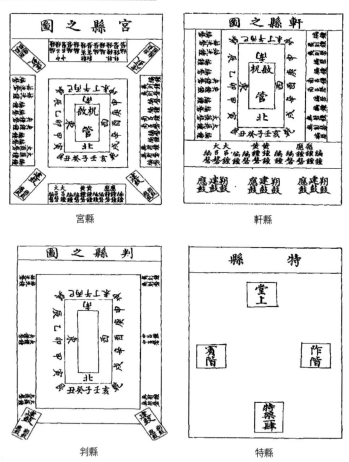

宮縣   軒縣

判縣   特縣

43) 궁현宮縣 : 樂縣에서 천자의 음악에 사용되는 것을 가리킨다. 천자는 사
방을 집으로 삼는다는 의미에서 악기를 4면에 거는데, 이는 궁전의 4면을
상징하기 때문에 宮縣이라고 한다.
44) 경거磬虡와 종거鍾虡 : 磬虡는 경을 거는 틀이고, 鍾虡는 종을 거는 틀이

방과 북방에는 맨 서쪽에서부터 경거를 진설하고 종거를 그 다음에
진설한다. 박종鎛鍾은 12개로, 12진辰[45]의 위치에 자리하게 한다. 북

다. 이러한 악기 틀을 簨虡 또는 架라고 통칭한다. "樂縣에서 가로대를
簨이라 하고 세로대를 虡라 한다. 簨은 飛龍으로 장식하고, 趺는 飛廉으
로 장식하고, 鐘虡는 맹수[摯獸]로 장식하고, 磬虡는 맹조[摯鳥]로 장식
한다.樂縣, 橫曰簨, 竪曰虡. 飾簨以飛龍, 飾趺以飛廉, 鐘虡以摯獸, 磬
虡以摯鳥."(『舊唐書』「音樂志」)

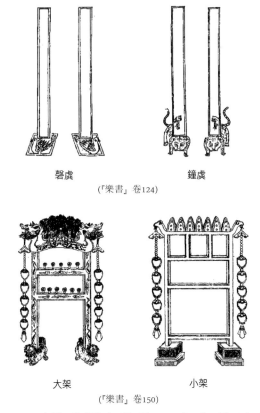

磬虡   鐘虡

(『樂書』卷124)

大架   小架

(『樂書』卷150)

45) 12진辰 : 十二地支를 의미한다. 즉 子·丑·寅·卯·辰·巳·午·未·申·
酉·戌·亥이다. 12진의 방향은 인·묘·진이 동쪽, 사·오·미가 남쪽, 신

쪽 악현의 안쪽, 길의 좌우에 뇌고雷鼓를 세운다. 사방 귀퉁이에는 건고建鼓를 세운다. 악현 안쪽에 축柷46)과 어敔47)를 설치하는데, 축은 오른쪽에 두고 어는 왼쪽에 둔다.48) 단 위에 가종歌鍾49)과 가경歌磬50)을 진설하는데, 남방에 북쪽을 향해 진설한다. 경거는 서쪽에 두고, 종거는 동쪽에 둔다. 금琴·슬瑟·쟁箏·축筑은 각각 1개인데 경거 다음 자리에 두고, 포匏와 죽竹은 아래에 둔다. 무릇 천신天神

· 유·술이 서쪽, 해·자·축이 북쪽에 해당한다.

46) 축柷 : 악곡의 시작을 알리는 악기이다. "柷은 衆(무리)이다. 立夏의 소리이며, 만물의 무리가 모두 성장하는 것이다. 사방이 각각 2척 남짓이며, 옆으로 둥근 구멍이 뚫려 있어서 그 안에 손을 넣어 두드려서 음악을 시작한다.柷, 衆也. 立夏之音, 萬物衆皆成也. 方面各二尺餘, 傍開員孔, 內手於中, 擊之以擧樂."(『舊唐書』「音樂志」)

47) 어敔 : 악곡의 종결을 알리는 악기이다. "敔는 엎드린 호랑이처럼 생겼는데, 등에는 (톱날처럼 생긴) 27개의 갈기[鬣]가 있으며 대나무채[碎竹]로 그 머리를 치고 거슬러 긁으며 (소리를 내) 음악을 마친다.敔, 如伏虎, 背皆有鬣二十七, 碎竹以擊其首而逆刮之, 以止樂也."(『舊唐書』「音樂志」)

48) 『舊唐書』「音樂志」에서는 축을 왼쪽에 두고 어를 오른쪽에 둔다고 했다. "악현 사이에는 축과 어를 각각 1개씩 설치하는데, 축은 왼쪽에 두고 어는 오른쪽에 둔다.縣間設柷敔各一, 柷於左, 敔於右."

49) 가종歌鍾 : 노래의 반주에 사용하는 종으로, 종을 악기 틀에 매달아 사용한다. 陳暘의 『樂書』 권155에 따르면, 唐나라 徐景安의 『樂書』에서 "가종은 역시 16매를 같은 틀에 엮어 매단다.歌鐘者, 亦編一十六枚同一簨虡."라고 했다.

50) 가경歌磬 : 頌磬이라고도 한다. 노래의 반주에 사용하는 경으로, 경을 악기 틀에 매달아 사용한다. 陳暘의 『樂書』 권155에 따르면, "唐나라 때 가경은 16매를 같은 틀에 엮어 매달아 모두 16개의 소리였다.唐之歌磬, 編縣十六同一簨虡, 合二八之聲."고 한다.

의 제사에는 모두 뇌고를 사용하고, 지기地祇의 제사에는 모두 영고
靈鼓를 사용하며, 인귀人鬼의 제사에는 모두 노고路鼓를 사용한다.
그것(악현)을 전정殿庭에 진설할 경우에는 남쪽에 진설하며, 노래하
는 자는 당堂 위에 자리한다.[51] 조회朝會의 경우에는 종거와 경거를
12개 추가하며, 건고의 바깥에 고취십이안鼓吹十二案[52]을 진설한다.

---

51) "등가 악공은 당 위에 앉고 (대나무로 만든 관악기를 부는 악공인) 竹人
은 당 아래에 서는데, 소위 '琴과 瑟은 당에 있고, 竽와 笙은 뜰에 있다'라
는 것이다.登歌工人坐堂上, 竹人立堂下, 所謂琴瑟在堂, 竽笙在庭也."
(『舊唐書』「音樂志」)

52) 고취십이안鼓吹十二案 : 궁정 鼓吹樂을 연주하는 악기를 올려놓는 12개
의 案으로, 鼓吹十二架 · 熊羆十二案 · 熊羆十二架 · 鼓吹熊羆桉이라고
도 한다. 이 案을 熊羆桉 · 熊羆案 · 熊羆架라고도 하는데, 곰과 말곰[羆]
의 형상이 새겨져 있기 때문이다. 나무로 만들어졌으며 높이는 1丈 남짓
이고 난간이 둘러진 평상 형태이다. 朝會 때 12개의 案을 樂懸 바깥에
배치하고 각각의 案 위에 大鼓 · 羽葆鼓 · 金錞 등의 악기를 진설해 樂懸
의 鐘 · 磬 등과 더불어 연주했다. 南朝 梁 武帝 이전에는 궁정 鼓吹樂으
로 秦 · 漢 시기에 전해진 16曲을 사용했는데, 무제가 그중에서 4개를 없
애고 12곡을 남겨 12달의 수와 조화를 이루도록 했다. 鼓吹十二案은 여
기서 유래했다. 자세한 내용은 다음 논문 참고. 許繼起, 「鼓吹十二案考
釋」, 『中国音樂學』, 2004年 第4期.

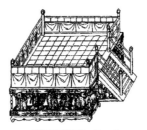

熊羆桉(『樂書』 卷150)

고취십이안에는 우보고羽葆鼓53) 1개, 대고大鼓54) 1개, 금순金錞55) 1개,

---

53) 우보고羽葆鼓 : 羽葆로 장식한 북을 의미한다. 羽葆는 새의 깃털을 엮어
    서 장식한 華蓋를 말한다.

羽葆鼓(『樂書』卷138)

54) 대고大鼓 : 곡조를 절도에 맞게 할 때와 경계 태세를 갖출 때 쓰였다. 북에
    朱漆로 그림이 그려져 있다.

大鼓(『樂書』卷139)

55) 금순金錞: 색깔은 검고 둥그스름한 형태인데, 위쪽이 크고 아래쪽이 작다.
    북소리에 화답하는 용도로 사용되었다.

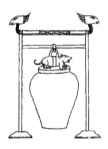

金錞(『樂書』卷111)

가가歌·소소簫·가가篪56)가 모두 2개씩이다. 등가登歌에는 종거와 경거가 각각 1개, 절고節鼓 1개, 노래하는 사람 4명, 금·슬·쟁·축이 각각 1개가 사용되며 당 위에 자리한다. 생笙·화和·소簫·지篪·훈塤은 각각 1개이며, 당 아래에 자리한다. 황후가 선잠先蠶에 제사드릴 경우에는 대경大磬 12개를 진辰(12진)의 위치에 진설하며, 노고路鼓는 없다.

헌현軒縣은 3면으로, 황태자가 그것을 사용한다. 문선왕文宣王(공자)과 무성왕武成王57)에게 석전釋奠을 올릴 때도 그것(헌현)을 사용한다. 그 제도는 궁현宮縣의 남면南面을 제거하는 것이다.

판현判縣은 2면으로 당唐의 구례舊禮에서는 풍백風伯, 우사雨師, 오악五嶽, 사독四瀆을 제사지낼 때 그것(판현)을 사용한다. 그 제도는 헌현의 북면을 제거하는 것이다. 동북과 서북 두 귀퉁이에 건고를 세운다.

특현特縣은 판현의 서면을 제거하는 것으로, 간혹 계단 사이[階

---

56) 가篪 : 胡篪를 말한다. 피리와 비슷하지만 구멍이 없다. "오직 琴曲에 胡篪로 연주하는 곡조인 〈대각〉이라는 것이 아직 남아 있는데, 금오에서 관장하며 악공은 그것을 〈각수〉라 하고 고취 계열에 편성했다.唯琴尙有篪聲大角者, 金吾所掌, 工人謂之角手, 備鼓吹之列."(『唐會要』권33)

胡篪(『樂書』卷130)

57) 무성왕武成王 : 武王이 商을 멸하고 周를 건국하는 데 일등공신이었던 太公望의 封號이다. 唐 玄宗 開元 19년(731)에 태공망의 사당인 太公廟를 세웠고, 肅宗 上元 원년(760)에는 태공망을 武成王으로 追封하면서 태공묘를 武成王廟라고 했다.

間]58)에 진설하기도 한다. 그 제도는 있지만 사용되지는 않는다.

凡橫者爲簨, 植者爲虡[一].59) 虡以縣鍾磬, 皆十有六, 周人謂
之一堵, 而唐人謂之一虡. 自隋以前, 宮縣二十虡. 及隋平陳, 得梁
故事用三十六虡, 遂用之. 唐初因隋舊, 用三十六虡. 高宗蓬萊宮
成, 增用七十二虡. 至武后時省之. 開元定禮, 始依古著爲二十虡.
至昭宗時, 宰相張濬已修樂縣, 乃言, 舊制, 太淸宮·南北郊·社稷
及諸殿廷用二十虡, 而太廟·含元殿用三十六虡, 濬以爲非古, 而
廟廷狹隘, 不能容三十六, 乃復用二十虡. 而鍾虡四, 以當甲丙庚
壬, 磬虡四, 以當乙丁辛癸, 與開元禮異, 而不知其改制之時. 或
說以鍾磬應陰陽之位, 此禮經所不著.

무릇 (악기 틀에서) 가로로 된 것이 순簨60)이고, 세로로 된 것이
거虡이다. 거에는 종鍾과 경磬을 매다는데 (1개의 종거와 1개의 경
거에 매달린 종과 경의 개수는) 각각 16개로, 주周나라 사람은 그것
을 1도堵61)라 했으며, 당唐나라 사람은 그것을 1거虡라고 했다.

---

58) 계단 사이[階間] : 阼階(동쪽 계단)과 賓階(서쪽 계단) 사이를 가리킨다.

59) [교감기 1] "凡橫者爲簨植者爲虡"는 각 本에 원래 "植者爲簨, 橫者爲
虡"라고 나와 있다. 『禮記』 「明堂位」의 鄭玄 註에서는 "橫曰簨", "植曰
虡"라고 했다. 『舊唐書』 권29 「音樂志」, 『通典』 권144에서는 모두 "樂縣
橫曰簨, 豎曰虡."라고 했다. 이에 근거해서 ("凡橫者爲簨植者爲虡"라
고) 고쳤다.

60) 순簨 :

鍾簨·磬簨(『樂書』 卷124)

61) 도堵 : 鍾과 磬 각각의 세트를 堵라고 하는데 鍾 16개, 磬 16개가 각각

수隋 이전에는 (천자가 사용하는) 궁현宮縣이 20거였다. 수가 진陳을 평정함에 이르러, 36거를 사용하던 양梁의 옛 제도[故事]를 얻어 마침내 그것(36거)을 사용했다. 당나라 초에는 수의 옛 제도를 따라 36거를 사용했다. 고종高宗(이치李治, 628~683)이 봉래궁蓬萊宮[62]을 세우고 나서 72거로 늘려서 사용했다. 무후武后 때에 이르러 그것(거虡의 개수)을 줄였다. (현종玄宗) 개원開元 연간(713~741)에 예제禮制를 정할 때 비로소 고대의 기록에 의거해 20거가 되었다.

소종昭宗(이엽李曄, 867~904) 때 재상 장준張濬이 악현樂縣을 복구하면서 아뢰길, 옛 제도에서는 태청궁太淸宮·남교南郊·북교北郊·사직社稷 및 전정殿廷에서는 20거를 사용하지만 태묘太廟와 함원전含元殿에서는 36거를 사용하는데 본인(장준)은 그것(36거를 사용하는 것)이 고대의 것이 아니라 생각하며 또한 묘정廟廷이 협소하여 36거를 수용할 수 없으므로 다시 20거를 사용해야 한다고 했다.[63]

1堵이다. 鍾 1堵와 磬 1堵를 합하여 '肆'라고 한다. 『周禮』「春官·小胥」에서 "무릇 종과 경은 절반이 堵이고 전체가 肆이다.凡鍾磬, 半爲堵, 全爲肆."라고 했는데, 鄭玄 註에서는 이에 대해 다음과 같이 설명했다. "종과 경 각각 2×8의 16매가 하나의 虡에 엮어 매달려 있는 것을 堵라고 한다. 종 1堵와 경 1堵를 肆라고 한다.鍾磬者編縣之二八十六枚而在一虡, 謂之堵. 鍾一堵, 磬一堵, 謂之肆."

62) 봉래궁蓬萊宮 : 唐의 正宮인 大明宮을 가리킨다.

63) 太廟의 공간이 협소하여 張濬이 樂縣의 架(虡)의 수량을 36架가 아닌 20架로 할 것을 주장한 내용은 『舊唐書』「音樂志」에 자세히 나온다. 張濬이 樂縣을 修復한 뒤 昭宗이 그것을 殿庭에 진설해 연주해보도록 했는데, 당시에는 종묘가 타버린 뒤 아직 복구하기 전이었기 때문에 임시로 少府監의 관청을 太廟로 사용했다. 張濬은 다음과 같이 樂縣의 架를 20架로 할 것을 奏議했다. "신이 삼가 살펴보니 舊制에서는 太廟와 含元殿

그러면서 종거鍾虡 4개는 갑甲·병丙·경庚·임壬의 위치에 자리하고 경거磬虡 4개는 을乙·정丁·신辛·계癸의 위치에 자리하게 했는데,[64] 이는 개원례開元禮와는 다르며 그 제도를 바꾼 시기를 알 수

모두 宮縣 36架를 진설하고 太淸宮·南北郊·社稷 및 전정殿庭은 모두 20가입니다. 이제 樂懸을 받들어 복구함에 태묘는 마땅히 36가를 설치해야 하지만, 신은 지금 건의 드리오니 古禮에 따라 20가를 사용할 것을 청하옵니다. 병란이 일어난 이래로 雅樂이 소멸되어, 장차 복구하고자 함에 그 일은 실로 어려웠사옵니다. 變通은 마땅히 절충[酌中]에 힘써야 하고 損益은 마땅히 검소함[寧儉]을 따라야 하옵니다. … 악현[簨虡]의 가의 수가 너무 많은 것은 본래 사치에 가깝사옵니다. 20가만 사용하는 것이 禮經에 부합합니다. 게다가 지금 太廟로 사용되는 곳의 공간이 매우 협소하니, 百官이 늘어서고 모든 무악[萬舞]이 뜰에 가득 펼쳐지게 될 경우, 비록 36가를 모두 구비하고 있다 하더라도 진설할 수는 없사옵니다. 廟庭이 (좁아서 36가를) 수용하기 어렵고 공간을 넓히기도 어려우니, 악현의 架는 과하게 진설할 수 없습니다. 지금 청컨대, 주·한·위·진·송·제의 6대의 故事에 따라서 20가를 사용하시옵소서.臣伏準舊制, 太廟合元殿並設宮縣三十六架, 太淸宮·南北郊·社稷及諸殿庭, 並二十架. 今修奉樂懸, 太廟合造三十六架, 臣今參議, 請依古禮用二十架. 伏自兵興已來, 雅樂淪缺, 將爲修奉, 事實重難. 變通宜務於酌中, 損益當循於寧儉. … 則簨虡架數太多, 本近於侈. 止於二十架, 正協禮經. 兼今太廟之中, 地位甚狹, 百官在列, 萬舞充庭, 雖三十六架具存, 亦施爲不得. 廟庭難容, 未易開廣, 樂架不可重沓鋪陳. 今請依周·漢·魏·晉·宋·齊六代故事, 用二十架."(『舊唐書』「音樂志」)

64) "신이 삼가 생각건대, 『儀禮』의 宮懸의 제도에서 鎛鐘 20架를 진설한 것은 12時辰의 자리에 해당합니다. 甲·丙·庚·壬의 자리에 각각 編鐘 1가를 진설하고 乙·丁·辛·癸의 자리에 각각 編磬 1가를 진설하였으니, (박종·편종·편경을) 합하여 20가이옵니다. 사방 모퉁이에 建鼓를 세운 것은 乾·坤·艮·巽의 자리에 해당하여 24절기를 상징합니다.臣伏惟儀

없다. 혹자는 말하길, 종과 경을 음陰과 양陽의 위치에 대응하게 했다고 하는데 이는 예경禮經에 기록되어 있지 않다.

凡樂八音, 自漢以來, 惟金以鍾定律呂, 故其制度最詳, 其餘七者, 史官不記. 至唐, 獨宮縣與登歌·鼓吹十二案樂器有數, 其餘皆略而不著, 而其物名具在. 八音: 一曰金, 爲鎛鍾, 爲編鍾, 爲歌鍾, 爲錞, 爲鐃, 爲鐲, 爲鐸. 二曰石, 爲大磬, 爲編磬, 爲歌磬. 三曰土, 爲壎, 爲踏, 踏, 大壎也. 四曰革, 爲雷鼓, 爲靈鼓, 爲路鼓, 皆有鞀; 爲建鼓, 爲鞀鼓, 爲縣鼓, 爲節鼓, 爲拊, 爲相. 五曰絲, 爲琴, 爲瑟, 爲頌瑟, 頌瑟, 箏也; 爲阮咸, 爲筑. 六曰木, 爲柷, 爲敔, 爲雅, 爲應. 七曰匏, 爲笙, 爲竽, 爲巢, 巢, 大笙也; 爲和, 和, 小笙也. 八曰竹, 爲簫, 爲管, 爲篪, 爲笛, 爲舂牘. 此其樂器也.

무릇 악樂에는 팔음八音[65]이 있는데, 한漢 이래로 (팔음 중에서) 금金은 종鍾으로 율려律呂를 정했기 때문에 그 제도가 가장 상세하지만 그 나머지 7음은 사관史官이 기록하지 않았다. 당唐에 이르러서 오직 궁현宮縣을 비롯해 등가登歌, 고취십이안鼓吹十二案의 악기에 관한 개수만 있을 뿐이고 그 나머지는 모두 생략한 채 기록하지 않았지만 그 기물의 명칭은 모두 남아 있다.

팔음은 다음과 같다.

禮宮縣之制, 陳鑄鐘二十架, 當十二辰之位. 甲丙庚壬, 各設編鐘一架, 乙丁辛癸, 各設編磬一架, 合爲二十架. 樹建鼓於四隅, 當乾坤艮巽之位, 以象二十四氣."(『舊唐書』「音樂志」)

65) 팔음八音 : "금·석·사·죽·포·토·혁·목을 일러 팔음이라고 한다.金石絲竹匏土革木, 謂之八音."(『舊唐書』「音樂志」)

첫째는 금金이라 하는데, 박종鎛鍾·편종編鍾·가종歌鍾[66]·순錞·요鐃·탁鐲·탁鐸이 있다.

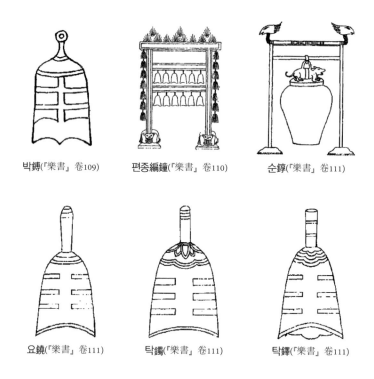

박鎛(『樂書』 卷109)   편종編鍾(『樂書』 卷110)   순錞(『樂書』 卷111)

요鐃(『樂書』 卷111)   탁鐲(『樂書』 卷111)   탁鐸(『樂書』 卷111)

둘째는 석石이라 하는데, 대경大磬·편경編磬·가경歌磬[67]이 있다.

---

66) 가종歌鍾 : 노래의 반주에 사용하는 종으로, 종을 악기 틀에 매달아 사용한다. 陳暘의 『樂書』 권155에 따르면, 唐나라 徐景安의 『樂書』에서 "가종은 역시 16매를 같은 틀에 엮어 매단다.歌鐘者, 亦編一十六枚同一簴虡."라고 했다.

67) 가경歌磬 : 頌磬이라고도 한다. 노래의 반주에 사용하는 경으로, 경을 악기 틀에 매달아 사용한다. 陳暘의 『樂書』 권155에 따르면, "唐나라 때

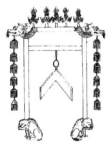

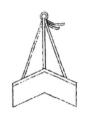

대경大磬(『樂書』卷112)   편경編磬(『樂書』卷112)   가경歌磬(『樂書』卷112)

셋째는 토土라 하는데, 훈燻과 교䍐가 있다. 교는 대훈大燻이다.

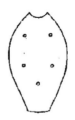

소훈小壎(『樂書』卷115)   대훈大壎(『樂書』卷115)

넷째는 혁革이라 하는데, 뇌고雷鼓·영고靈鼓·노고路鼓가 있으며
모두 도鞀가 있다.[68] (혁에는 또) 건고建鼓·도고鞀鼓·현고縣鼓·절
고節鼓·부拊·상相이 있다.

....

가경은 16매를 같은 틀에 엮어 매달아 모두 16개의 소리였다.唐之歌磬,
編縣十六同一簨虡, 合二八之聲."라고 한다.

68) 雷鼗·靈鼗·路鼗가 있다는 의미다. 원문의 '鞀'는 '鼗'로 크기가 작은 북
인데, 북에 달린 나무자루를 흔들면 북통의 고리에 달린 가죽끈이 북면을
때려 소리가 난다. 天神에 제사지낼 때는 雷鼓와 雷鼗를 사용하고, 地祇
에 제사지낼 때는 靈鼓와 靈鼗를 사용하고, 人鬼에 제사지낼 때는 路鼓
와 路鼗를 사용한다.

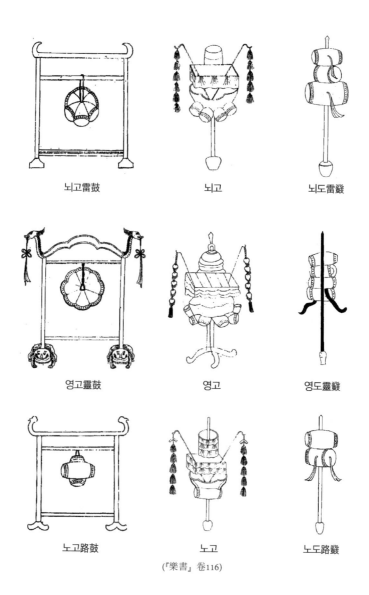

뇌고雷鼓　　　　　　뇌고　　　　　　뇌도雷鼗

영고靈鼓　　　　　　영고　　　　　　영도靈鼗

노고路鼓　　　　　　노고　　　　　　노도路鼗

(『樂書』 卷116)

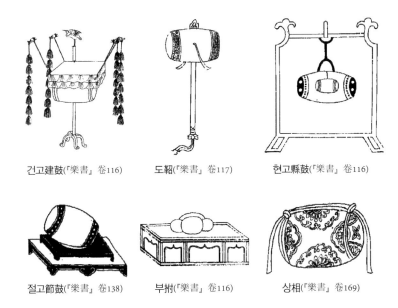

건고建鼓(『樂書』卷116)　　　도도鼗(『樂書』卷117)　　　현고縣鼓(『樂書』卷116)

절고節鼓(『樂書』卷138)　　　부부(『樂書』卷116)　　　상상相(『樂書』卷169)

다섯째는 사絲라 하는데, 금琴·슬瑟·송슬頌瑟이 있다. 송슬은 쟁箏이다. (사에는 또) 완함阮咸[69]과 축筑이 있다.

---

69) 완함阮咸 : 竹林七賢의 한 명인 阮咸의 이름에서 비롯된 명칭이다. "완함역시 秦나라의 비파인데, 목[項]이 지금의 형태보다는 길고 13개의 주柱가 배열되어 있다. 무태후 때 촉 땅 사람 蒯朗이 옛 무덤에서 그것을 얻었는데, 쯥의 〈죽림칠현도〉에서 완함이 타던 것이 이것과 비슷했기 때문에 이를 '완함'이라고 했다. 완함은 진대에 실로 비파 연주에 능하고 음률을 잘 아는 것으로 일컬어졌다.阮咸, 亦秦琵琶也, 而項長過於今制, 列十有三柱. 武太后時, 蜀人蒯朗於古墓中得之, 晉竹林七賢圖阮咸所彈與此類, 因謂之阮咸. 咸, 晉世實以善琵琶知音律稱."(『舊唐書』「音樂志」)

대금大琴(『樂書』卷119)

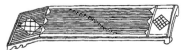

대슬大瑟(『樂書』卷120)

오현쟁五絃箏(『樂書』卷146)

십이현쟁十二絃箏(『樂書』卷146)

십삼현쟁十三絃箏(『樂書』卷146)

완함阮咸(『樂書』卷145)

축筑(『樂書』卷146)

여섯째는 목木인데, 축柷70) · 어敔71) · 아雅72) · 응應73)이 있다.

---

70) 축柷 : "柷은 무리[衆]를 의미한다. 입하의 소리이며, 만물의 무리가 모두
성장하는 것이다. 사방이 각각 2척 남짓이며, 옆으로 둥근 구멍이 뚫려
있어서 그 안에 손을 넣어 두드려서 음악을 시작한다.衆也. 立夏之音,
萬物衆皆成也. 方面各二尺餘, 傍開員孔, 內手於中, 擊之以擧樂."(『舊

축柷(『樂書』 卷124)

어敔(聶崇義, 『三禮圖』)

아雅(『樂書』 卷169)

응應(『樂書』 卷124)

唐書』「音樂志」)

71) 어敔 : "敔는 엎드린 호랑이처럼 생겼는데, 등에는 (톱날처럼 생긴) 27개의 갈기[鬣]가 있으며 대나무채[碎竹]로 그 머리를 치고 (갈기를) 거슬러 긁으며 (소리를 내) 음악을 마친다.如伏虎, 背皆有鬣二十七, 碎竹以擊其首而逆刮之, 以止樂也."(『舊唐書』「音樂志」)

72) 아雅 : "雅 역시 악기 명칭인데, 모양은 검게 칠한 箭과 같고 안에 몽치[椎]가 있다.雅, 亦樂器名也, 狀如漆箭, 中有椎."(『禮記』「樂記」鄭玄 注)

73) 응應 : "『周官』의 笙師는 牘과 應의 교육을 관장한다. 牘은 길이가 7척이다. 應은 통처럼 생겼으며 길이가 6척 5촌으로, 가운데에 柷과 비슷하게 바닥까지 연결된 몽치가 있어서 좌우로 부딪쳐 소리를 냄으로써 柷에 응한다.周官笙師掌教牘應. 牘長七尺, 應則如桶而方六尺五寸, 中象柷有椎連底, 左右相擊, 以應柷也."(『樂書』 권124)

일곱째는 포匏인데, 생笙·우竽·소巢가 있다. 소는 대생大笙이다.
(포에는 또) 화和가 있다. 화는 소생小笙이 있다.

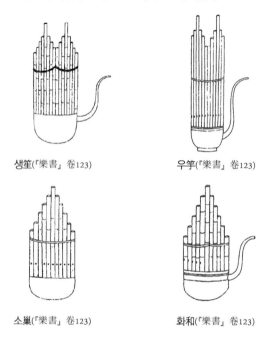

생笙(『樂書』卷123)   우竽(『樂書』卷123)

소巢(『樂書』卷123)   화和(『樂書』卷123)

여덟째는 죽竹인데, 소簫·관管·지篪·적笛·용독舂牘74)이 있다.

---

74) 용독舂牘 : "舂牘은 筩처럼 가운데가 비어 있고 바닥이 없으며, 절굿공이
처럼 들어서 땅을 내리쳐[頓地] 그것(용독)을 頓相이라고도 한다. 相은
돕는다는 것인데, (용독으로) 음악의 박자를 맞춘다. 혹자는 이르기를, 梁
孝王(劉武, ?~기원전 144)이 睢陽城을 쌓을 때 북을 침으로써 절굿공이
를 내리치는 박자로 삼았다고 한다. 〈睢陽操〉에서 용독을 사용하는데, 후
대에 그것을 따른 것이다.舂牘, 虛中如筩, 無底, 擧以頓地如舂杵, 亦謂
之頓相. 相, 助也, 以節樂也. 或謂梁孝王築睢陽城, 擊鼓爲下杵之節.
睢陽操用舂牘, 後世因之.(『舊唐書』「音樂志」) 『周禮』「春官·宗伯」에

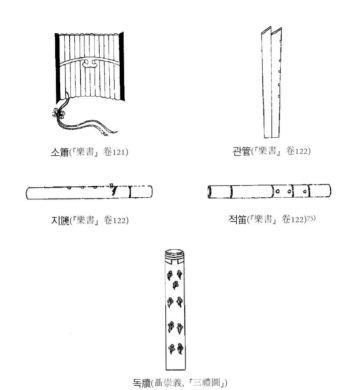

소簫(『樂書』 卷121)

관管(『樂書』 卷122)

지篪(『樂書』 卷122)

적笛(『樂書』 卷122)75)

독牘(聶崇義, 『三禮圖』)

笙師가 "牘·應·雅를 내리쳐서 〈祴夏樂〉을 가르친다.春牘應雅, 以教祴
樂."라는 구절이 나오는데, 註에서는 다음과 같이 春牘을 악기 명칭으로
간주하여 설명했다. "春牘은 대나무로 만드는데 크기는 5~6촌이다. 긴
것은 7척이고, 짧은 것은 1~2척이다. 그 끝에는 두 개의 구멍이 있고, 검은
색이 약간 감도는 붉은 색이 칠해져 있으며, 두 손으로 잡고 땅을 찧는다.
春牘以竹, 大五六寸, 長七尺, 短者一二尺. 其端有兩空, 髹畫, 以兩手
築地." 春을 동사로 해석하면 春牘은 '牘을 내리친다'는 의미가 된다. 聶
崇義의 『三禮圖』에서는 '牘'을 설명하면서 『周禮』 「春官·宗伯」에 나오
는 본문과 註의 내용을 인용했다. 『新唐書』 「禮樂志」의 본문에서는 '春
牘'을 악기 명칭으로 간주하고 있다.

75) 『樂書』 권122에는 篴으로 나와 있다. 篴은 笛과 같다.

이것들이 그(팔음) 악기이다.

初, 祖孝孫已定樂, 乃曰大樂與天地同和者也, 製十二和, 以法
天之成數, 號大唐雅樂 : 一曰豫和, 二曰順和, 三曰永和, 四曰肅
和, 五曰雍和, 六曰壽和, 七曰太和, 八曰舒和, 九曰昭和, 十曰休
和, 十一曰正和, 十二曰承和. 用於郊廟·朝廷, 以和人神. 孝孫已
卒, 張文收以爲十二和之制未備, 乃詔有司釐定, 而文收考正律
呂, 起居郎呂才協其聲音, 樂曲遂備. 自高宗以後, 稍更其曲名. 開
元定禮, 始復遵用孝孫十二和, 其著于禮者 :

처음에, 조효손祖孝孫이 악樂을 제정한 뒤에 "대악大樂은 천지天
地와 더불어 화합함[和]을 함께하는76) 것"이라고 말하며, 〈십이화十
二和〉77)를 만들어 하늘의 성수成數를 본뜨고 '대당아악大唐雅樂'이
라고 이름하였다. (〈십이화〉의) 첫째는 〈예화豫和〉, 둘째는 〈순화順
和〉, 셋째는 〈영화永和〉, 넷째는 〈숙화肅和〉, 다섯째는 〈옹화雍和〉, 여
섯째는 〈수화壽和〉, 일곱째는 〈태화太和〉, 여덟째는 〈서화舒和〉, 아홉
째는 〈소화昭和〉, 열째는 〈휴화休和〉, 열한째는 〈정화正和〉, 열두째는
〈승화承和〉라고 한다. (〈십이화〉를) 교묘郊廟와 조정朝廷에 사용하여
인간과 신을 조화롭게 했다.

----

76) "大樂은 천지와 더불어 화합함[和]을 함께하고, 大禮는 천지와 더불어 절
도[節]를 함께한다. 大樂與天地同和, 大禮與天地同節."(『禮記』「樂記」)

77) 〈십이화十二和〉: 唐의 樂名으로, 祖孝孫이 남과 북의 음악과 古音을 살
펴서 개정하여 제정한 雅樂을 말한다. 大唐雅樂 또는 大唐樂이라고도 한
다. 총 12개로 그 명칭에 모두 '和'가 들어 있는데, 〈豫和〉〈順和〉〈永和〉
〈肅和〉〈雍和〉〈壽和〉〈太和〉〈舒和〉〈昭和〉〈休和〉〈正和〉〈承和〉이다.

조효손이 죽은 뒤 장문수張文收는 〈십이화〉의 제도가 미비하다고 여겼다. 이에 유사有司가 수정하여 제정하라는 조詔가 내려지자, 장문수가 율려律呂를 살펴서 고치고 기거랑起居郎 여재呂才[78]가 그 소리를 조율하니 악곡이 마침내 완비되었다. 고종高宗 이후에는 그 곡명만 약간 고쳤을 뿐이다. (현종玄宗) 개원開元 연간(713~741)에 예제禮制를 정할 때 비로소 조효손의 〈십이화〉를 다시 따라서 사용하게 되었는데, 예전禮典에 기록되어 있는 것은 다음과 같다.

一曰豫和, 以降天神. 冬至祀圓丘, 上辛祈穀, 孟夏雩, 季秋享明堂, 朝日, 夕月, 巡狩告于圓丘, 燔柴告至, 封祀太山, 類于上帝, 皆以圓鍾爲宮, 三奏; 黃鍾爲角, 太簇爲徵, 姑洗爲羽, 各一奏, 文舞六成. 五郊迎氣, 黃帝以黃鍾爲宮, 赤帝以函鍾爲徵, 白帝以太簇爲商, 黑帝以南呂爲羽, 青帝以姑洗爲角, 皆文舞六成.

첫째는 〈예화豫和〉라 하는데, 천신의 강림에 사용한다. 동지冬至에 원구圓丘에서 올리는 제사, 상신上辛 기곡祈穀,[79] 맹하孟夏에 (비가 오기를 비는) 우사雩祀, 계추季秋에 명당明堂에서 올리는 제사,

78) 여재呂才(606~665) : 唐나라 때의 철학가이자 음악가로, 천문·지리·의약·군사·역사·문학·논리학·철학 등 다양한 분야에 대한 이해가 깊었다. 30세에 溫彦博·魏徵 등의 추천을 받아 弘文館에 들어왔으며, 太常博士·太常丞·太子司更大夫 등의 관직을 지냈다. 특히 樂律에 능했으며, 太宗 때 〈功成慶善舞〉(후에 〈九功舞〉로 개칭), 〈七德舞〉(후에 〈秦王破陣樂〉으로 개칭), 〈上元舞〉 등을 창작했다.

79) 상신上辛 기곡祈穀 : 上辛은 음력으로 매월 上旬의 辛日이고, 祈穀은 곡물의 풍성함을 빌기 위한 제사다. 上辛 祈穀은 음력 正月 辛日에 한 해의 농사가 잘되기를 빌던 나라의 제사를 가리킨다.

아침 해에 올리는 제사[朝日],[80] 저녁달에 올리는 제사[夕月],[81] 순수巡狩하기 전 원구에서의 고제告祭, 번시燔柴[82] 고지告至,[83] 태산太山에서 올리는 봉사封祀, 상제上帝에게 올리는 유제類祭[84] 등에서는 모두 원종圜鍾[85]을 궁宮으로 삼아 3번 연주한다. 황종黃鍾을 각角으로 삼고 태주太簇를 치徵로 삼고 고선姑洗을 우羽로 삼아 각각 1번 연주하며, 문무文舞를 추면서 악곡을 6번 연주한다[六成].[86] 오교영

---

80) 조일朝日 : 제왕이 春分 때 아침 해에 올리는 제사를 말한다. "해마다 늘 올리는 제사가 22가지인데 … 春分에는 東郊에서 朝日(아침 해)에 제사를 올린다.凡歲之常祀二十有二 … 春分, 朝日于東郊."(『新唐書』 「禮樂志」)

81) 석월夕月 : 제왕이 秋分 때 저녁달에 올리는 제사를 말한다. "해마다 늘 올리는 제사가 22가지인데 … 秋分에는 西郊에서 달에게 제사를 올린다. 凡歲之常祀二十有二 … 秋分, 夕月于西郊."(『新唐書』 「禮樂志」)

82) 번시燔柴 : 祭天 의례로, 제사 때 마른나무를 쌓고 그 위에 玉帛과 犧牲 등을 놓아두고 불태웠다

83) 고지告至 : 제왕이 封禪이나 巡幸 때 거행하는 제사를 가리킨다.

84) 유제類祭 : 天과 五帝에 올리는 제사의 일종이다. 舜이 堯에게 제위를 물려받고 상제에게 지낸 제사가 類祭였다. "드디어 상제께 類祭를 올렸다. 肆類于上帝."(『尙書』 「舜典」)

85) 원종圜鍾 : 12律呂 중 하나인 夾鍾을 가리킨다.

86) 육성六成 : 樂舞를 6번 연주한다는 의미이며, '六變'이라고도 한다. 六變은 천신에게 올리는 제사에서 악무를 6번 연주하는 것을 말한다. "동지에 圜丘에서 악무를 연주하는데, 음악이 六變하면 천신이 모두 강림하니 예를 행할 수 있다.冬日至, 於地上之圜丘奏之, 若樂六變, 則天神皆降, 可得而禮矣."(『周禮』 「春官 · 大司樂」) 제사 대상에 따라 六變 · 八變 · 九變이 있다. "圜丘의 강신에서는 六變, 方澤의 강신에서는 八變, 宗廟 禘祫의 강신에서는 九變이며 모두 〈昭夏〉를 사용한다. 그 나머지 제사는 모두 一變이다.其圜丘降神六變, 方澤降神八變, 宗廟禘祫降神九變, 皆用昭夏. 其餘祭享皆一變."(『通典』 「樂典」)

기五郊迎氣[87])에서 황제黃帝를 제사지낼 때는 황종黃鍾을 궁으로 삼고, 적제赤帝를 제사지낼 때는 함종函鍾을 치로 삼고, 백제白帝를 제사지낼 때는 태주를 상으로 삼고, 흑제黑帝를 제사지낼 때는 남려南呂를 우로 삼고, 청제靑帝를 제사지낼 때는 고선을 각으로 삼으며, 모두 문무를 추면서 악무를 6번 연주한다.

二曰順和, 以降地祇. 夏至祭方丘, 孟冬祭神州地祇, 春秋社, 巡狩告社, 宜于社, 禪社首, 皆以函鍾爲宮, 太簇爲角, 姑洗爲徵, 南呂爲羽, 各三奏, 文舞八成. 望于山川, 以蕤賓爲宮, 三奏.

둘째는 〈순화順和〉라 하는데, 지기地祇의 강림에 사용한다. 하지夏至에 방구方丘에서 올리는 제사, 맹동孟冬에 신주神州 지기에게 올리는 제사, 춘사春社[88])와 추사秋社,[89]) 순수巡狩하기 전 토지신에게 고하는 제사[告社], (출정出征하기 전) 토지신에게 올리는 제사[宜], 사수산社首山에서 올리는 선제禪祭 등에서는 모두 함종函鍾을 궁宮으로 삼고 태주太簇를 각角으로 삼고 고선姑洗을 치徵로 삼고 남려南呂를 우羽로 삼아 각각 3번 연주하며, 문무文舞를 추면서 악무를

---

87) 오교영기五郊迎氣 : 五郊, 즉 靑郊·赤郊·白郊·黑郊·黃郊에서 靑帝·赤帝·白帝·黑帝·黃帝에게 지낸 제사를 말한다. 각각 立春·立夏·立秋·立冬 그리고 立秋 18일 이전에 거행했다. 四季를 영접하고 풍년을 기원하기 위한 것이었으므로 '迎氣'라고 했다.
88) 춘사春社 : 立春 후 다섯 번째의 戊日에 풍년을 기원하며 토지신에게 올리는 제사를 말한다.
89) 추사秋社 : 立秋 후 다섯 번째의 戊日에 수확을 감사하며 토지신에게 올리는 제사를 말한다.

8번 연주한다[八成].[90] 산천에 올리는 망제望祭[91]에서는 유빈蕤賓을 궁으로 삼아 3번 연주한다.

　三曰永和, 以降人鬼. 時享·禘祫, 有事而告謁于廟, 皆以黃鍾
爲宮, 三奏; 大呂爲角, 太簇爲徵, 應鍾爲羽, 各二奏. 文舞九成.
祀先農, 皇太子釋奠, 皆以姑洗爲宮, 文舞三成; 送神, 各以其曲
一成. 蜡兼天地人, 以黃鍾奏豫和, 蕤賓·姑洗·太簇奏順和, 無射
·夷則奏永和, 六均皆一成以降神, 而送神以豫和.

　셋째는 〈영화永和〉라 하는데, 인귀人鬼의 강림에 사용한다. (사시
에 맞춰 태묘에서 제사하는) 시향時享과 (종묘에 모셔진 역대 선왕
을 합사하는) 체협禘祫, 중요한 일이 있어 종묘에 제사지내며 아뢸

---

90) 팔성八成 : 악무를 8번 연주한다는 의미이며, 八變이라고도 한다. 地祇에
　　게 올리는 제사에서 악무를 8번 연주하는 것을 말한다. "무릇 음악은 函
　　鍾을 宮으로 삼고, 大簇를 角으로 삼고, 姑洗을 徵로 삼고, 南呂를 羽로
　　삼는다. 靈鼓와 靈鼗와 孤竹管, 空桑의 나무로 만든 琴과 瑟을 사용하며,
　　〈咸池〉의 춤을 춘다. 夏至가 되면 못 속의 方丘에서 연주하는데, 음악이
　　八變하면 地祇가 모두 나오니 예를 행할 수 있다.凡樂, 函鍾爲宮, 大簇
　　爲角, 姑洗爲徵, 南呂爲羽, 靈鼓靈鼗, 孫竹之管, 空桑之琴瑟, 咸池之
　　舞. 夏日至, 於澤中之方丘奏之, 若樂八變, 則地示皆出, 可得而禮矣."
　　(『周禮』「春官·大司樂」) 제사 대상에 따라 六變·八變·九變이 있다.
　　"圓丘의 강신에서는 六變, 方澤의 강신에서는 八變, 宗廟 禘祫의 강신
　　에서는 九變이며 모두 〈昭夏〉를 사용한다. 그 나머지 제사는 모두 一變
　　이다.其圓丘降神六變, 方澤降神八變, 宗廟禘祫降神九變, 皆用昭夏.
　　其餘祭享皆一變."(『通典』「樂典」)
91) 망제望祭: 제왕이 영내의 大川과 五岳四瀆을 멀리 바라보며 지내는 제사
　　를 말한다.

때[告謝于廟]는 모두 황종黃鍾을 궁宮으로 삼아 3번 연주하며, 대려大呂를 각角으로 삼고 태주太簇를 치徵로 삼고 응종應鍾을 우羽로 삼아 각각 2번 연주한다. 문무文舞를 추면서 악무를 9번 연주한다[九成].[92] 선농先農에 올리는 제사와 황태자가 올리는 석전제釋奠祭에서는 모두 고선姑洗을 궁으로 삼고 문무를 추면서 악무를 3번 연주하며, 송신送神에 각각 그 곡(〈영화〉)을 1번 연주한다. 사제蜡祭[八蜡][93] 및 천·지·인 각각의 신은, 황종으로 〈예화豫和〉를 연주하고

---

92) 구성九成 : 악무를 9번 연주한다는 의미이며, '九變'이라고도 한다. "簫韶의 樂을 9번 연주하자[九成] 봉황이 날아와 儀容을 갖추었습니다.簫韶之樂, 作之九成, 以致鳳皇來而有容儀也."(『尙書注疏』「虞書」) 成과 變 모두 '奏(연주하다)'를 뜻하는데, 成이 終의 의미를 강조한 것이라면 變은 更의 의미를 강조한 것이다. "變은 更과 같다. 음악이 끝나면 다시 연주하는 것이다.變猶更也, 樂成則更奏也."(『周禮注』「大司樂」) "'成'은 樂曲이 완성되었음을 이른다. 鄭玄은 '成은 終과 같다'라고 하였다. 매 曲이 한 번 끝나면 반드시 바꾸어 다시 연주하기 때문에 經文에서는 '九成'이라 말하고 孔傳에서는 '九奏'라 말하고 『周禮』에서는 '九變'이라 일렀는데, 실은 동일한 것이다.成, 謂樂曲成也. 鄭云, 成, 猶終也. 每曲一終, 必變更奏, 故經言九成, 傳言九奏, 周禮謂之九變, 其實一也."(『尙書注疏』「虞書」) 宗廟 禘祫의 강신에서 九變을 사용한다. "圓丘의 강신에서는 六變, 方澤의 강신에서는 八變, 宗廟 禘祫의 강신에서는 九變이며 모두 〈昭夏〉를 사용한다. 그 나머지 제사는 모두 一變이다.其圓丘降神六變, 方澤降神八變, 宗廟禘祫降神九變, 皆用昭夏. 其餘祭享皆一變."(『通典』「樂典」)

93) 사제蜡祭 : 매년 말에 八蜡, 즉 농사와 관련된 여덟 神에게 지내는 蜡祭를 가리킨다. "천자가 올리는 大蜡祭는 여덟 가지다. 이기씨가 사제를 시작했다고 한다. '蜡'는 '索(찾다)'이다. 음력 12월이 되면 만물을 모은 뒤 흠향할 대상을 찾는다.天子大蜡八. 伊耆氏始爲蜡. 蜡也者索也, 歲十二月, 合聚萬物而索饗之也."(『禮記』「郊特牲」) 鄭玄의 설명에 따르면,

유빈蕤賓 · 고선姑洗 · 태주太簇로 〈순화順和〉를 연주하고 무역無射과 이칙夷則으로 〈영화永和〉를 연주한다. 6개의 균均94)을 모두 1번 연주함으로써 강신降神하며, 송신送神에는 〈예화豫和〉를 사용한다.

　四曰肅和, 登歌以奠玉帛. 于天神, 以大呂爲宮; 于地祇, 以應鍾爲宮; 于宗廟, 以圜鍾爲宮; 祀先農 · 釋奠, 以南呂爲宮; 望于山川, 以函鍾爲宮.

　넷째는 〈숙화肅和〉라 하는데, 등가登歌하고 옥과 비단을 올릴 때 사용한다. 천신天神 제사에서는 대려大呂를 궁宮으로 삼고, 지기地祇 제사에서는 응종應鍾을 궁으로 삼고, 종묘宗廟 제사에서는 원종圜鍾을 궁으로 삼고, 선농先農 제사와 석전釋奠에서는 남려南呂를 궁으로 삼고, 산천山川 망제望祭에서는 함종函鍾을 궁으로 삼는다.

　五曰雍和, 凡祭祀以入俎. 天神之俎, 以黃鍾爲宮; 地祇之俎, 以太簇爲宮; 人鬼之俎, 以無射爲宮. 又以徹豆. 凡祭祀, 俎入之後, 接神之曲亦如之.

　다섯째는 〈옹화雍和〉라 하는데, 제사에서 조俎95)를 들일 때 사용

─────────────────────────────

　大蜡祭를 올리는 여덟 신은 다음과 같다. 先嗇(神農氏), 司嗇(后稷), 農, 郵表畷, 猫虎, 坊, 水庸, 昆蟲.

94) 6개의 균均 : 본문에 나온 黃鍾均 · 蕤賓均 · 姑洗均 · 太簇均 · 無射均 · 夷則均을 가리킨다. '均'이란 12律의 각 律에서 宮을 토대로 만들어진 音階를 말한다. 예를 들면 黃鐘을 宮으로 삼은 음계를 '黃鐘均'이라 하고, 大呂를 宮으로 삼은 음계를 '大呂均'이라고 한다.

한다. 천신天神 제사에서 조를 들일 때는 황종黃鍾을 궁宮으로 삼고, 지기地祇 제사에서 조를 들일 때는 태주太簇를 궁으로 삼고, 인귀人鬼 제사에서 조를 들일 때는 무역無射을 궁으로 삼는다. 또 두豆를 거둘 때도 (〈옹화〉를) 사용한다. 무릇 제사에서 조를 들인 이후에 신을 영접할 때의 악곡 역시 이와 같다.

六曰壽和, 以酌獻·飮福. 以黃鍾爲宮.

여섯째는 〈수화壽和〉라 하는데, 작헌酌獻과 음복飮福에 사용한다. 황종黃鍾을 궁宮으로 삼는다.

七曰太和, 以爲行節. 亦以黃鍾爲宮. 凡祭祀, 天子入門而卽位, 與其升降, 至于還次, 行則作, 止則止. 其在朝廷, 天子將自內出, 撞黃鍾之鍾, 右五鍾應, 乃奏之. 其禮畢, 興而入, 撞蕤賓之鍾, 左五鍾應, 乃奏之. 皆以黃鍾爲宮.

일곱째는 〈태화太和〉라 하는데, 행차할 때 절주節奏로 삼는다. 역시 황종黃鍾을 궁宮으로 삼는다. 무릇 제사에서 천자天子가 문으로 들어와 자리에 임할 때, 올라가고 내려갈 때, 임시 거처[次][96]로 돌아갈 때, (천자가) 걸음을 옮기면 (〈태화〉를) 연주하고 걸음을 멈추

---

95) 조俎 : 犧牲 고기를 올리는 祭器로, 긴 盤床 모양이며 다리가 넷이다. 원래는 '俎' 한 글자만 사용했지만 그 모양이 긴 盤床과 같아서 '几'를 덧붙여 '俎几'라고도 한다.

96) 임시 거처[次] : 장막을 쳐서 만든 임시 거처를 말한다. 나라의 큰 행사 때 장막을 쳐서 마련한 황제의 임시 거처는 '大次'라고 한다.

면 연주도 그친다. 조정에서는 천자가 궁내에서 나가려 할 때 황종의 종을 치고 오른쪽 5개의 종이 호응하면 이것(〈태화〉)을 연주한다. 예禮를 마친 뒤에 일어나 (궁내로) 들어올 때 유빈蕤賓의 종을 치고 왼쪽 5개의 종이 호응하면 이것(〈태화〉)을 연주한다. 모두 황종을 궁으로 삼는다.

八曰舒和, 以出入二舞, 及皇太子·王公·群后·國老若皇后之妾御·皇太子之宮臣, 出入門則奏之. 皆以太簇之商.

여덟째는 〈서화舒和〉라 하는데, 이무二舞를 보내고 들일 때,97) 황태자·왕공王公·군후群后·국로國老 및 황후의 시첩[妾御]과 황태자의 궁신宮臣98)이 문을 출입할 때 이것(〈서화〉)을 연주한다. 모두 태주상太簇商99)을 쓴다.

九曰昭和, 皇帝·皇太子以擧酒.

아홉째는 〈소화昭和〉라 하는데, 황제와 황태자가 연회를 거행할 때[擧酒] 사용한다.100)

---

97) 이무二舞를 보내고 들일 때 : '文舞를 보내고 武舞를 들일 때'라는 말이다.

98) 궁신宮臣 : 太子의 屬官을 말한다.

99) 태주상太簇商 : 太簇均의 商調를 말한다. 燕樂二十八調의 大食調가 太簇商에 해당한다.

100) "원일(정월 초하룻날)과 동지에 황제가 마련한 禮會에서 登歌할 때 〈昭和〉를 연주한다.元日·冬至皇帝禮會登歌, 奏昭和."(『舊唐書』「音樂志」)

十曰休和, 皇帝以飯, 以肅拜三老, 皇太子亦以飯. 皆以其月之
律均.

열째는 〈휴화休和〉라 하는데, 황제가 식사할 때와 삼로三老[101]에
게 숙배肅拜[102]할 때 사용하며, 황태자가 식사할 때도 사용한다. 모
두 그달에 해당하는 율균律均[103]을 사용한다.

---

101) 삼로三老 : 正直·剛克·柔克의 三德을 갖춘 노인을 말한다. "太學에서
    三老와 五更에게 식사를 대접하다.食三老五更於大學."(『禮記』「樂
    記」) 鄭玄은 三老와 五更에 대해 "모두 老人인데, 특히 三德과 五事에
    대해 잘 아는 자이다.皆老人更知三德五事者也."라고 했다. 三德은 正
    直·剛克·柔克이다. "三德은 첫째는 正直이라 하고, 둘째는 剛克이라
    하고, 셋째는 柔克이라 한다.三德, 一曰正直, 二曰剛克, 三曰柔克."
    (『尙書』「洪範」)

102) 숙배肅拜 : 跪拜를 하되 고개는 숙이지 않고 揖만 하는 것으로, 九拜 중
    가벼운 예법에 속한다. 『周禮』에 따르면 '九拜'는 다음과 같다. "첫째는
    계수, 둘째는 돈수, 셋째는 공수, 넷째는 진동, 다섯째는 길배, 여섯째는
    흉배, 일곱째는 기배, 여덟째는 포배, 아홉째는 숙배이다. 一曰稽首, 二曰
    頓首, 三曰空首, 四曰振動, 五曰吉拜, 六曰凶拜, 七曰奇拜, 八曰褒拜,
    九曰肅拜."(『周禮』「春官·宗伯」) 肅拜에 대해 鄭玄 注에서는 "허리를
    굽히고 손을 아래로 내리는 것으로, 지금의 揖이 바로 이것이다.但俯下
    手, 今時揖是也."라고 했다.

103) 그달에 해당하는 율균律均 : 12개의 각 月에 해당하는 律의 均을 의미하
    는데, 黃鐘均부터 應鐘均까지 모두 12均이 있다. "12달에 해당하는 均
    을 만들어 각기 그달의 氣에 대응하도록 해야 합니다.可作十二月均, 各
    應其月氣."(『隋書』「音樂志」)

해당 월	11	12	1	2	3	4
律均	黃鐘均	大呂均	太族均	夾鐘均	姑洗均	中呂均
해당 월	5	6	7	8	9	10
律均	蕤賓均	林鐘均	夷則均	南呂均	無射均	應鐘均

十一曰正和, 皇后受冊以行.

열한째는 〈정화正和〉라 하는데, 황후가 책명冊命을 받을 때 사용
한다.[104]

十二曰承和, 皇太子在其宮, 有會以行. 若駕出, 則撞黃鍾, 奏太
和. 出太極門而奏采茨, 至于嘉德門而止. 其還也亦然.

열둘째는 〈승화承和〉라 하는데, 황태자가 그 궁(동궁東宮)에서 연
회를 베풀 때 사용한다. 만약 행차할 때는 황종黃鍾을 치고 〈태화太
和〉를 연주한다. 태극문太極門을 나가면 〈채자采茨〉를 연주하고 가
덕문嘉德門에 이르면 연주를 멈춘다.[105] (행차했다가) 돌아올 때도
마찬가지다.

初, 隋有文舞·武舞, 至祖孝孫定樂, 更文舞曰治康, 武舞曰凱
安, 舞者各六十四人. 文舞: 左籥右翟, 與執纛而引者二人, 皆委
貌冠, 黑素, 絳領, 廣袖, 白絝, 革帶, 烏皮履. 武舞: 左干右戚, 執
旌居前者二人, 執鞀執鐸皆二人, 金錞二, 輿者四人, 奏者二人,
執鐃二人, 執相在左, 執雅在右, 皆二人夾導, 服平冕, 餘同文舞.

---

104) 『舊唐書』 「音樂志」에는 "황제가 朝賀를 받을 때 〈政和〉를 연주한다. 皇
帝受朝, 奏政和."라고 나와 있는데, 校勘記의 내용에 따르면 "皇帝受
朝" 아래에 "皇后入宮" 4글자가 있어야 하고, '政和'가 아니라 '正和'이
다. 이에 근거하면 "황제가 朝賀를 받을 때와 황후가 입궁할 때 〈正和〉
를 연주한다. 皇帝受朝, 皇后入宮, 奏正和."는 것이다.
105) 太極門에서 嘉德門에 이르는 구간에서 〈采茨〉를 연주한다는 말이다.

朝會則武弁, 平巾幘, 廣袖, 金甲, 豹文綺, 烏皮靴. 執干戚夾導, 皆同郊廟. 凡初獻, 作文舞之舞; 亞獻·終獻, 作武舞之舞. 太廟降神以文舞, 每室酌獻, 各用其廟之舞. 禘祫遷廟之主合食, 則舞亦如之. 儀鳳二年, 太常卿韋萬石定凱安舞六變: 一變象龍興參墟; 二變象克定關中; 三變象東夏賓服; 四變象江淮平; 五變象獫狁伏從; 六變復位以崇, 象兵還振旅.

처음에, 수隋에는 문무文舞와 무무武舞가 있었는데, 조효손祖孝孫이 악樂을 제정함에 이르러 문무를 〈치강治康〉이라 고쳐 부르고 무무를 〈개안凱安〉이라 고쳐 불렀으며, 춤추는 자는 각각 64명이다.

문무 : 왼손에 약籥(피리)을 쥐고 오른손에 적翟(꿩 깃)을 쥔다. 독纛[106)을 들고 인도하는 2명과 함께 모두 검은 명주[黑素]로 만든 위모관委貌冠[107)을 쓰고, 진홍색[絳] 옷깃에 소매가 넓은 윗옷, 흰색

---

106) 독纛 : 새의 깃털이나 꿩의 꼬리 또는 牦牛의 꼬리로 장식한 큰 깃발을 말한다.

纛
(聶崇義, 『三禮圖』)

107) 위모관委貌冠 : 皂絹(검은 명주)으로 만든 禮帽로, 玄冠이라고도 하는데, 委貌冠을 쓸 때면 玄端과 素裳을 입는다. "벽옹에서 대사례를 거행할 때 예를 행하는 공경·제후·대부는 위모관을 쓰고 현단복과 소상을

바지[白絝], 혁대, (목이 긴 검정 가죽 신발인) 오피화烏皮靴를 착용
한다.

　무무 : 왼손에 간干(방패)을 쥐고 오른손에 척戚(도끼)을 쥔다. 정
旌(깃발)[108]을 들고 앞에 있는 사람은 2명, 도鼗를 쥔 사람과 탁
鐸[109]을 쥔 사람은 각각 2명, 금순金錞은 2개, 수레를 드는 사람은

입는다.行大射禮於辟雍, 公卿諸侯大夫行禮者, 冠委貌, 衣玄端素裳."
(『後漢書』「輿服志」)

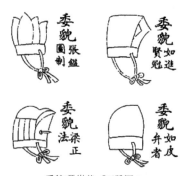

委貌(聶崇義, 『三禮圖』)

108) 정旌 :

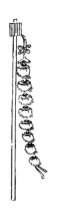

旌(『三才圖會』)

4명, 연주하는 사람은 2명, 요요鐃를 쥔 사람은 2명이며, 상相을 쥔 사람은 왼쪽에 자리하고 아雅를 쥔 사람은 오른쪽에 자리하며, 모두 2명이 옆에서 인도한다. 평면平冕을 쓰고, 나머지는 문무와 동일하다. 조회朝會에서는 무변武弁,[110] 평건책平巾幘,[111] 소매가 넓은 윗옷, 금갑金甲, 표범무늬 바지[豹文絝], 오피화를 착용한다. 간척干

---

109) 탁鐸 : 청동으로 만든 종 모양의 타악기인데, 甬鐘과 비슷하나 크기가 작다. 안쪽에 금속이나 목재로 된 혀[舌]가 달려 있어서 소리를 내는데, 청동 혀[銅舌]가 달린 것이 金鐸이고, 나무 혀[木舌]가 달린 것이 木鐸이다. 고대에 政敎와 法令을 선포할 때 鐸을 사용했다.

鐸

110) 무변武弁 : 大冠, 繁冠, 建冠, 籠冠이라고도 하는 武冠이다. 天子의 元服時에도 사용되었고, 좌우 근시관과 무관이 모두 착용하였다.

武弁
(聶崇義, 『三禮圖』)

111) 평건책平巾幘 : 魏·晉 이래 武官이 착용했던 두건의 일종이다. 위쪽이 평평하며 平上幘이라고도 한다. 隋나라 때는 侍臣과 武官이 착용했다. 唐나라 때는 武官과 衛官이 착용했고, 天子와 皇太子가 말을 탈 때 착용하기도 했다.

戚[112]을 쥔 사람이 옆에서 인도하며, 모두 교묘郊廟와 동일하다. 무릇 초헌初獻에는 문무와 무무를 추고, 아헌亞獻과 종헌終獻에는 무무를 춘다. 태묘太廟에서의 강신降神은 문무를 쓰고, 각 실室의 작헌에는 각 묘廟의 춤을 쓴다. 체협禘祫과 천묘遷廟에서 신주를 함께 제사지내면[合食] 춤 역시 그렇게 한다.

(고종高宗) 의봉儀鳳 2년(677)에 태상경太常卿 위만석韋萬石이 〈개안무凱安舞〉를 육변六變[113]으로 제정했다. 1변變은 용이 삼허參墟[114]

----

112) 간척干戚 : 武舞를 상징한다. 干과 戚은 武舞를 출 때 사용하는 舞具인 방패와 도끼다. "오늘날 … 무무를 출 때는 방패와 도끼를 들고 춘다.今 … 武舞執干戚."(『隋書』「音樂志」) 武舞는 직접 무력을 사용하지 않고 상대방을 복종하게 한다는 상징적 의미를 지녔다. "舜 임금 때 苗가 복종하지 않았다. (이에) 禹가 苗를 정벌하려고 했는데, 순 임금이 이렇게 말했다. '안 된다오. 윗사람의 덕이 도탑지 않으면서 무력을 행사하는 것은 도에 어긋나오.' 이에 3년 동안 敎化를 펼치며 방패와 도끼를 들고 춤을 추었더니 苗가 (교화되어) 복종했다.當舜之時, 有苗不服, 禹將伐之, 舜曰, 不可. 上德不厚而行武, 非道也. 乃修敎三年, 執干戚舞, 有苗乃服."(『韓非子』「五蠹」)

113) 육변六變 : 樂舞를 구성하는 6차례의 연주를 의미한다. 〈凱安舞〉를 六變으로 한 것은 〈武〉가 六成인 것과 같은 의미를 지닌다. 〈武〉六成이 周의 창업 과정을 칭송한 것이라면, 〈凱安舞〉六變은 唐의 창업 과정을 칭송한 것이다. 〈武〉六成에 대한 孔子의 설명은 다음과 같다. "대저 〈武〉는 처음에는[始] 북쪽으로 나아가고, 두 번째 연주에서는[再成] 商을 멸하고, 세 번째 연주에서는[三成] 남쪽을 향하고, 네 번째 연주에서는[四成] 남쪽 나라를 평정하고, 다섯 번째 연주에서는[五成] 나누어서 다스리니 周公이 왼쪽을 다스리고 召公이 오른쪽을 다스리며, 여섯 번째 연주에서는[六成] 다시 제자리로 돌아옴으로써 (천하가 武王을) 숭상함을 상징한다.且夫武, 始而北出, 再成而滅商, 三成而南, 四成而南

에서 흥기한 것을 상징한다. 2변은 관중關中 지역을 평정한 것을 상징한다. 3변은 동쪽으로 하夏를 복종시킨 것을 상징하다. 4변은 강회江淮[115] 지역이 평안해진 것을 상징한다. 5변은 험윤獫狁이 복종한 것을 상징한다. 6변은 제자리로 돌아와 끝을 맺는데, 군대가 개선凱旋하는 것을 상징한다.

初, 太宗時, 詔祕書監顔師古等撰定弘農府君至高祖太武皇帝六廟樂曲舞名, 其後變更不一, 而自獻祖而下廟舞, 略可見也. 獻祖曰光大之舞, 懿祖曰長發之舞, 太祖曰大政之舞, 世祖曰大成之舞, 高祖曰大明之舞, 太宗曰崇德之舞, 高宗曰鈞天之舞, 中宗曰太和之舞, 睿宗曰景雲之舞, 玄宗曰大運之舞, 肅宗曰惟新之舞, 代宗曰保大之舞, 德宗曰文明之舞, 順宗曰大順之舞, 憲宗曰象德之舞, 穆宗曰和寧之舞, 敬宗曰大鈞之舞, 文宗曰文成之舞, 武宗曰大定之舞, 昭宗曰咸寧之舞. 其餘闕而不著.

처음에, 태종太宗(이세민李世民, 599~649) 때 비서감祕書監 안사고顔師古 등에게 조詔를 내려 홍농부군弘農府君부터 고조高祖 태무황제太武皇帝에 이르는 6묘廟의 악무樂舞 명칭을 찬정撰定하게 하였

國是疆, 五成而分, 周公左, 召公右, 六成復綴, 以崇天子.”(『禮記』「樂記」) “成은 '奏(연주하다)'와 같다. 〈武〉의 곡을 연주하는 것이 1번씩 끝날 때마다 1成이 된다.成, 猶奏也. 每奏武曲一終爲一成.”(『禮記』「樂記」, 鄭玄 注)

114) 삼허參墟 : 參星의 分野로, 지금의 山西와 河南 일대에 해당한다.

115) 강회江淮 : 長江과 淮河 일대를 가리키는데, 특히 지금의 江蘇와 安徽의 중부 지역에 해당한다.

는데, 그 뒤로 변경되어 일치하지 않았다. 하지만 헌조獻祖 이하의 묘무廟舞는 대략 알 수 있다.

헌조獻祖는 〈광대무光大舞〉, 의조懿祖는 〈장발무長發舞〉, 태조太祖는 〈대정무大政舞〉, 세조世祖는 〈대성무大成舞〉, 고조高祖는 〈대명무大明舞〉, 태종太宗은 〈숭덕무崇德舞〉, 고종高宗은 〈균천무鈞天舞〉, 중종中宗은 〈태화무太和舞〉, 예종睿宗은 〈경운무景雲舞〉, 현종玄宗은 〈대운무大運舞〉, 숙종肅宗은 〈유신무惟新舞〉, 대종代宗은 〈보대무保大舞〉, 덕종德宗은 〈문명무文明舞〉, 순종順宗은 〈대순무大順舞〉, 헌종憲宗은 〈상덕무象德舞〉, 목종穆宗은 〈화녕무和寧舞〉, 경종敬宗은 〈대균무大鈞舞〉, 문종文宗은 〈문성무文成舞〉, 무종武宗은 〈대정무大定舞〉, 소종昭宗은 〈함녕무咸寧舞〉이다. 그 나머지는 결실缺失되어 기록이 없다.

唐之自製樂凡三: 一曰七德舞, 二曰九功舞, 三曰上元舞.

당唐이 제작한 악무는 3가지다. 첫째는 〈칠덕무七德舞〉라 하고, 둘째는 〈구공무九功舞〉라 하고, 셋째는 〈상원무上元舞〉라 한다.

七德舞者, 本名秦王破陣樂. 太宗爲秦王, 破劉武周, 軍中相與作秦王破陣樂曲. 及卽位, 宴會必奏之, 謂侍臣曰:「雖發揚蹈厲, 異乎文容, 然功業由之, 被於樂章, 示不忘本也.」右僕射封德彝曰:「陛下以聖武戡難, 陳樂象德, 文容豈足道也!」帝矍然曰:「朕雖以武功興, 終以文德綏海內, 謂文容不如蹈厲, 斯過矣.」乃製舞圖, 左圓右方, 先偏後伍, 交錯屈伸, 以象魚麗·鵝鸛. 命呂才以圖教樂工百二十八人, 被銀甲執戟而舞, 凡三變, 每變爲四陣, 象擊

刺往來, 歌者和曰:「秦王破陣樂」. 後令魏徵與員外散騎常侍褚
亮·員外散騎常侍虞世南·太子右庶子李百藥更製歌辭, 名曰七
德舞. 舞初成, 觀者皆扼腕踊躍, 諸將上壽, 群臣稱萬歲, 蠻夷在
庭者請相率以舞. 太常卿蕭瑀曰:「樂所以美盛德形容, 而有所未
盡, 陛下破劉武周·薛擧·竇建德·王世充, 願圖其狀以識.」帝曰
:「方四海未定, 攻伐以平禍亂, 製樂陳其梗概而已. 若備寫禽獲,
今將相有嘗爲其臣者, 觀之有所不忍, 我不爲也.」自是元日·冬
至朝會慶賀, 與九功舞同奏. 舞人更以進賢冠, 虎文褲, 螣蛇帶,
烏皮靴, 二人執旌居前. 其後更號神功破陣樂.

〈칠덕무七德舞〉116)는 본래 명칭이 〈진왕파진악秦王破陣樂〉이다.
태종太宗이 진왕秦王으로 있을 때 유무주劉武周117)를 무찌르자 군중
軍中에서 다들 함께 〈진왕파진악곡王破陣樂曲〉을 만들어 연주했다.
(진왕이 태종으로) 즉위한 뒤 연회에서 반드시 그것을 연주했는
데, (태종이) 근신[侍臣]에게 이렇게 말했다. "용맹하게 땅을 세게 내
리밟는 모습[發揚蹈厲]118)이 문아한 자태[文容]와는 다르지만 공업功

---

116) 〈七德舞〉의 七德은 武功의 7가지 德行을 가리킨다. "武라는 것은 폭력
     을 억누르고, 무기를 거두어 싸움을 중지하며, 큰 나라를 유지하고, 공을
     세우고, 백성을 편안하게 하며, 만민을 화합시키며, 재물을 풍성하게 하
     는 것이다.夫武, 禁暴, 戢兵, 保大, 定功, 安民, 和衆, 豐財者也."(『左
     傳』「宣公 12年」)
117) 유무주劉武周(?~620) : 河間 景城(현재 河北 交河縣) 사람이다. 隋나라
     말 지방 群雄이었는데, 唐 高祖 武德 3년(620)에 秦王 李世民에게 패하
     여 突厥로 도망쳤으나 突厥에게 살해당했다.
118) 발양도려發揚蹈厲 : 周나라 초 〈大武〉의 춤동작을 묘사한 표현으로, 땅
     을 세게 내리밟는 이 춤동작은 太公望이 武王을 보좌해 紂王을 정벌할

業이 이것에서 말미암았으니 악장樂章을 더하여 근본을 잊지 않음을 나타내는 것이다." (이에) 우복야右僕射 봉덕이封德彝가 아뢰었다. "폐하께서는 뛰어난 용맹으로 화란禍亂을 평정하시어 악무를 펼쳐 (그 용맹의) 덕을 상징하는 것이니, 문아한 자태는 어찌 말할 만하겠습니까!" 태종이 놀라며 말했다. "짐이 비록 무공武功으로 흥기했으나 결국에는 문덕文德으로 나라를 평안하게 해야 하니, 문아한 자태가 용맹한 자태보다 못하다고 말하는 것은 지나치다."

이에 무도舞圖를 제작했는데, 왼쪽은 원진圓陣이고 오른쪽은 방진方陣이며 앞쪽에는 전차를 배치하고 뒤쪽에는 보병을 배치하여[先偏後伍],[119] 교착交錯하고 움츠렸다 폈다 함으로써 어려진魚麗陣[120]과 아관진鵝鸛陣[121]을 형상화했다. (태종이) 여재呂才[122]에게 명하여

때 용맹하게 전진하고자 한 의지를 상징한다. 『禮記』 「樂記」에서 "발양도려는 태공의 뜻이다.發揚蹈厲, 大公之志也."라고 했다.

119) 선편후오先偏後伍 : 앞쪽에는 전차를 배치하고 뒤쪽에는 병사를 배치했다는 말이다. 偏과 伍는 고대 군대의 편제 단위로, 전차 25대가 偏, 병사 5명이 伍를 구성한다. "魚麗陳을 만들어, 앞쪽에는 전차[偏]를 배치하고 뒤쪽에는 보병[伍]을 배치해 보병이 뒤를 따르며 (빈 공간을) 미봉하게 하였다.爲魚麗之陳, 先偏後伍, 伍承彌縫."(『左傳』 「桓公 5年」) 杜預의 注에서는 『司馬法』을 인용하여 다음과 같이 말했다. "전차 25乘을 偏으로 삼아 전차를 앞에 배치하고 伍를 뒤에 배치하여 偏 사이에 틈이 생기면 그 틈을 미봉한다. 5인이 伍가 된다. 이것이 魚麗陣法이다.車戰二十五乘爲偏, 以車居前, 以伍次之, 承偏之隙而彌縫闕漏也. 五人爲伍. 此蓋魚麗陣法."

120) 어려진魚麗陣 : 물고기가 떼를 지어 앞으로 나아가는 것처럼 둥글고 긴 대형이나 진법을 말한다.

121) 아관진鵝鸛陣 : '鵝(거위)'와 '鸛(황새)'은 각각 陣의 명칭으로, 새가 날

이 그림으로 악공 128명을 가르치게 했는데, 은갑銀甲을 입고 창을 쥐고서 춤춘다.[123] 무릇 (춤의 대형隊形이) 3번 변하는데, 매번 변할 때마다 4개의 진陣을 만들면서 치고 찌르며 오가는 모습을 형상화 하면 노래하는 사람은 "진왕파진악秦王破陣樂"이라고 화답한다.

후에 위징魏徵을 비롯해 원외산기상시員外散騎常侍 저량褚亮, 원외 산기상시 우세남虞世南, 태자우서자太子右庶子 이백약李百藥에게 명 하여 가사를 고쳐 짓게 하고 〈칠덕무七德舞〉라고 이름했다. 악무가 갓 완성되었을 때 그것을 본 이들은 모두 감정이 북받쳐 팔을 움켜쥐 고 기뻐서 뛰었다. 모든 장수들은 상수上壽[124]하고 신하들은 만세萬 歲를 외쳤으며, 궁정에 있던 만이蠻夷는 잇따라 춤출 것을 청했다.

태상경太常卿 소우蕭瑀가 아뢰었다. "악무란 성덕盛德의 형상을 아름답게 꾸미기 위한 것인데 아직 미진한 바가 있습니다. 폐하께서

개를 편 듯한 형태의 陣이다. 후대에 鵝鸛이라고 병칭하여 軍陣을 가리 키게 되었다. "병술일에 화씨와 자구에서 싸웠다. 정편은 관진을 치고자 했고 그의 마부는 아진을 치고자 했다.丙戌, 與華氏戰於赭丘. 鄭翩願爲 鸛, 其御願爲鵝."(『左傳』「昭公 21年」)

122) 여재呂才(606~665) : 唐나라 때의 철학가이자 음악가로, 천문·지리·의 약·군사·역사·문학·논리학·철학 등 다양한 분야에 대한 이해가 깊었 다. 30세에 溫彦博·魏徵 등의 추천을 받아 弘文館에 들어왔으며, 太常 博士·太常丞·太子司更大夫 등의 관직을 지냈다. 특히 樂律에 능했으 며, 太宗 때 〈功成慶善舞〉(후에 〈九功舞〉로 개칭), 〈七德舞〉(후에 〈秦 王破陣樂〉으로 개칭), 〈上元舞〉 등을 창작했다.

123) 『舊唐書』「音樂志」에는 춤추는 사람의 수가 120명이고, 은으로 장식한 갑옷을 입는다고 나와 있다. "120명이 갑옷을 입고 창을 쥐며, 은으로 갑옷을 장식했다.百二十人披甲持戟, 甲以銀飾之."

124) 상수上壽 : 장수를 비는 뜻으로 술잔을 올리는 것을 말한다.

유무주劉武周, 설거薛擧,[125) 두건덕竇建德,[126] 왕세충王世充[127]을 무찌르셨으니, 그 상황을 (악무로) 묘사해 나타내길 바라옵니다." 황제

---

125) 설거薛擧(?~618) : 河東 汾陰(현재 山西 萬榮縣) 사람으로, 隋나라 말 群雄이었다. 金城校尉 薛汪의 아들로, 金城校尉를 지내다가 隋 煬帝 大業 13년(617) 4월에 정식으로 起兵하여 西秦霸王이라 자칭하면서 연호를 秦興이라고 했다. 같은 해 7월에 정식으로 稱帝하며 秦州로 천도했다. 唐 高祖 武德 元年(618)에 唐나라 군대와 교전했는데, 長安 함락을 목전에 두고 갑자기 병사했다. 薛擧의 아들 薛仁杲가 그 뒤를 이었으나 薛仁杲는 唐나라 군대에게 섬멸되었다.

126) 두건덕竇建德(573~621) : 貝州 漳南縣(현재 河北 故城縣) 사람으로, 隋나라 말 群雄이었다. 대대로 농사를 짓던 집안 출신이다. 마을의 이장으로 지내다가 大業 7년(611) 隋나라 군에 들어갔으나, 이후 高士達의 수하로 들어가 수나라에 반기를 들었다. 大業 12년에 軍司馬가 되었고 高士達이 전사한 이듬해(617)에 스스로 長樂王이라 칭했다. 唐 武德 元年(618)에는 국호를 夏라 하고 夏王임을 선포했다. 621년에 秦王 李世民이 洛陽에서 王世充을 포위하자 竇建德은 군대를 이끌고 王世充을 구하려 했으나 패하여 포로가 되었고, 長安으로 끌려가 죽임을 당했다.

127) 왕세충王世充(?~621) : 西域 析支(현재 甘肅 臨夏縣) 사람으로, 隋나라 말 群雄이었다. 본래 姓은 支이고 字는 行滿이며, 汴州長史 支收의 아들이다. 經史를 두루 섭렵하고 兵法에 밝았다. 隋 文帝 開皇 연간에 軍功을 잇따라 세워 兵部員外郎, 儀同三司에 제수되었다. 隋 煬帝 大業 연간에 江都宮 건설의 책임을 맡았고 楊玄感의 반란을 평정했다. 또 王世充은 李密이 이끄는 瓦崗 起義軍이 洛陽을 쳐들어 왔을 때 이를 무찌르기도 했다. 煬帝가 피살되고 越王 楊侗이 즉위한 뒤 鄭國公에 봉해졌다. 619년 越王 楊侗을 폐하고 스스로 제위에 올라 국호를 鄭이라 하고 연호를 開明이라 했다. 唐 高祖 武德 4년(621)에 秦王 李世民이 洛陽을 공격하자 투항했으나 王世充에게 원한을 품고 있던 獨孤修德에게 피살되었다.

(태종)가 말했다. "바야흐로 사해四海가 아직 평정되지 않았던 터라 정벌하여 화란禍亂을 평정하였으니, 악무를 만들어 그 개략적인 내용을 펼쳐 보일 따름이니라. 만약 (그들을) 포로로 사로잡던 상황을 (악무로) 자세히 묘사한다면, 지금의 장상將相 가운데 일찍이 그 신하였던 자들이 그것을 보면 견디기 어려울 것이니 나는 그렇게 하지 않겠다."

이때부터 원일元日과 동지冬至의 조회朝會에서 경하慶賀할 때는 〈구공무九功舞〉와 더불어 (〈칠덕무를〉) 함께 연주했다. 춤추는 자는 (복식을 바꿔) 진현관進賢冠, 범무늬 바지[虎文褲], 등사대螣蛇帶, 오피화烏皮靴를 착용한다. 2명이 기[旌]를 들고 앞쪽에 자리한다. 후에 〈신공파진악神功破陣樂〉으로 명칭을 바꾸었다.[128]

九功舞者, 本名功成慶善樂. 太宗生於慶善宮, 貞觀六年幸之, 宴從臣, 賞賜閭里, 同漢沛·宛. 帝歡甚, 賦詩, 起居郎呂才被之管絃, 名曰功成慶善樂. 以童兒六十四人, 冠進德冠, 紫褲褶, 長袖, 漆髻, 屣履而舞, 號九功舞. 進蹈安徐, 以象文德. 麟德二年詔「郊廟·享宴奏文舞, 用功成慶善樂, 曳履, 執紼, 服褲褶, 童子冠如故. 武舞用神功破陣樂, 衣甲, 持戟, 執纛者被金甲, 八佾, 加簫·笛·歌鼓, 列坐縣南, 若舞卽與宮縣合奏. 其宴樂二舞仍別設焉.」

〈구공무九功舞〉[129]는 본래 명칭이 〈공성경선악功成慶善樂〉이다.

---

128) "현경 원년(656) 정월, 〈파진악무〉를 〈신공파진악〉으로 바꾸었다.顯慶元年正月, 改破陣樂舞爲神功破陣樂."(『舊唐書』「音樂志」)

129) 〈九功舞〉의 '九功'이란 六府와 三事의 일을 가리킨다. 백성의 생활의 근간인 육부와 삼사를 잘 관장하는 제왕의 9가지 善政이 바로 九功이다.

태종太宗은 경선궁慶善宮[130]에서 태어났는데, 정관貞觀 6년(632)에 그곳으로 행차해 종신從臣들과 연회를 열고 마을에 상을 내렸으니, 한漢의 (고조高祖의 고향인) 패沛[131]나 (광무제光武帝의 고향인) 완宛[132]과 마찬가지다. 황제(태종)가 매우 기뻐하며 시를 짓고 기거랑

육부는 水·火·金·木·土·穀이고, 삼사는 正德·利用·厚生이다. "六府, 三事, 謂之九功. 水, 火, 金, 木, 土, 穀, 謂之六府. 正德, 利用, 厚生, 謂之三事."(『左傳』「文公 7年」) 제왕의 文은 九功에 짝하고 武는 七德에 짝한다. "文治九功, 武苞七德."(『梁書』「武帝紀」)

130) 경선궁慶善宮 : 武功縣(현재 陝西 武功縣)에 있었으며, 李淵의 옛 저택이자 李世民이 태어난 곳이다. "경선궁은 현(무공현) 남쪽으로 18리 되는 곳에 있는데, 神堯(李淵)의 옛 저택이자 태종이 태어난 곳으로, 남쪽으로는 위수에 임해 있다.慶善宮在縣南十八里, 神堯之舊第也, 太宗降誕之所, 南臨渭水."(『長安志』 권14) 唐 高祖(李淵) 武德 원년(618)에 武功宮을 세웠고 武德 6년(623)에 慶善宮으로 고쳤다. 후에는 慈德寺가 되었다.

131) 패沛 : 漢 高祖 劉邦의 고향 沛縣을 가리킨다. 『史記』「高祖本紀」에 따르면, 劉邦은 在位 12년(기원전 195)에 淮南王 英布의 반란군을 격파한 뒤 도성으로 돌아오는 길에 고향 패현에 머무르면서 연회를 베풀었다. 옛 친구들과 父老와 子弟를 초청해 술을 마시며 패현의 아이들 120명을 선발해 노래를 가르치고 직접 노래를 지어 부르기도 했다. 劉邦은 10여 일이 넘도록 패현에 머물렀는데, 패현의 父兄들이 "패현은 다행히 부역을 면제받았으나 豐邑은 아직 면제받지 못했으니 그들을 긍휼히 여겨주십시오"라고 간청하자 결국 풍읍도 패현과 같이 부역을 면제해주었다.

132) 완宛 : 後漢 光武帝 劉秀의 고향 南陽을 가리킨다. 建武 3년(27), 광무제는 秦豐을 무찌른 뒤 고향에 행차하여 酒宴을 크게 베풀었다. "(建武 3년) 10월, 광무제가 舂陵에 행차해 園廟에 제사하고 주연을 크게 베풀어, 舂陵의 父老와 옛 친구들과 더불어 음악을 연주했다. 皇祖皇考墓를 昌陵이라 했는데 후에 章陵으로 고쳤고, 이에 근거해 舂陵을 章陵縣이

起居郎 여재呂才가 그 시에 악곡[管絃]을 입혔는데, 〈공성경선악功成慶善樂〉이라고 이름했다. 아동 64명에게 진덕관進德冠133)을 쓰고, 자줏빛[紫] 고습褲褶134)과 긴소매 옷을 입고, 검은빛의 딴머리를 덧대

라고 했다. 十月, 上幸春陵, 祠園廟, 大置酒, 與春陵父老故人爲樂. 以皇祖皇考墓爲昌陵, 後改爲章陵, 因以春陵爲章陵縣."(『東觀漢記』권 1) 春陵은 지금의 湖北 棗陽의 서남쪽에 해당하는데, 棗陽은 後漢 시기에 蔡陽縣·章陵縣·襄鄕縣으로 이루어져 있었고 이 3현은 모두 南陽郡이 관할했다. 광무제는 南陽 蔡陽 사람이다. 광무제는 南陽을 자신의 뿌리로 여겼는데, 建武 6년(30)에 春陵鄕을 章陵縣으로 고치고, 徭役을 대대로 면제해주었다. 後漢 시기 南陽郡의 면적은 매우 넓었는데, 북으로는 河南省 魯陽縣, 남으로는 湖北省 隨州市에 이르는 범위였다. 蔡陽과 章陵 모두 南陽郡의 관할이었다.

133) 진덕관進德冠 : 황제가 지위 높은 신하에게 하사했던 冠이다. 『舊唐書』「輿服志」의 기록에 따르면, 貞觀 8년(634)에 太宗이 처음으로 翼扇冠을 쓰고, 대신들은 진덕관을 썼다고 한다. 현재까지 중국에서 발견된 가장 오래된 진덕관은 당나라 개국공신 李勣의 무덤에서 출토된 三梁 進德冠이다.

李勣의 무덤에서 출토된 三梁 進德冠

134) 고습褲褶 : 袴褶이라고도 한다. 고대 중국 복식에 군복으로 수용된 胡服으로, 기본 형식은 상의와 바지[褲]로 이루어져 있다. 褶은 여러 겹의 옷 가운데 가장 바깥에 입는 옷으로, 그 형태는 袍와 같고 길이는 짧으며 소매가 넓고 左袵이다. "褶, 謂重衣之最在上者也, 其形若袍, 短身而廣

어 올리고[漆鬠], 신발을 끌며[屣履]135) 춤을 추게 하고는 이를 〈구
공무〉라고 이름했다. 나아가고 발을 디디는 모습이 안정되고 평온하
니, 문덕文德을 상징한다.

(고종高宗) 인덕麟德 2년(665)에 다음 내용의 조詔를 내렸다. "교
묘郊廟와 향연享宴에서 문문文舞를 연주할 때는 〈공성경선악〉을 사
용하라. 신발을 끌며[曳履]136) 불緋을 쥐고 고습袴褶을 입고 동자관
童子冠을 쓰는 것은 예전과 같다. 무무武舞에서는 〈신공파진악神功
破陣樂〉을 사용하며, 갑옷을 입고 창을 쥔다. 독纛을 든 자는 금갑金
甲을 입는다. (춤은 64명이 추는) 팔일八佾137)이며, 소簫·적笛·가고

袖, 一曰左衽之袍也."(『急就篇』, 顔師古 注)

李壽(577~630) 墓 第一 過洞 東壁 벽화에 그려진
儀衛圖에서 袴褶을 착용한 두 사람(陝西박물관 소장)

135) 신발을 끌며[屣履] : 屣履는 신발을 제대로 신지도 못한 채 신발을 끌며
황급히 걷는 모습을 말한다. 문맥상 어색한데, 『舊唐書』「音樂志」에서
는 〈慶善樂〉을 설명하면서 "가죽신을 신는다[皮履]"라고 했다.

136) 신발을 끌며[曳履] : 曳履는 신발을 끈다는 뜻으로, 한가하고 여유로운
모습을 의미한다. 『舊唐書』「音樂志」에 기록된 麟德 2년의 詔書에서는
"신발을 신고[著履]"라고 되어 있다.

歌鼓를 더해 (종鐘과 경磬을 매다는) 악현樂縣의 남쪽에 벌어 앉도록 하는데, 춤이 시작되면 궁현宮縣(의 악기들)과 합주한다. 연악宴樂에서의 이무二舞138)는 예전처럼 별도로 마련하라."

上元舞者, 高宗所作也. 舞者百八十人, 衣畫雲五色衣, 以象元氣. 其樂有上元·二儀·三才·四時·五行·六律·七政·八風·九宮·十洲·得一·慶雲之曲, 大祠享皆用之. 至上元三年, 詔:「惟圓丘·方澤·太廟乃用, 餘皆罷.」又曰:「神功破陣樂不入雅樂, 功成慶善樂不可降神, 亦皆罷.」而郊廟用治康·凱安如故.

〈상원무上元舞〉는 고종高宗(이치李治, 628~683)이 만든 것이다. 춤추는 자는 180명이며, 운기雲氣 문양이 있는 오색 옷을 입어 원기元氣를 상징한다. 그 악곡으로는 〈상원上元〉〈이의二儀〉〈삼재三才〉〈사시四時〉〈오행五行〉〈육률六律〉〈칠정七政〉〈팔풍八風〉〈구궁九宮〉〈십주十洲〉〈득일得一〉〈경운慶雲〉이 있다. 대사향大祠享에서는 모두 이것(〈상원무〉)을 사용했다.

상원上元 3년(676)에 조詔를 내리길, "원구圓丘, 방택方澤, 태묘太

---

137) 팔일八佾: 佾은 樂舞의 行列을 가리키는데, 八佾은 가로 세로 각각 8줄씩 총 64명으로 구성된다. 周禮의 규정에 따르면 天子만이 八佾을 사용할 수 있으며, 제후는 六佾, 卿大夫는 四佾, 士는 二佾을 사용한다.

138) 이무二舞: 文舞와 武舞를 가리킨다. 『資治通鑑』 '隋 文帝 開皇 9年(589)'條에 다음 내용이 나온다. "5음을 조율하여 오하·이무·등가·방내의 14調를 만들어 賓祭 때 그것을 사용했다.調五音爲五夏·二舞·登歌·房內十四調, 賓祭用之." 여기에 나오는 '二舞'에 대해 胡三省 注에서 "二舞는 문무와 무무의 이무이다.二舞, 文·武二舞."라고 했다.

廟(의 제사)에서만 (〈상원무〉를) 사용하고 나머지에서는 모두 그만
두라"고 했다. 또 "〈신공파진악神功破陣樂〉은 아악雅樂에 들어가지
않고 〈공선경선악功成慶善樂〉은 강신降神에 쓸 수 없으니 역시 모두
그만두라"고 했다. 교묘郊廟에서는 예전과 마찬가지로 〈치강治康〉과
〈개안凱安〉을 사용했다.

儀鳳二年, 太常卿韋萬石奏:「請作上元舞, 兼奏破陣·慶善二
舞. 而破陣樂五十二遍, 著于雅樂者二遍; 慶善樂五十遍, 著于雅
樂者一遍; 上元舞二十九遍, 皆著于雅樂.」又曰:「雲門·大咸·大
磬·大夏, 古文舞也. 大濩·大武, 古武舞也. 爲國家者, 揖讓得天
下, 則先奏文舞; 征伐得天下, 則先奏武舞. 神功破陣樂有武事之
象, 功成慶善樂有文事之象, 用二舞, 請先奏神功破陣樂.」初, 朝
會常奏破陣舞, 高宗卽位, 不忍觀之, 乃不設. 後幸九成宮, 置酒,
韋萬石曰:「破陣樂舞, 所以宣揚祖宗盛烈, 以示後世, 自陛下卽
位, 寢而不作者久矣. 禮, 天子親總干戚, 以舞先祖之樂. 今破陣樂
久廢, 群下無所稱述, 非所以發孝思也.」帝復令奏之, 舞畢, 歎曰
:「不見此樂垂三十年, 追思王業勤勞若此, 朕安可忘武功邪!」
群臣皆稱萬歲. 然遇饗燕奏二樂, 天子必避位, 坐者皆興. 太常博
士裴守眞以謂「奏二舞時, 天子不宜起立」. 詔從之. 及高宗崩, 改
治康舞曰化康以避諱. 武后毀唐太廟, 七德·九功之舞皆亡, 唯其
名存. 自後復用隋文舞·武舞而已.

　(고종高宗) 의봉儀鳳 2년(677)에 태상경太常卿 위만석韋萬石이 상
주했다. "청컨대 〈상원무上元舞〉를 연주하고 〈파진무破陣舞〉와 〈경
선무慶善舞〉도 함께 연주하도록 하십시오. 〈파진악〉 52편遍 중에서

아악雅樂에 들어간 것은 2편이고, 〈경선악〉 50편 중에서 아악에 들어간 것은 1편이며, 〈상원무〉 29편은 모두 아악에 들어갔습니다." 또 아뢰었다. "〈운문雲門〉139) 〈대함大咸〉140) 〈대소大韶〉141) 〈대하大夏〉142)는 고대의 문무文舞입니다. 〈대호大濩〉143)와 〈대무大武〉144)는

---

139) 〈운문雲門〉: 黃帝의 樂舞로, 〈雲門大卷〉이라고도 한다. 文舞에 속하며, 黃鐘·大呂의 樂과 짝이 되어 天神에게 제사할 때 사용했다. "곧 黃鐘을 연주하고 大呂를 노래하고 〈雲門〉을 추며, 천신에게 제사한다.乃奏黃鐘, 歌大呂, 舞雲門, 以祭天神."(『周禮』「大司樂」)

140) 〈대함大咸〉: 堯의 樂舞로, 〈咸池〉라고도 한다. 文舞에 속하며, 太簇·應鐘의 樂과 짝이 되어 地祇에게 제사할 때 사용한다. "곧 大簇를 연주하고 應鐘을 노래하고 〈咸池〉를 추며, 地祇에게 제사한다.乃奏大簇, 歌應鐘, 舞咸池, 以祭地祇."(『周禮』「大司樂」) 黃帝가 지었는데, 堯가 增修했다고도 한다. "〈함지〉는 (黃帝에게 덕행이) 갖추어짐을 기린 것이다. 咸池, 備矣."(『禮記』「樂記」) 이에 대해 鄭玄 注에서는 이렇게 말했다. "黃帝가 지은 樂名으로, 堯가 증수하여 사용했다. '咸'은 '모두'라는 의미이고 '池'는 '베풂'을 말하는데, 덕이 베풀어지지 않음이 없다는 말이다. 『주례』에서는 〈大咸〉이라고 하였다.黃帝所作樂名也, 堯增脩而用之. 咸, 皆也, 池之言施也, 言德之無不施也. 周禮曰大咸."

141) 〈대소大韶〉: 舜의 樂舞로, 〈大韶〉〈韶〉〈九韶〉〈簫韶〉라고도 한다. "〈韶〉는 (舜이 堯의 덕을) 계승하였음을 기린 것이다.韶, 繼也."(『禮記』「樂記」) "舜에게는 〈대소〉가 있었다.舜有大韶."(『莊子』「天下」) 文舞에 속하며, 姑洗·南呂의 樂과 짝이 되어 四望에게 제사할 때 사용한다. "곧 姑洗를 연주하고 南呂를 노래하고 大韶를 추며, 四望에게 제사한다.乃奏姑洗, 歌南呂, 舞大韶, 以祭四望."(『周禮』「大司樂」) 孔子는 〈韶〉를 극찬한 바 있다. "공자가 제나라에서 〈韶〉를 듣고 석 달 동안 고기 맛을 알지 못하였다.子在齊聞韶, 三月不知肉味."(『論語』「述而」) "(〈韶〉는) 아름다움을 다하였고, 선함을 다하였다.盡美矣, 又盡善也."(『論語』「八佾」)

고대의 무무武舞입니다. 나라를 세운 자가 선양禪讓[揖讓]으로 천하를 얻었다면 먼저 문무를 연주하고 정벌로 천하를 얻었다면 먼저 무무를 연주합니다. 〈신공파진악神功破陣樂〉은 무사武事를 상징하고 〈공성경선악功成慶善樂〉은 문사文事를 상징하니, 두 춤을 사용할 때는 청컨대 먼저 〈신공파진악〉을 먼저 연주하십시오."

처음에, 조회에서 항상 〈파진무〉를 연주했는데 고종이 즉위한 뒤 차마 그것을 볼 수 없어서 (더이상 〈파진무〉를) 진설하지 않았다. 후에 구성궁九成宮145)에 행차해 주연을 베풀었는데, 위만석이 아뢰었

---

142) 〈대하大夏〉: 禹의 樂舞로, 〈夏〉라고도 한다. "〈夏〉는 (禹가 堯와 舜의 덕을) 크게 발전시켰음을 기린 것이다.夏, 大也."(『禮記』「樂記」) 이에 대해 鄭玄 注에서는 이렇게 말했다. "禹의 樂名이다. 우가 요와 순의 덕을 크게 발전시켰음을 말한다.『주례』에서는 〈大夏〉라고 하였다.禹樂名也. 言禹能大堯舜之德, 周禮曰大夏." 文舞에 속하며, 蕤賓·函鐘의 樂과 짝이 되어 山川에게 제사할 때 사용한다. "곧 蕤賓을 연주하고 函鐘을 노래하고 〈大夏〉를 추며, 山川에게 제사한다.乃奏蕤賓, 歌函鐘, 舞大夏, 以祭山川."(『周禮』「大司樂」)

143) 〈대호大濩〉: 商나라 湯王의 樂舞로, 〈大護〉라고도 한다. 武舞에 속하며, 夷則·小呂와 짝이 되어 先妣에게 제사할 때 사용한다. "곧 夷則을 연주하고 小呂를 노래하고 〈大護〉를 추며, 先妣에게 제사한다.乃奏夷則, 歌小呂, 舞大護, 以祭先妣.(『周禮』「大司樂」)

144) 〈대무大武〉: 周나라 武王의 樂舞이다. 武舞에 속하며, 無射·夾鐘과 짝이 되어 先祖에게 제사할 때 사용한다. "곧 無射을 연주하고 夾鐘을 노래하고 〈大武〉를 추며, 先祖에게 제사한다.乃奏蕤賓, 歌函鐘, 舞大夏, 以祭山川."(『周禮』「大司樂」)

145) 구성궁九成宮: 지금의 陝西 寶鷄市에 세워졌던 離宮이다. 隋 文帝 때 준공되었을 당시 명칭은 仁壽宮이었다. 唐 太宗이 仁壽宮을 확장하고 九成宮으로 개칭했다. 唐 高宗 때 萬年宮으로 개칭했다가 다시 九成宮

다. "〈파진악무〉는 선조의 성대한 공적[盛烈]을 선양하여 후세에게 보이고자 함입니다. 폐하께서 즉위하신 이후로 (〈파진악무〉를) 그치고 연주하지 않은 지 오래되었습니다. 예禮에 따르면, 천자가 친히 간干(방패)과 척戚(도끼)을 들고 선조의 악무를 춥니다. 지금은 〈파진악〉이 오랫동안 폐지되어 신하들이 칭송할 바가 없으니, 부모를 향한 효를 드러내는 방도라 할 수 없습니다."

황제(고종)가 다시 그것을 연주하게 했는데, 악무가 끝나자 탄식하며 말했다. "이 악무를 보지 않은 지 거의 30년이로구나. 왕업을 이루기가 이처럼 수고스러웠던 것을 돌이켜보면, 짐이 어찌 무공武功을 잊을 수 있으랴!" 신하들이 모두 만세를 불렀다. 하지만 향연饗燕에서 (〈파진악〉의) 두 음악[二樂]을 연주하면, 천자는 반드시 자리를 떴고 연회석에 앉아 있던 자들은 모두 일어났다.[146) 태상박사太常博士 배수진裴守眞이 "이무二舞를 연주할 때 천자께서는 자리에서 일어나시면 안 됩니다"라고 했다. 이에 조詔를 내려 그렇게 하도록 했다.

고종이 붕어하자 (고종의 이름인 이치李治의 치治를) 피휘하기 위하여 〈치강무治康舞〉를 〈화강化康〉으로 바꾸었다. 무후武后가 당唐의 태묘太廟를 훼손했고 〈칠덕무七德舞〉와 〈구공무九功舞〉도 모두

이라 했다.

146) 『舊唐書』「音樂志」에서는 〈破陣樂〉을 설명하면서 "享宴에서 이를 연주하면, 천자가 자리를 뜨고 연회석에 앉아 있던 자들은 모두 일어난다享宴奏之, 天子避位, 坐宴者皆興"라고 했다. 본문에서 말한 '두 음악[二樂]'은 앞의 내용에서 "〈파진악〉 52遍 중에서 雅樂에 들어간 것은 2편破陣樂五十二遍, 著于雅樂者二遍"이라고 한 것의 2편인 듯하다.

사라진 채 그 명칭만 남게 되었다. 그 이후로는 수隋의 문무와 무무를 다시 사용했을 따름이다.

燕樂. 高祖卽位, 仍隋制設九部樂: 燕樂伎, 樂工舞人無變者. 淸商伎者, 隋淸樂也. 有編鍾·編磬·獨絃琴·擊琴·瑟·秦琵琶·臥箜篌·筑·箏·節鼓, 皆一; 笙·笛·簫·篪·方響·跋膝, 皆二. 歌二人, 吹葉一人, 舞者四人, 幷習巴渝舞. 西涼伎, 有編鍾·編磬, 皆一; 彈箏·搊箏·臥箜篌·豎箜篌·琵琶·五絃·笙·簫·觱篥·小觱篥·笛·橫笛·腰鼓·齊鼓·檐鼓, 皆一; 銅鈸二, 貝一. 白舞一人, 方舞四人. 天竺伎, 有銅鼓·羯鼓·都曇鼓·毛員鼓·觱篥·橫笛·鳳首箜篌·琵琶·五絃·貝, 皆一; 銅鈸二, 舞者二人. 高麗伎, 有彈箏·搊箏·鳳首箜篌·臥箜篌·豎箜篌·琵琶, 以蛇皮爲槽, 厚寸餘, 有鱗甲, 楸木爲面, 象牙爲捍撥, 畫國王形. 又有五絃·義觜笛·笙·葫蘆笙·簫·小觱篥·桃皮觱篥·腰鼓·齊鼓·檐鼓·龜頭鼓·鐵版·貝·大觱篥. 胡旋舞, 舞者立毬上, 旋轉如風. 龜茲伎, 有彈箏·豎箜篌·琵琶·五絃·橫笛·笙·簫·觱篥·答臘鼓·毛員鼓·都曇鼓·侯提鼓·雞婁鼓·腰鼓·齊鼓·檐鼓·貝, 皆一; 銅鈸二. 舞者四人. 設五方師子, 高丈餘, 飾以方色. 每師子有十二人, 畫衣, 執紅拂, 首加紅果, 謂之師子郞. 安國伎, 有豎箜篌·琵琶·五絃·橫笛·簫·觱篥·正鼓·和鼓·銅鈸, 皆一; 舞者二人. 疏勒伎, 有豎箜篌·琵琶·五絃·簫·橫笛·觱篥·答臘鼓·羯鼓·侯提鼓·腰鼓·雞婁鼓, 皆一; 舞者二人. 康國伎, 有正鼓·和鼓, 皆一; 笛·銅鈸, 皆二. 舞者二人. 工人之服皆從其國.

연악燕樂.

고조高祖가 즉위한 뒤에도 수隋의 제도를 따라 9부악九部樂을 두

었다.147)

〈연악기燕樂伎〉는 악공樂工과 춤추는 사람[舞人]에 변화가 없다.

〈청상기淸商伎〉는 수隋의 〈청악淸樂〉이다. 편종編鍾·편경編磬·독현금獨絃琴·격금擊琴·슬瑟·진비파秦琵琶·와공후臥箜篌·축筑·쟁箏·절고節鼓가 각각 1개이다. 생笙·적笛·소簫·지篪·방향方響·발슬跋膝이 각각 2개이다. 노래하는 자 2명, 취엽吹葉 1명, 춤추는 자는 4명이며, 모두 〈파투무巴渝舞〉148)를 익힌다.

---

147) 9부악九部樂 : 九部伎라고도 하며, 〈淸商伎〉〈龜茲樂〉〈西涼樂〉〈天竺樂〉〈康國樂〉〈疏勒樂〉〈安國樂〉〈高麗樂〉〈禮畢樂〉을 가리킨다. "대업 연간에 이르러 양제가 〈청악〉〈서량〉〈구자〉〈천축〉〈강국〉〈소륵〉〈안국〉〈고려〉〈예필〉을 확정하여 九部樂으로 삼았다.及大業中, 煬帝乃定淸樂·西涼·龜茲·天竺·康國·疏勒·安國·高麗·禮畢, 以爲九部."(『隋書』「音樂志」) '部伎'는 '部樂'이라고도 하는데, 수나라 때 여러 가지 악무를 묶음으로 만든 것에서 유래하였다. 처음에는 7가지였기 때문에 七部樂(七部伎)으로 불렸다. 隋 文帝 開皇 초의 七部樂은 〈國伎(西涼伎)〉〈淸商伎(淸樂)〉〈高麗伎〉〈天竺伎〉〈安國伎〉〈龜茲伎〉〈文康伎(禮畢)〉였다. 隋 煬帝 大業 연간에 〈康國伎〉와 〈疏勒伎〉가 더해져 九部樂(九部伎)이 되었다. 唐 高祖가 즉위한 뒤에도 隋의 제도를 따라 九部樂을 두었다. 唐 太宗 貞觀 11년(637)에 〈禮畢〉을 없애고 貞觀 14년에는 唐代에 창작한 〈燕樂〉을 제1부로 두었으며, 貞觀 16년에 〈高昌伎〉를 추가해 비로소 十部樂(十部伎)가 되었다. 十部樂 중에서 〈燕樂〉과 〈淸商伎〉를 제외한 나머지 8部는 모두 외부에서 전래된 악무이다.

148) 〈파투무巴渝舞〉: 漢 高祖가 版楯蠻의 가무를 보고 만들었다는 樂舞이다. "〈巴渝〉는 漢 高祖가 만든 것이다. 고조가 蜀漢에서 (출병하여) 楚를 정벌할 때 (巴 지역의) 版楯蠻을 선봉으로 삼았는데, 그들의 사람됨이 용맹하고 싸움을 잘했으며 가무를 좋아했다. 고조가 그것을 보고 '武王이 紂를 정벌할 때의 노래로구나'라고 말하며 악공에게 그것을 익히

〈서량기西涼伎〉. 편종과 편경이 각각 1개이다. 탄쟁彈箏·추쟁搊箏·와공후臥箜篌·수공후豎箜篌·비파琵琶·오현五絃·생笙·소簫·필률觱篥·소필률小觱篥·적笛·횡적橫笛·요고腰鼓·제고齊鼓·첨고檐鼓가 각각 1개이다. 동발銅鈸은 2개, 패貝는 1개이다. 백무白舞[149])를 추는 자는 1명, 방무方舞를 추는 자는 4명이다.

〈천축기天竺伎〉. 동고銅鼓·갈고羯鼓·도담고都曇鼓·모원고毛員鼓·필률·횡적·봉수공후鳳首箜篌·비파·오현·패貝가 각각 1개이다. 동발銅鈸은 2개이다. 춤추는 자는 2명이다.

〈고려기高麗伎〉. 탄쟁·추쟁·봉수공후·와공후·수공후·비파가 있

게 하고 〈파투〉라고 이름했다. 渝는 아름답다[美]는 것이다. 巴 지역에 渝水가 있어서 (〈파투〉라고) 명명했다고도 한다.巴渝, 漢高帝所作也. 帝自蜀漢伐楚, 以版楯蠻爲前鋒, 其人勇而善鬥, 好爲歌舞, 高帝觀之曰 : 武王伐紂歌也. 使工習之, 號曰巴渝. 渝, 美也. 亦云巴有渝水, 故名之.”(『舊唐書』「音樂志」) 版楯蠻은 고대의 巴人으로, 주로 四川 동북부의 營山·閬中·巴中·渠縣 등지에 분포했다. 巴人 가운데 彭人(閬中 巴人)이 武王伐紂 때 나무판[版]을 방패[楯]로 삼았기 때문에 版楯蠻이라고 불리게 되었다. 이들은 秦 惠王 때 秦나라가 楚나라의 黔中郡을 차지하는 데 선봉 역할을 했고, 劉邦이 三秦을 평정하는 데 선봉 역할을 하기도 했다. 이러한 공로로 인해 진나라와 한나라 때 이들은 賦稅를 면제받았다. 巴 지역에서는 부세를 ‘賨’이라고 했는데, 版楯蠻을 賨人이라고도 부르는 것은 여기서 유래했다.

149) 백무白舞 : 三國 말기에 吳나라에서 처음 생겨나 六朝 때 성행하고 隋·唐 시기 〈淸商樂〉에 들어간 악무이다. 白舞에는 群舞·對舞·獨舞가 있다. 가볍고 부드러운 은빛의 舞衣, 긴 소매와 손의 자태, 느릿하다가 빠르게 변하는 리듬 등이 특징이다. 처음에는 민간에서 유행하다가 南朝 齊·梁 이후 궁정으로 들어와 귀족들 사이에서 유행했다.

다. (비파는) 뱀가죽으로 몸통[槽]을 만드는데, 두께는 1촌 가량이며 비늘이 달려 있다. 가래나무[楸木]로 비파의 면面을 만들고 상아로 한발捍撥[150]을 만들며, 국왕의 모습을 그려 넣는다. 또 오현·의취적 義觜笛·생笙·호로생葫蘆笙·소簫·소필률·도피필률桃皮觱篥·요고· 제고·첨고·귀두고龜頭鼓·철판鐵版·패貝·대필률이 있다. 호선무胡 旋舞를 추는데, 춤추는 자는 공[毬] 위에 서서 마치 바람처럼 빙빙 돈다.

〈구자기龜玆伎〉. 탄쟁·수공후·비파·오현·횡적·생笙·소簫·필률 ·답랍고答臘鼓·모원고·도담고·후제고侯提鼓·계루고雞婁鼓·요고· 제고·첨고·패貝가 각각 1개이다. 동발은 2개이다. 춤추는 자는 4명 이다. 다섯 방위에 사자를 두는데, 높이는 1장丈 남짓이며 그 방위의 색깔로 장식한다.[151] 각 사자마다 12명이 있는데,[152] (그중에서) 채

---

150) 한발捍撥 : 琵琶를 탈 때 쓰는 납작하게 생긴 撥木을 가리킨다. 픽pick과 같은 기능을 하며, 나무·상아·물소뿔 등으로 만든다.

151) 〈五方獅子舞〉에 대한 설명이다. 『樂府雜錄』「龜玆部」에서는 "〈오상사 자무〉는 구자에서 장안으로 전해져 들어왔다.五常獅子舞由龜玆傳入長 安."라고 했다. 〈五常獅子舞〉가 바로 〈오방사자무〉다. 『樂府雜錄』에서 는 "연희 가운데 〈五常獅子〉가 있는데, (사자의) 키는 1장 남짓이고 각 각 오색의 복장을 입는다.戲有五常獅子, 高丈餘, 各衣五色."라고 했다. "5마리의 사자는 각각 그 방위의 색깔에 의거했다.五師子各依其方色." (『通典』「樂典」) "5마리의 사자는 각각 그 방위를 나타내는 색깔에 (해 당하는 자리에) 선다.五師子各立其方色."(『舊唐書』「音樂志」) 〈오방사 자무〉에서 5마리의 사자는 각각 위치뿐 아니라 복장까지 오행의 색깔에 배합했음을 알 수 있다. 동·남·중·서·북의 다섯 방위 색깔은 각각 靑 ·赤·黃·白·黑에 해당한다. 황색 사자는 지고무상의 皇權을 상징하고 다른 4마리의 사자는 전국의 동서남북을 상징한다. 白居易의 「西涼伎」

색옷을 입고 붉은[紅] 불자拂子를 쥐고서 머리에 붉은 머리띠[紅果]153)를 하고 있는 이를 일러 '사자랑師子郞'154)이라고 한다.

에는 唐 貞元 연간(785~805)에 변방 군영에서 사자무가 크게 유행했음을 알려주는 구절이 나온다. "정원 연간에 변방 장수들 이 곡을 좋아하여, 술 취해 앉아 웃으면서 실컷 보았지. 손님을 접대하고 병사를 위로하고 삼군에게 잔치 베풀 때면, 사자와 호인이 늘 눈앞에 있었다네.貞元邊將愛此曲, 醉坐笑看看不足. 享賓犒士宴三軍, 獅子胡兒長在目." 唐나라 때 사자무의 연행 장면은 白居易의 「西涼伎」에 다음과 같이 묘사되어 있다. "가면 쓴 호인과 가면 쓴 사자. 나무 깎아 머리 만들고 실로 꼬리 만들었지. 눈알에는 금칠하고 이빨에는 은을 붙였네. 털옷을 잽싸게 털며 두 귀 흔들어대니, 마치 만리 떨어진 유사(서쪽 사막 지대)에서 온 듯하구나. 자줏빛 수염에 눈 움푹한 두 호인, 음악에 맞춰 춤추고 도약하며 앞으로 나와 이야기하네.假面胡人假獅子. 刻木爲頭絲作尾, 金鍍眼睛銀貼齒. 奮迅毛衣擺雙耳, 如從流沙來萬里. 紫髯深目兩胡兒, 鼓舞跳梁前致辭."

152) 여기서 12명은 사자 주위에 있는 사람의 수를 가리키는 것으로 보인다. 12명 가운데 2명은 사자를 희롱하며 춤을 이끄는 獅子郞이다. 唐代 立部伎의 〈太平樂〉과 함께 연출된 〈五方獅子舞〉는 그 규모가 상당했는데, "(〈오방사자무〉에서 140명이 〈太平樂〉을 노래하며, 춤추고 손뼉 치면서 그(사자) 뒤를 따른다.百四十人歌太平樂, 舞抃以從之 舞抃以從之."(『通典』「樂典」)라고 했다. 참고로, 『舊唐書』「音樂志」에서는 立部伎 〈太平樂〉에서 〈五方師子舞〉를 서술하고 있다. 唐代 악무는 高祖 武德 초까지는 隋의 九部樂이 사용되다가 이후에 立部伎 8部와 坐部伎 6部로 재편된다. 立部伎는 〈安樂〉〈太平樂〉〈破陣樂〉〈慶善樂〉〈大定樂〉〈上元樂〉〈聖壽樂〉〈光聖樂〉이고, 坐部伎는 〈讌樂〉〈長壽樂〉〈天授樂〉〈鳥歌萬壽樂〉〈龍池樂〉〈(小)破陣樂〉이다.

153) 『資治通鑑』권235 胡三省 注에 이 구절이 나오는데, 紅果가 紅抹로 되어 있다. 이를 참고해서 번역했다.

154) 사자랑師子郞 : 獅子郞이라고도 하며, 사자를 희롱하며 춤을 이끄는 이

〈안국기安國伎〉. 수공후·비파·오현·횡적·소簫·필률·정고正鼓·
화고和鼓·동발이 각각 1개이다. 춤추는 자는 2명이다.

〈소륵기疏勒伎〉. 수공후·비파·오현·소簫·횡적·필률·답랍고·갈

를 말한다.『舊唐書』「音樂志」에서 〈五方獅子舞〉를 설명하면서 언급
한, 손에 밧줄과 拂子를 쥐고 사자를 희롱하는 두 사람이 바로 獅子郎이
다. "두 사람은 손에 밧줄과 拂子를 쥐고서 (사자를) 조련하며 희롱하는
모습을 취한다.二人持繩秉拂, 爲習弄之狀." 신장위구르자치구 투루판
의 아스타나 336號墓에서 출토된 당나라 土偶는 바로 〈사자무〉에서 사
자를 희롱하는 獅子郎으로 추측된다. 아스타나 336호묘에서는 두 사람
이 사자 가죽을 뒤집어쓴 형태의 토우도 출토되었다. 12세기 일본에서
필사된, 唐代 樂舞에 관한 『信西古樂圖』에는 '新羅狛'이라는 신라시대
〈사자무〉에 관한 내용이 나온다. 여기에 나오는 사자랑 역시 〈오방사자
무〉의 것과 비슷하다.

투루판 아스타나 336호묘에서 출토된 黑人百戲俑과 獅舞泥俑

『信西古樂圖』에 묘사된 신라시대의 〈사자무〉

고·후제고·요고·계루고가 각각 1개이다. 춤추는 자는 2명이다.

〈강국기康國伎〉. 정고와 화고가 각각 1개이다. 적笛과 동발은 각각 2개이다. 춤추는 자는 2명이다.

악공의 복식은 그 나라의 것을 따른다.

隋樂每奏九部樂終, 輒奏文康樂, 一曰禮畢. 太宗時, 命削去之, 其後遂亡. 及平高昌, 收其樂. 有豎箜篌·銅角, 一; 琵琶·五絃· 橫笛·簫·觱篥·答臘鼓·腰鼓·雞婁鼓·羯鼓, 皆二人. 工人布巾, 袷袍, 錦襟, 金銅帶, 畫綠. 舞者二人, 黃袍袖, 練襦, 五色條帶, 金銅耳璫, 赤靴. 自是初有十部樂.

수隋의 악樂은 매번 9부악九部樂 연주가 끝날 때마다 〈문강악文康樂〉을 연주했는데, (〈문강악〉은) 〈예필禮畢〉이라고도 한다. 태종太宗 (이세민李世民, 599~649) 때 그것을 없애라고 명했는데, 그 후에 사라지고 말았다. 고창高昌을 평정하고서 그 음악(〈고창악〉)을 거두었다. 수공후와 동각銅角이 각각 1개이다. 비파·오현·횡적·소簫·필률·답랍고·요고·계루고·갈고를 연주하는 이가 각각 2명이다. 악공은 포건布巾을 쓰고 겹으로 된 포[袷袍]를 입는데, 옷깃을 비단으로 둘렀다. 금동대金銅帶를 차고 채색 바지를 입는다. 춤추는 자 2명은 황색의 앞섶과 소매가 달린 누인 명주 윗옷[練襦]을 입고, 오색실로 짜서 만든 조대條帶를 묶고, 금동 귀걸이를 차고, 적색 가죽신을 신는다. 이로부터 비로소 10부악十部樂이 있게 되었다.

其後因內宴, 詔長孫無忌製傾盃曲, 魏徵製樂社樂曲, 虞世南製 英雄樂曲. 帝之破竇建德也, 乘馬名黃驄驃, 及征高麗, 死於道,頗哀惜之, 命樂工製黃驄疊曲. 四曲, 皆宮調也.

후에 궁정 연회[內宴]를 위해 조詔를 내리니, 장손무기長孫無忌가 〈경배곡傾盃曲〉을 만들고 위징魏徵이 〈악사악곡樂社樂曲〉을 만들고 우세남虞世南이 〈영웅악곡英雄樂曲〉을 만들었다. 황제(태종)가 두건덕竇建德을 무찌를 때 탔던 말의 이름이 황총표黃驄驃인데, 고구려[高麗]를 치러 가던 도중에 죽자 (황제가) 매우 애석해하면서 악공에게 명해 〈황총첩곡黃驄疊曲〉을 만들게 했다. (〈황총첩곡〉은) 4곡이며, 모두 궁조宮調이다.

五絃, 如琵琶而小, 北國所出, 舊以木撥彈, 樂工裴神符初以手彈, 太宗悅甚, 後人習爲撥琵琶.

오현五絃은 비파琵琶처럼 생겼는데 작다. 북쪽 나라에서 나온 것으로, 옛날에는 목발木撥로 탄주彈奏했다. 악공 배신부裴神符가 비로소 손으로 탄주하자 태종太宗이 매우 기뻐했다. 후세 사람은 비파처럼 손으로 타는 것에 익숙해졌다.

高宗卽位, 景雲見, 河水淸, 張文收采古誼爲景雲河淸歌, 亦名燕樂[二].155) 有玉磬·方響·搊箏·筑·臥箜篌·大小箜篌·大小琵琶·大小五絃·吹葉·大小笙·大小觱篥·簫·銅鈸·長笛·尺八·

---

155) [교감기 2] "高宗卽位景雲見河水淸張文收采古誼爲景雲河淸歌亦名燕樂"는 『通典』 권146에 따르면 貞觀 연간의 일이다. 『舊唐書』 권28 「音樂志」, 『冊府元龜』 권569에서는 모두 이것이 貞觀 14년의 일이라고 했다.

短笛, 皆一; 毛員鼓·連鞉鼓·桴鼓·貝, 皆二. 每器工一人, 歌二人. 工人絳袍, 金帶, 烏靴. 舞者二十人. 分四部: 一景雲舞, 二慶善舞, 三破陣舞, 四承天舞. 景雲樂, 舞八人, 五色雲冠, 錦袍, 五色褲, 金銅帶. 慶善樂, 舞四人, 紫袍, 白褲. 破陣樂, 舞四人, 綾袍, 絳褲. 承天樂, 舞四人, 進德冠, 紫袍, 白褲. 景雲舞, 元會第一奏之.

고종高宗이 즉위하자 상서로운 구름[景雲]이 나타나고 황하의 물[河水]이 맑아졌는데, 장문수張文收가 옛 뜻[古誼][156]을 채택하여 〈경운하청가景雲河淸歌〉를 만들었다. (〈경운하청가〉는) 연악燕樂이라고도 이름한다. (〈경운하청가〉에 사용하는 악기는) 옥경玉磬, 방향方響, 추쟁搊箏, 축筑, 와공후臥箜篌, 대·소 공후箜篌, 대·소 비파琵琶, 대·소 오현五絃, 취엽吹葉, 대·소 생笙, 대·소 필률觱篥, 소籞, 동발銅鈸, 장적長笛, 척팔尺八,[157] 단적短笛이 각각 1개이다. 모원고毛員

---

156) 옛 뜻[古誼] : 漢 武帝가 상서로움을 상징하는 赤雁(붉은 기러기)과 말을 얻은 뒤 그와 관련된 음악을 만들었던 일을 가리킨다. 『舊唐書』「音樂志」에 다음과 같이 관련 내용이 나와 있다. "張文收가 옛 朱鴈과 天馬의 뜻을 채택하여 〈경운하청가〉를 만들었다. 張文收探古朱鴈·天馬之義, 制景雲河淸歌." 太始 3년(기원전 94)에 漢 武帝가 東海郡에 행차했다가 赤雁를 얻어 〈朱雁歌〉를 지었다고 한다. "(무제가) 동해군에 행차했다가 붉은 기러기를 얻어 〈주안가〉를 지었다. 行幸東海, 獲赤雁, 作朱雁之歌."(『漢書』「武帝紀」) 元鼎 4년(기원전 113)에는 后土祠에서 寶鼎을 얻고 渥洼水에서 말이 나오자 〈寶鼎歌〉와 〈天馬歌〉를 지었다고 한다. "원정 4년 6월에 后土祠에서 보정을 얻었고 가을에는 渥洼水에서 말이 나오니, 〈보정가〉와 〈천마가〉를 지었다. 元鼎四年六月, 得寶鼎后土祠旁, 秋, 馬生渥洼水中, 作寶鼎天馬之歌."(『漢書』「武帝紀」)
157) 척팔尺八 : 尺八管을 말한다. 尺八은 管의 길이가 1척 8촌이라는 의미

鼓, 연도고連鞉鼓, 부고枹鼓, 패貝[158]는 각각 2개이다. 각 악기마다 악공 1명, 노래하는 자 2명이다. 악공은 진홍색 포[絳袍]를 입고, 금대金帶를 차고, 검은 가죽신[烏靴]을 신는다. 춤추는 자는 20명이다.

(연악은) 4부部로 나뉜다. 첫째는 〈경운무景雲舞〉, 둘째는 〈경선무〉, 셋째는 〈파진무破陣舞〉, 넷째는 〈승천무承天舞〉이다. 〈경운악〉은 춤추는 자가 8명이며, 오색 운관雲冠을 쓰고 비단 포[錦袍]를 입고 오색 바지[褲]를 입고 금동대金銅帶를 찬다. 〈경선악〉은 춤추는 자가 4명이며, 자줏빛 포[紫袍]와 흰 바지[白褲]를 입는다. 〈파진악〉은 춤추는 자가 4명이며, 비단 포[綾袍]와 진홍색 바지[絳褲]를 입는다. 〈승천악〉은 춤추는 자가 4명이며, 진덕관進德冠을 쓰고 자줏빛 포와 흰 바지를 입는다. 〈경운무〉는 원회元會에서 제일 먼저 연주한다.

다. 簫管·中管·竪篴이라고도 한다. 中管은 長篴과 短篴의 중간이라는 의미고, 竪篴은 세로로 부는 篴이라는 의미다.

尺八管
(『樂書』 卷148)

158) 패貝 : "貝는 蠡이며 용량이 몇 升이나 되는데, 그것(패)을 불어서 음악의 흐름을 맞추며 역시 南蠻에서 나왔다.貝, 蠡也, 容可數升, 並吹之以節樂, 亦出南蠻."(『舊唐書』「音樂志」)

高宗以琴曲寖絕, 雖有傳者, 復失宮商, 令有司脩習. 太常丞呂
才上言 : 「舜彈五絃之琴, 歌南風之詩, 是知琴操曲弄皆合於歌.
今以御雪詩爲白雪歌. 古今奏正曲復有送聲, 君唱臣和之義, 以群
臣所和詩十六韻爲送聲十六節.」帝善之, 乃命太常著于樂府. 才
復撰琴歌白雪等曲, 帝亦製歌詞十六, 皆著樂府.

고종高宗은 금곡琴曲이 점차 단절되어 비록 전해지는 것이 있더
라도 또한 음률[宮商]을 잃었다고 여겨, 유사有司에게 명하여 (악공
들 중에서 금琴과 생笙에 뛰어난 자를 뽑아 구곡舊曲을) 학습하게
했다.159)

태상승太常丞 여재呂才가 아뢰었다. "순舜이 오현금五絃琴을 연주
하며 〈남풍南風〉의 시를 노래했는데,160) 이것으로 보건대 금琴으로
연주하는 곡은 모두 노래와 함께 어우러짐을 알 수 있습니다. 지금
폐하께서 지으신 〈설시雪詩〉로 〈백설가白雪歌〉를 만들었습니다. 예
나 지금이나 정곡正曲을 연주한 뒤에는 또 송성送聲161)이 있으니,
군주가 노래하고 신하가 화답한다는 의미입니다. 신하들이 화답한
시 16운韻으로 송성 16절節을 만들었사옵니다." 황제(고종)가 이를
좋다고 여기며 태상太常에게 명하여 (신하들의 송성 16절을) 악부樂

---

159) 『舊唐書』「音樂志」의 다음 내용에 근거해 보충하여 해석했다. "有司에
게 명하여 악공들 중에서 琴과 笙에 뛰어난 자를 뽑아 舊曲을 학습하게
했다.令所司簡樂工解琴笙者修習舊曲."

160) "옛날에 순이 오현금을 만들어 〈남풍〉을 노래했다.昔者舜作五弦之琴,
以歌南風."(『禮記』「樂記」) "옛날에 순이 오현금을 타며 〈남풍〉의 시를
만들었다.昔者舜彈五弦之琴, 造南風之詩."(『孔子家語』「辯樂解」)

161) 송성送聲 : 상대방의 노래에 대한 회답의 의미로 부르는 答歌를 의미한다.

府에 기록하게 했다. 여재가 또 금가琴歌(금琴에 맞춰 부르는 노래)
인 〈백설白雪〉 등의 곡을 만들고 황제 역시 가사 16수를 지었는데,
모두 악부에 기록되었다.[162]

帝將伐高麗, 燕洛陽城門, 觀屯營敎舞, 按新征用武之勢, 名曰
一戎大定樂, 舞者百四十人, 被五采甲, 持槊而舞, 歌者和之曰八
紘同軌樂. 象高麗平而天下大定也. 及遼東平, 行軍大總管李勣作
夷美賓之曲以獻.

황제(고종)가 고구려[高麗]를 치려고 할 때 낙양洛陽 성문에서 연
회를 베풀고, (군대가 머무르고 있는) 둔영屯營에서 춤 가르치는 모
습을 관람했다.[163] 새로 시작된 정벌에서 무공에 힘쓰는 기세를 헤
아려 〈일융대정악一戎大定樂〉[164]이라고 이름했다. 춤추는 자는 140
명이며, 오색 갑옷을 입고 창을 쥐고서 춤춘다. 노래하는 자가 그 춤

----

162) 『舊唐書』「音樂志」에 따르면 顯慶 6年(661)의 일이다.

163) 661년(顯慶 6년, 龍朔 元年)에 있었던 일이다. 『舊唐書』「音樂志」에 따
르면, 高宗이 洛陽 성문에서 악무(〈一戎大定樂〉)를 관람할 때 그 자리
에 있었던 사람은 李義府·任雅相·許敬宗·許圉師·張延師·蘇定方·
阿史那忠, 그리고 于闐王 伏闍과 上官儀다. "六年三月, 上欲伐遼, 於
屯營敎舞, 召李義府·任雅相·許敬宗·許圉師·張延師·蘇定方·阿史
那忠·于闐王伏闍·上官儀等, 赴洛城門觀樂. 樂名一戎大定樂."

164) 〈일융대정악一戎大定樂〉: 〈大定樂〉이라고도 한다. 『尙書』에서 武王이
商나라 紂王을 토벌한 武王伐紂 이야기를 서술한 내용 중에 "한번 戎
衣를 입으시니 천하가 크게 안정되었다.一戎衣, 天下大定."(『尙書』「周
書」)라는 구절이 나온다. 〈一戎大定樂〉이라는 명칭은 여기서 유래한 것
이다.

에 화답해 부르는 악곡을 〈팔굉동궤악八紘同軌樂〉이라고 한다.165) 고구려가 평정되어 천하가 크게 안정됨을 상징하는 것이다. 요동遼東이 평정되자 행군대총관行軍大總管 이적李勣이 〈이미빈곡夷美賓曲〉을 지어서 바쳤다.

調露二年, 幸洛陽城南樓, 宴群臣, 太常奏六合還淳之舞, 其容制不傳.

조로調露 2년(680)에 (무측천武則天이) 낙양성洛陽城 남쪽 성루에 행차하여 신하들에게 연회를 베풀었는데, 태상太常이 〈육합환순무六合還淳舞〉166)를 연주했다. 그 양식[容制]은 전해지지 않는다.

---

165) 八紘同軌는 천하가 하나로 통일되었음을 의미한다. 八紘은 동·동남· 남·서남·서·서북·북·동북의 여덟 방위의 매우 먼 곳을 가리킨다.

166) 〈육합환순무六合還淳舞〉: '六合還淳'은 천하[六合]가 순박함으로 돌아 간다[還淳]는 의미이다. 『舊唐書』와 『册府元龜』에 調露 2년(680)에 〈六合還淳舞〉를 연주했던 것과 관련된 자세한 내용이 나온다. "조로 2년 정월 을유일에 낙양성 남쪽 성루에 행차해 왕들과 3품 이상과 각 주의 도독과 자사를 이끌고 성루에 올라가 연회를 베풀었다. 새로 만든 〈육합 환순무〉를 태상이 연주했다. 해가 저물어서야 파했다.調露二年正月乙 酉, 御雒城南門樓, 引諸王及三品以上並諸州都督刺史, 登樓賜宴, 太 常奏新造六合還淳之舞, 日晏而罷."(『册府元龜』 권110) "2년 춘정월 을유일에 낙양성 남쪽 성루에서 왕들과 각 부서의 3품 이상과 각 주의 도독과 자사에게 연회를 베풀면서 새로 만든 〈육합환순무〉를 연주했다. 二年春正月乙酉, 宴諸王·諸司三品已上·諸州都督刺史於洛城南門樓, 奏新造六合還淳之舞."(舊唐書」「高宗本紀」)

高宗自以李氏老子之後也, 於是命樂工製道調.

고종高宗(이치李治, 628~683)은 이씨李氏가 노자老子의 후손이라
여겼기 때문에 악공에게 명하여 도조道調[167]를 제작하게 했다.

---

167) 도조道調 : 唐代 궁정음악으로, 道敎와 관계가 있는 악곡이다. '道曲'이
라고도 한다.

新唐書卷二十二
『신당서』 권22

禮樂十二
예악 12

하경심 역주

自周‧陳以上, 雅鄭淆雜而無別, 隋文帝始分雅‧俗二部, 至唐更曰'部當'.

북주北周‧진陳 이전에는 아정한 음악과 속된 정성鄭聲[1]이 섞여 구별이 없었다. 수隋 문제文帝 때 와서야 아雅와 속俗 2부로 나뉘었으며 당대에 이르러 '부당部當'이라고 바꿔 불렀다.

凡所謂俗樂者, 二十有八調 : 正宮‧高宮‧中呂宮‧道調宮‧南呂宮‧仙呂宮‧黃鍾宮爲七宮 ; 越調‧大食調‧高大食調‧雙調‧小食調‧歇指調‧林鍾商爲七商 ; 大食角‧高大食角‧雙角‧小食角‧歇指角‧林鍾角‧越角爲七角 ; 中呂調‧正平調‧高平調‧仙呂調‧黃鍾羽‧般涉調‧高般涉爲七羽. 皆從濁至清, 迭更其聲, 下則益濁, 上則益清, 慢者過節, 急者流蕩. 其後聲器寖殊, 或有宮調之名, 或以倍四爲度, 有與律呂同名, 而聲不近雅者. 其宮調乃應夾鍾之律, 燕設用之.

이른바 속악에는 28조가 있다. 정궁正宮‧고궁高宮‧중려궁中呂宮‧도조궁道調宮‧남려궁南呂宮‧선려궁仙呂宮‧황종궁黃鍾宮이 7궁宮이고, 월조越調‧대식조大食調‧고대식조高大食調‧쌍조雙調‧소식조小食調‧헐지조歇指調‧임종상林鍾商이 7상商이며, 대식각大食角‧고대식각高大食角‧쌍각雙角‧소식각小食角‧헐지각歇指角‧임종각林鍾角‧월각越角이 7각角이고, 중려조中呂調‧정평조正平調‧고평조高平調‧

---

1) 정성鄭聲 : 춘추전국春秋戰國 시기 정나라의 음악으로, 음란하다 하여 공자는 내쳐야 할 음악으로 간주했다. 『論語』「衛靈公」 "放鄭聲, 遠佞人. 鄭聲淫, 佞人殆."

선려조仙呂調·황종우黃鍾羽·반섭조般涉調·고반섭高般涉이 7우羽이다. 모두 탁성에서 청성에 이르고 번갈아 소리를 내며, 내려갈수록 탁해지고 올라갈수록 맑아진다. 느린 것은 지나치게 절제되어 있고, 빠른 것은 질탕하다. 후에 그 소리와 악기가 점차 달라졌는데 간혹 궁조의 이름을 지녔으나 혹 원음에 4배를 하여 도수를 삼은 것도 있고, 율려와 이름이 같으나 소리가 아음에 가깝지 않은 것도 있다. 그 궁조宮調는 협종夾鍾과 상응하는데, 연회 때에 사용된다.

絲有琵琶·五絃·箜篌·箏, 竹有觱篥·簫·笛, 匏有笙, 革有杖鼓·第二鼓·第三鼓·腰鼓·大鼓, 土則附革而爲鞉, 木有拍板·方響, 以體金應石而備八音. 倍四本屬清樂, 形類雅音, 而曲出於胡部. 復有銀字之名, 中管之格, 皆前代應律之器也. 後人失其傳, 而更以異名, 故俗部諸曲, 悉源於雅樂.

현악기에는 비파琵琶·오현五絃·공후箜篌·쟁箏이 있고 죽제 관악기에는 필률觱篥·소簫·적笛이 있으며 포匏에는 생笙이 있다. 가죽으로 된 타악기에는 장고杖鼓·제2고第二鼓·제3고第三鼓·요고腰鼓·대고大鼓가 있다. 흙으로 된 악기는 (구워서) 가죽을 대어 공鞉[2]을 만들고 목제 악기로는 박판拍板·방향方響이 있다. 이로써 금속악기를 드러내고 석제악기에 응하면 8음[3]이 갖추어 진다. 4배를 한 것은

---

2) 공鞉 : 흙을 구워 만든 후, 위에 가죽을 씌운 악기.

3) 8음 : 악기의 재료에 따라 金石絲竹匏土革木의 8음으로 나누는데 토는 塤, 죽은 管, 혁은 북, 포는 笙, 사는 弦, 석은 磬, 금은 鐘, 목은 柷을 말한다. 『樂記』 "土曰塤, 竹曰管, 革曰鼓, 匏曰笙, 絲曰弦, 石曰磬, 金曰鐘, 木曰柷."

원래 청악에 속해 그 형태는 아음과 유사하나 곡은 호부胡部에서 나왔다. 또 은자銀字4)의 명칭이나 중관中管5)의 격格이 있는데 이는 모두 전대에 율에 응하는 악기였으나 후인들이 전하지 못했고 이름도 다른 것으로 바뀌었다. 그러므로 속부俗部의 여러 곡조는 모두 아악에서 기원한 것이다.

周·隋管絃雜曲數百, 皆西涼樂也. 鼓舞曲, 皆龜茲樂也. 唯琴工猶傳楚·漢舊聲及清調, 蔡邕五弄·楚調四弄, 謂之九弄. 隋亡, 清樂散缺, 存者纔六十三曲. 其後傳者 : 平調·清調, 周房中樂遺聲也 ; 白雪, 楚曲也 ; 公莫舞, 漢舞也 ; 巴渝, 漢高帝命工人作也 ; 明君, 漢元帝時作也 ; 明之君, 漢鞞舞曲也 ; 鐸舞, 漢曲也 ; 白鳩, 吳拂舞曲也 ; 白紵, 吳舞也 ; 子夜, 晉曲也 ; 前溪, 晉車騎將軍沈玩作也 ; 團扇, 晉王玟歌也 ; 懊憹, 晉隆安初謠也 ; 長史變,

---

4) 은자銀字 : 원래 笙이나 笛 같은 관악기에 은으로 글자를 만들어 음조의 높이를 표시한 것을 말하며 악기를 지칭하기도 한다. 唐 白居易의 〈南園試小樂〉詩(“高調管色吹銀字, 慢拽歌詞唱〈渭城〉.”)와 宋 張炎의 〈洞仙歌·觀王碧山花外詞集有感〉詞(“可惜歡娛地. 雨冷雲昏, 不見當時譜銀字.”)에도 보인다.

5) 중관中管 : 『세종실록』 권31에 다음과 같은 내용이 보인다. “지금 奉常寺에 있는 중국에서 보낸 악기 가운데 簫管이라는 것이 있는데 이것은 곧 『樂書』의 樂器圖說에서 簫管이라 이르는 것이니, 黃鍾의 한 음성을 고르게 한 것입니다. 혹은 이를 尺八管이라고도 하며, 혹은 竪篴, 혹은 中管이라 하는데 宮懸에서 사용합니다. 민간에서는 이것을 소관이라고 합니다.今考奉常寺所在中朝所賜樂器內, 有簫管, 卽『樂書』樂器圖說內所謂簫管之制, 定黃鍾一均聲. 或謂之尺八管, 或謂之竪篴, 或謂之中管, 宮懸用之. 民間謂之簫管者也.”

晉司徒左長史王廞作也；丁督護, 晉·宋間曲也；讀曲, 宋人爲彭城王義康作也；烏夜啼, 宋臨川王義慶作也；石城, 宋臧質作也；莫愁, 石城樂所出也；襄陽, 宋隨王誕作也；烏夜飛, 宋沈攸之作也；估客樂, 齊武帝作也；楊叛, 北齊歌也；驍壺, 投壺樂也；常林歡, 宋·梁間曲也；三洲, 商人歌也；採桑, 三洲曲所出也；玉樹後庭花·堂堂, 陳後主作也；泛龍舟, 隋煬帝作也. 又有吳聲四時歌·雅歌·上林·鳳雛·平折·命嘯等曲, 其聲與其辭皆訛失, 十不傳其一二.

북주北周·수隋의 관현管絃 잡곡雜曲은 수백 곡인데 모두 서량악西涼[6]樂이다. 고무곡鼓舞曲은 모두 구자악龜玆樂이다. 금공琴工만이 여전히 초楚·한漢의 옛 음악과 〈청조淸調〉를 전하고 있는데 채옹蔡邕의 5농弄과 초조楚調 4농을 합쳐 9농[7]이라 한다. 수隋나라가 멸망한 뒤 청악淸樂이 흩어져 사라지고 남은 것은 63곡뿐이다. 나중까지 전한 것은 다음과 같다. 〈평조平調〉〈청조〉는 주周나라 〈방중악房中樂〉의 유성遺聲이고, 〈백설白雪〉은 초나라 곡이다. 〈공막무公莫舞〉는 한나라의 춤이고, 〈파유巴渝〉는 한 고제高帝[8]가 공인工人에게 명해

---

6) 서량西涼 : 李暠가 세운 西夏(400~421)를 말하며 涼州 서쪽에 위치해 서량이라 했다. 甘肅省 서부, 內蒙古 서남부와 新疆에 걸쳐 위치했던 왕조로, 405년에 酒泉으로 천도했고 北涼에 의해 멸망했다. 이호는 李廣의 후예로 당조의 선조로 모셔져 玄宗때(753) 興聖皇帝로 추존되었다.

7) 9농弄: 楚調는 戰國시대, 秦漢대 楚지역의 음악을 말하며 일반적으로 9농은 蔡邕의 蔡氏五弄과 嵇康의 嵇氏四弄을 말한다.

8) 한漢 고제高帝(劉邦, 기원전 256/247~기원전 195, 재위 기원전 206~기원전 195) : 漢의 개국군주 劉邦을 말한다. 字는 季이고 沛郡豊邑(현재 江蘇省 徐州市 豊縣) 사람으로 鴻門宴이후 漢王이 되어 巴蜀·漢中을 다

지은 것이고, 〈명군明君〉은 한 원제元帝[9])때 지은 것이고, 〈명지군明之君〉은 한의 〈비무곡鞞舞曲〉이고, 〈탁무鐸舞〉는 한대의 곡이다. 〈백구白鳩〉는 동오東吳의 불무곡拂舞曲이고, 〈백저白紵〉는 동오의 무곡舞曲이다. 〈자야子夜〉는 동진東晉의 曲이고, 〈전계前溪〉는 동진東晉의 거기장군車騎將軍 심충沈珫이 지은 것이고, 〈단선團扇〉은 동진東晉 왕문王玟의 노래이고, 〈오농懊儂〉은 동진東晉 융안隆安[10]) 초기의 가요이고, 〈장사변長史變〉은 동진東晉 사도좌장사司徒左長史 왕흠王廞[11])이 지은 것이고, 〈정독호丁督護〉는 남조의 동진東晉과 송宋(劉宋)간의 곡이다. 〈독곡讀曲〉은 남조 송나라 사람이 팽성왕彭城王 유의강劉義康[12])을 위해 지은 것이고. 〈오야제烏夜啼〉는 남조 송宋의

스린 바 있다.

9) 한漢 원제元帝(劉奭, 기원전 75~기원전 33, 재위 기원전 49~기원전 33) : 劉詢과 許平君의 아들로, 유학을 숭상하고 여러 차례 흉노를 토벌했다. 그러나 재위중 대지주의 토지겸병이 심해지면서 중앙집권이 약해지고 외척·환관이 득세하면서 서한이 몰락의 길로 들어서게 되었다. 사후 渭陵(현재 陝西 咸陽시 동북쪽)에 모셔졌고 諡號를 孝元皇帝, 廟號를 高宗이라 했다.

10) 융안隆安 : 남북조시기 東晉의 安帝(司馬德宗)때의 연호(397~401).

11) 왕흠王廞 : 字는 伯興로 東晉 후기의 정치가, 서예가이며 東晉의 개국초 승상 王導의 손자이다. 太子中庶子·司徒左長史를 지냈고 隆安元年(397)에 王恭이 기병해 王國寶를 칠 때 그에게 호응했으나 후에 견제를 받자 王恭을 치려다 실패하고 이후 종적이 묘연해졌다고 한다.

12) 유의강劉義康(409~451) : 彭城(현재 江蘇省 徐州) 사람으로 남조 송 武帝 劉裕의 넷째 아들이며 송 건립후 彭城王에 봉해졌다. 南豫州·南徐州 刺史를 지냈고 文帝 즉위 후에 驃騎將軍·散騎常侍·荆州刺史 등을 지냈다. 司徒로 재상 王弘과 국사를 보좌했고 왕홍 사후에는 太子太傅로

임천왕臨川王 유의경劉義慶[13]이 지은 것이고, 〈석성石城〉은 남조 송
宋의 장질臧質[14]이 지은 것이고, 〈막수莫愁〉는 〈석성악石城樂〉에서
나온 것이고, 〈양양襄陽〉은 남조 宋의 수왕隨王 유탄劉誕[15]이 지
은 것이고, 〈오야비烏夜飛〉는 남조 宋의 심유지沈攸之가 지은 것이
다. 〈고객악估客樂〉은 제齊의 무제武帝[16]가 지은 것이고, 〈양반楊叛〉

국사를 주도했으나 지위를 막론하고 인재들을 예우해 무리를 이루게 되
자 송 문제의 견제를 받았다. 445년 范曄 등이 그를 황제로 옹립하려 한
다는 고발이 있어 이에 연루되어 서인이 되었고 451년 北魏가 瓜步를
침략했을 때 그가 황제로 추대될까 두려워한 문제에 의해 죽임 당했다.

13) 유의경劉義慶(403~444) : 字는 季伯이고 彭城 사람으로 남조 송 武帝의
조카이다. 숙부인 臨川王 劉道規에게 아들이 없어 그 후사를 이어 南郡公
에 습봉되었다. 文帝때에 秘書監·丹陽尹·尚書左仆射·中書令·荊州刺
史 등을 지냈으며『後漢書』·『江左名士傳』·『世說新語』등을 지었다.

14) 장질臧質(400~454) : 字는 含文이고 東莞郡 莒縣(현재 山東省 莒縣) 사
람으로, 武敬皇后의 조카이다. 남조 송에서 建平·勵陽郡太守, 徐州·兗
州刺史 등을 지냈으며 元嘉연간에 北伐에 참여했다가 北魏에 패했으나
北魏의 太武帝 拓跋燾에게 저항하였다. 후에 車騎將軍·江州刺史를 지
냈고 始興郡公에 봉해졌는데 454년 劉義宣을 황제로 옹립하려다 王玄
謨에게 패해 죽임 당했다.

15) 유탄劉誕(433~459) : 字는 休文이고 彭城 사람으로 宋 文帝 劉義隆의
여섯 째 아들이다. 처음에 廣陵王에 봉해졌으며 文帝때에 南兗州·南徐
州·雍州·會稽 등지를 다스린 공으로 隨郡王에 봉해졌고 元嘉연간 북
벌에 공을 세웠다. 文帝가 시해된 후, 劉劭를 토벌하고 孝武帝를 옹립하
는 데에 힘써 侍中·揚州刺史 등의 직을 받았으며 竟陵王에 봉해졌다.
劉義宣의 난을 평정하는 데에도 공이 있었으나 효문제의 견제를 받아
459년 竟陵侯로 강등되었고 이에 廣陵에서 군사를 일으켰으나 수개월의
포위를 버티다 결국 패해 죽임을 당했다.

16) 제齊 무제武帝(蕭賾, 440~493, 재위 482~493) : 字는 宣遠이고 남조 齊의

은 북제北齊의 노래이고, 〈효호驍壺〉는 투호악投壺樂이다. 〈상림환常林歡〉은 남조 송宋·양梁간의 곡이고, 〈삼주三洲〉는 상인商人의 노래이고, 〈채상採桑〉은 〈삼주곡三洲曲〉에서 나온 것이다. 〈옥수후정화玉樹後庭花〉〈당당堂堂〉은 진陳의 후주後主[17]가 지은 것이고, 〈범용주泛龍舟〉는 수隋의 양제煬帝[18]가 지은 것이다. 또 〈오성사시가吳聲四時歌〉〈아가雅歌〉〈상림上林〉〈봉추鳳雛〉〈평절平折〉〈명소命嘯〉 등의 곡은 그 소리와 가사가 어긋나 열 중 하나도 제대로 전하지 않는다.

蓋唐自太宗·高宗作三大舞, 雜用於燕樂, 其他諸曲出於一時

高帝 蕭道成의 장자로, 두 번째 황제이다. 北魏와 우호관계를 유지해 변경의 안정을 꾀했으며 사후 景安陵에 모셔졌다.

17) 진후주陳後主(陳叔寶, 553~604, 재위 582~589) : 南朝 陳의 마지막 황제로 字는 元秀, 초명은 黃奴이며 吳興郡 長城縣(현재 浙江省 長興縣) 사람이다. 재위 중 주색에 탐닉하고 시문과 음악에 빠져 정사를 돌보지 않았다. 陳은 589년 隋軍에 의해 멸망했으며 진후주는 長安에 포로로 끌려가 長城縣公에 봉해졌는데 隋 文帝 楊堅은 그를 예우했다고 한다. 낙양에서 병사한 뒤 大將軍이 추증되었으며 시호는 煬이다.

18) 수隋 양제煬帝(楊廣, 569~618, 재위 604~618) : 본명은 楊英이고 어릴 적 字는 阿麼, 弘農 華陰(현재 陝西省 華陰市) 사람으로, 隋의 두 번째 황제이다. 처음에 雁門郡公에 봉해졌고 581년, 晉王으로 책립되었다. 재위 중 대운하를 개통시키고 낙양으로 천도했으며 빈번하게 전쟁을 일으켰는데 특히 세 차례 고구려 정벌로 인해 국력이 소진되었다. 또한 사치가 극에 달해 농민기의가 발발하게 되었으며 江都의 변 이후 반군에 의해 시해되고 수나라는 멸망했다. 시호는 明皇帝, 廟號는 世祖이며 후에 唐의 高祖가 시호를 煬皇帝라 했다.

之作, 雖非純雅, 尚不至於淫放. 武后之禍, 繼以中宗昏亂, 固無足言者. 玄宗爲平王, 有散樂一部, 定韋后之難, 頗有預謀者. 及卽位, 命寧王主藩邸樂, 以亢太常, 分兩朋以角優劣. 置內敎坊於蓬萊宮側, 居新聲·散樂·倡優之伎, 有諧謔而賜金帛朱紫者, 酸棗縣尉袁楚客上疏極諫.

당대에 태종太宗·고종高宗[19]이 삼대무三大舞[20]를 지어 연악燕樂에 섞어 쓴 이래 다른 곡들도 일시에 지어졌다. 순수하고 아정하지 않아도 음란하고 방탕한 데에 이르지는 않았다. 측천무후則天武后때의 화가 중종中宗때까지 이어져 혼란스러웠고 이때에는 언급할 만한 것이 없었다. 현종玄宗[21]이 평왕平王이 되고 산악 1부를 두었는

---

19) 이 장에서 唐 太宗이하 각 시대의 악무가 소개되어 있는데 당대 황제의 재위기간은 다음과 같다. 高祖 李淵(618~626) - 太宗 李世民(627~649) - 高宗 李治(650~683) - 中宗 李顯(684) / 睿宗 李旦(684) / 武則天(684~689) - 周 武則天(690~704) - 中宗 李顯(705~710) - 殤帝 李重茂(710)/ 睿宗 李旦(710~712) - 玄宗 李隆基(712~756) - 肅宗 李亨(756~761) - 代宗 李豫(762~779) - 德宗 李适(780~805) / 順宗 李誦(805) - 憲宗 李純(806~ 820) - 穆宗 李恒(821~824) - 敬宗 李湛(825~827) - 文宗 李昂(827~840) - 武宗 李炎(841~846) - 宣宗 李忱(847~859) - 懿宗 李漼(860~874) - 僖宗 李儇(874~888) - 昭宗 李曄(889~904) - 哀帝 李柷(905~907)

20) 삼대무三大舞: 唐 太宗·高宗 때의 궁정의 악무 이름으로 七德舞(〈秦王破陣樂〉), 九功舞(〈慶善樂〉), 上元舞를 말한다.

21) 현종玄宗(李隆基, 685~762, 재위 712~756): 唐 高宗과 武則天의 손자이자 睿宗의 셋째 아들로, 당대 황제 중 재위기간이 가장 길다. 처음에 楚王, 후에 臨淄王으로 봉해졌으며 唐隆 元年(710), 太平公主와 함께 唐隆정변을 일으켜 韋后세력을 물리쳤다. 712년, 황위를 선양 받아 제위에 오른 뒤 태평공주를 죽여 통치권을 장악했고 姚崇·宋璟 등 현명한 재상을

데 위후韋后의 난을 평정할 때 자못 미리 계책한 바가 있었다.[22] 즉
위 후 영왕寧王에게 명해 번저악藩邸樂을 주관하여 태상악太常樂에
맞서게 하고 두 붕朋으로 나누어 우열을 다투게 했다. 내교방內教坊
을 봉래궁蓬萊宮 옆에 설치하고 신성新聲·산악散樂·창우倡優의 기
예인들을 거하게 했는데 그중 골계에 능한 자가 있어 금과 비단, 관
직을 내리자 산조현위酸棗縣尉 원초객袁楚客이 상소하여 간곡히 간
언하였다.[23]

등용해 開元盛世를 이루었으며 渤海都督府·黑水都督府를 설치하고 南
詔의 皮羅閣(697~748, 728~748 재위, 南詔의 네 번째 왕)을 雲南王으로
봉하는 등 변경의 안정을 도모했다. 그러나 후기에는 李林甫·楊國忠 등
을 기용하고 楊貴妃를 총애해 정사를 돌보지 않았으며 安祿山을 중용해
安史의 난을 야기하게 되었다. 756년, 태자 李亨이 즉위한 뒤 太上皇이
되었으며 사후 泰陵에 모셔졌다. 廟號를 玄宗, 諡號를 至道大聖大明孝
皇帝라 했으며 청대에는 開元聖文神武皇帝라고 했다.

22) 散樂人은 원래 태상시에 속해 속악과 백희를 담당하는 사람들이었지만
이융기는 최측근에 두면서 자신의 호위와 정보수집에도 활용했으며 위후
세력을 평정하고 즉위후 정권을 유지하는 데에도 이들을 적극 활용했다.
『教坊記上』 "玄宗之在藩邸, 有散樂一部, 戢定妖氛, 頗藉其力: 及膺大
位, 且羈縻之."

23) 袁楚客은 일찍이 高宗·武后·中宗대에 재상을 지낸 魏元忠(?~707)에게
보낸 서신에서 이를 언급한 바 있다. 魏元忠은 武則天 시대에는 폄적
되는 위기를 겪어도 직간을 서슴지 않았는데 中宗 복위후 재상이 된 뒤에
는 더 이상 직언을 하지 않았다. 이에 酸棗縣尉 袁楚客이 그에게 서신을
보내 황제 즉위초 조정의 기강을 바로잡고 군자를 천거해야 할 때에 침묵
하고 있다고 비난했다. 태자를 일찍 정해 교육하지 않는 것, 佛家를 추숭
해 그들이 권세가에게 붙어 재물을 취하도록 두는 것, 인재선발 시 뇌물수
수가 성행하는 것, 宦官이 천여 명에 이르는 것, 왕공귀족의 사치풍조

初, 帝賜第隆慶坊, 坊南之地變爲池, 中宗常泛舟以厭其祥. 帝
卽位, 作龍池樂, 舞者十有二人, 冠芙蓉冠, 躡履, 備用雅樂, 唯無
磬. 又作聖壽樂, 以女子衣五色繡襟而舞之. 又作小破陣樂, 舞者
被甲冑. 又作光聖樂, 舞者鳥冠·畫衣, 以歌王跡所興.

처음에 황제[武后]가 융경방隆慶坊24)의 저택을 하사했는데 방坊
의 남쪽 땅이 연못으로 변하자 중종25)은 늘 거기에 배를 띄우고 그
상서로운 기운을 눌렀다.26) (현종은) 즉위 후에 〈용지악龍池樂〉을 지

조장, 선조의 궁녀들이 궁에 드나들며 외부인들과 결탁해 청탁의 풍이
성행하는 것 등, 열 가지 과실(10失)을 들어 지적하는데 그중 네 번째
과실로 골계·가무를 담당하는 비천한 소인들이 관직과 봉록을 절취하는
것을 들었다.(俳優小人, 盜竊品秩, 四失也) 魏元忠은 이를 읽고 수치를
느껴, 이후 중종이 安樂公主를 皇太女로 세우는 데 대한 의견을 묻자
고금에 없던 일이라며 직언을 했다고 한다.(『資治通鑑』 권208)

24) 융경방隆慶坊 : 당대에 長安 외곽에 위치했으며 武則天 때(701) 李隆基
의 형제 다섯에게 저택을 하사한 곳이다. 712년 李隆基가 제위에 오르자
피휘해 興慶坊으로 이름을 바꾸었으며 寧王 등이 이곳을 궁으로 바친
뒤 興慶宮이 되었다.

25) 중종中宗(李顯, 656~710, 재위 683~684/705~710) : 원명은 李哲로 당의
네 번째 황제이며 高宗의 일곱째 아들(武則天의 셋째 아들)이다. 처음에
周王, 후에 英王에 봉해졌고 683년, 제위에 올랐으나 684년 폐위되어 廬
陵王이 되었고 698년 다시 황태자가 되었으며 705년 다시 제위에 올랐다.
재위기간, 당의 舊制를 회복하고 조세부역을 면제했으며 十道巡察使·修
文館學士를 두었다. 대외적으로는 突厥을 격퇴하고 吐蕃과 활발히 교류
했으며 金城公主를 시집보내 변방의 안정을 꾀했다. 諡號를 大和大聖大
昭孝皇帝, 廟號를 中宗이라 했으며 定陵에 모셔졌다.

26) 중종 景龍연간에 이르러 이 못은 몇 길이나 넓어졌는데, 구름이 끼고 용
이 출몰한다는 말이 돌자 "제왕의 기운이 날로 성해진다"고 말하는 사람

었는데 춤추는 자는 12명으로, 부용관을 쓰고 신발을 신었으며 아악을 다 갖추어 사용했으나 경磬은 쓰지 않았다. 또 〈성수악聖壽樂〉을 지어 여성들에게 오색으로 수놓은 저고리를 입고 춤을 추게 했다. 또 〈소파진악小破陣樂〉을 지었는데 춤추는 자들이 갑옷에 투구를 썼다. 또 〈광성악光聖樂〉을 지었는데 춤추는 자들이 조관鳥冠에 화의畵衣를 입고 왕업이 흥기한 일을 노래했다.

又分樂爲二部 : 堂下立奏, 謂之立部伎 ; 堂上坐奏, 謂之坐部伎. 太常閱坐部, 不可敎者隷立部, 又不可敎者, 乃習雅樂.

또한 음악을 2부로 나누었다. 당하에 서서 연주하는 것을 입부기立部伎라 하고, 당위에 앉아서 연주하는 것을 좌부기坐部伎라 했다. 태상太常이 좌부坐部를 살펴, 가르칠 수 없는 자는 입부立部에 속하게 하고 거기에서도 가르칠 수 없는 자는 아악雅樂을 익히게 했다.27)

─────────────

이 있었다. 이는 이융기가 황제가 된다는 조짐이므로 중종은 이를 시기하여 경룡 4년(710)에 직접 흥경지로 가 누선을 만들어 띄운 다음 연회를 베풀면서 그 기운을 압도하고자 하였다.

27) 이 부분의 기술을 보면 기예수준이 가장 낮은 연주자들이 아악을 담당했던 것을 알 수 있다. 당대 白居易도 〈立部伎〉시에서 궁정음악, 제사에 쓰이는 숭고한 전통음악이 중시되지 않는 점에 대해 풍자했는데 "立部는 천하고 坐部는 귀하네. 坐部에서 물러나 立部伎가 되니, 북 치고 笙 불며 雜戱와 어우러지네. 立部에서 물러나면 또 무엇을 맡는가? 비로소 鍾磬을 걸어놓고 雅音을 연주한다네.立部賤, 坐部貴. 坐部退爲立部伎, 擊鼓吹笙和雜戱. 立部又退何所任? 始就樂懸操雅音."라며 圜丘에서 后土 신께 제사지낼 때 이런 음악으로 신을 감동시킬 수 있겠냐고 반문했다.

立部伎八 : 一〈安舞〉, 二〈太平樂〉, 三〈破陣樂〉, 四〈慶善樂〉, 五〈大定樂〉, 六〈上元樂〉, 七〈聖壽樂〉, 八〈光聖樂〉. 〈安舞〉〈太平樂〉, 周·隋遺音也. 〈破陣樂〉以下皆用大鼓, 雜以龜茲樂, 其聲震厲. 〈大定樂〉又加金鉦. 〈慶善舞〉顓用西涼樂, 聲頗閑雅. 每享郊廟, 則〈破陣〉〈上元〉〈慶善〉三舞皆用之.

입부기立部伎는 다음의 여덟 종류이다. 1 〈안무安舞〉, 2 〈태평악太平樂〉, 3 〈파진악破陣樂〉, 4 〈경선악慶善樂〉, 5 〈대정악大定樂〉, 6 〈상원악上元樂〉, 7 〈성수악聖壽樂〉, 8 〈광성악光聖樂〉. 〈안무安舞〉·〈태평악太平樂〉은 북주北周와 수隋나라의 유음遺音이다. 〈파진악破陣樂〉이하는 모두 대고大鼓를 쓰고 구자악龜茲樂이 섞여 있어 그 소리가 우렁차다. 〈대정악大定樂〉에는 금정金鉦[28])을 더했고 〈경선무慶善舞〉에는 서량악西涼樂만을 썼는데 그 소리가 자못 여유롭고 아정했다. 교묘에 제사를 올릴 때에는 매번 〈파진破陣〉〈상원上元〉〈경선慶善〉의 세 춤을 모두 사용했다.

坐部伎六 : 一〈燕樂〉, 二〈長壽樂〉, 三〈天授樂〉, 四〈鳥歌萬歲樂〉, 五〈龍池樂〉, 六〈小破陣樂〉. 〈天授〉〈鳥歌〉, 皆武后作也. 天授, 年名. 鳥歌者, 有鳥能人言萬歲, 因以制樂. 自長壽樂以下, 用龜茲舞, 唯龍池樂則否.

劉藍 輯著, 『國家古籍整理出版補貼項目 : 二十五史音樂志』第2卷, 雲南大學出版社, 2015, 353-354쪽.

28) 금정金鉦 : 金鼓, 大金이라고도 하며 놋쇠로 만든 둥근 쟁반 모양의 징을 말한다. 왼손에 들거나 틀에 매달고 둥근 채로 치는 악기이다. 처음에 군영에서 쓰였고 무속, 불교, 궁중음악에서 널리 쓰였다.

좌부기坐部伎는 다음의 여섯 종류이다. 1〈연악燕樂〉, 2〈장수악長壽樂〉, 3〈천수악天授樂〉, 4〈조가만세악鳥歌萬歲樂〉, 5〈용지악龍池樂〉, 6〈소파진악小破陣樂〉.〈천수天授〉와〈조가鳥歌〉는 모두 무후武后의 작품이다. '천수天授'는 연호이고 '조가鳥歌'라는 것은 '만세萬歲'라는 말을 할 수 있는 새가 있어 이를 악곡으로 만든 것이다.〈장수악長壽樂〉이하로는 구자무龜玆舞를 쓰며〈용지악龍池樂〉만 예외이다.

是時, 民間以帝自潞州還京師, 擧兵夜半誅韋皇后, 製夜半樂·
還京樂二曲. 帝又作文成曲, 與小破陣樂更奏之. 其後, 河西節度
使楊敬忠獻霓裳羽衣曲十二遍, 凡曲終必遽, 唯霓裳羽衣曲將畢,
引聲益緩. 帝方浸喜神仙之事, 詔道士司馬承禎製玄眞道曲, 茅山
道士李會元製大羅天曲, 工部侍郞賀知章製紫淸上聖道曲. 太淸
宮成, 太常卿韋縚製景雲·九眞·紫極·小長壽·承天·順天樂六
曲, 又製商調君臣相遇樂曲.

이때 민간에서 황제가 노주潞州[29]로부터 경사京師로 돌아와 군대
를 일으켜서 한밤중에 위황후韋皇后를 주살한 일을 가지고〈야반악

---

29) 노주潞州 : 현재 山西省 長治市 지역이다. 당 중종 때(707) 李隆基가 臨
淄王·衛尉少卿의 신분으로 潞州別駕를 4년여 간 맡았는데 인재를 두루
등용해 덕치를 베풀었으며 저택 뒤에 德鳳亭을 지어 노주의 명사들과
교류하였다. 황제가 된 뒤, 開元 11년(723)에 이곳에서 수개월 동안 머무
르며 옛 저택을 飛龍宮이라 하고 張說에게〈上黨舊宮述聖頌〉을, 張九
齡에게〈聖應圖贊〉을 짓게 했다. 또한 노주 백성에게 5년간의 조세를 면
하고 大辟罪(참수, 기시, 요참 등의 극형)이하의 모든 범죄에 대해 사면해
주었다. 이후로도 노주를 지날 때마다 징발된 사병들을 집으로 돌려보내
고 3년간 세를 면제해 주는 등 은혜를 베풀었다.

夜半樂〉〈환경악還京樂〉 두 곡을 지었다. 황제 역시 〈문성곡文成曲〉
을 지어 〈소파진악小破陣樂〉과 번갈아 연주했다. 후에 하서절도사河
西節度使 양경충楊敬忠이 〈예상우의곡霓裳羽衣曲〉12편遍을 바쳤는
데, 대개의 곡들이 끝날 때 빨라지지만 〈예상우의곡〉만은 끝나갈 때
소리를 늘여 더 느려졌다. 황제가 신선의 일에 빠져서 명을 내려 도
사道士 사마승정司馬承禎에게 〈현진도곡玄眞道曲〉을 짓게 하고, 모
산도사茅山道士 이회원李會元에게 〈대라천곡大羅天曲〉을 짓게 했으
며, 공부시랑工部侍郎 하지장賀知章[30]에게 〈자청상성도곡紫淸上聖道
曲〉을 짓게 했다. 태청궁太淸宮이 지어지자, 태상경太常卿 위도韋縚
가 〈경운景雲〉〈구진九眞〉〈자극紫極〉〈소장수小長壽〉〈승천承天〉
〈순천악順天樂〉 6곡을 지었으며 또 상조商調 〈군신상우악君臣相遇
樂〉을 지었다.

　初, 隋有法曲, 其音淸而近雅. 其器有鐃·鈸·鍾·磬·幢簫·琵
琶. 琵琶圓體修頸而小, 號曰'秦漢子', 蓋絃鼗之遺製, 出於胡中,
傳爲秦·漢所作. 其聲金·石·絲·竹以次作, 隋煬帝厭其聲澹, 曲
終復加解音. 玄宗旣知音律, 又酷愛法曲, 選坐部伎子弟三百敎於
梨園, 聲有誤者, 帝必覺而正之, 號'皇帝梨園弟子'. 宮女數百, 亦
爲梨園弟子, 居宜春北院. 梨園法部, 更置小部音聲三十餘人. 帝

---

30) 하지장賀知章(659~744) : 字는 季眞이고 만년의 自號는 四明狂客, 秘書
　　外監이라 했다. 越州 永興(현재 浙江省 杭州 蕭山區) 사람으로, 시인이
　　자 서예가이며 飮中八仙·吳中四士 중 한 사람으로 絶句詩에 능했다.
　　武則天때 太常博士를 지냈고 玄宗때 禮部侍郎·集賢院學士·工部侍郎
　　·秘書監 등을 지냈다.

幸驪山, 楊貴妃生日, 命小部張樂長生殿, 因奏新曲, 未有名, 會
南方進荔枝, 因名曰荔枝香.

처음에 수隋나라에 법곡法曲이 있었는데 그 음이 맑아 아악에 가
까웠다. 그 악기로는 요鐃31)·발鈸32)·종鍾·경磬·당소幢簫·비파琵
琶가 있었다. 비파는 둥근 몸체에 목이 길고 좁았으며 '진한자秦漢
子'라고 불렸는데 현도絃鼗가 발전한 것으로, 호족胡族에게서 나와
진한秦漢에 전해져 제작된 것이다. 법곡의 소리는 금金·석石·사絲
·죽竹이 차례로 연주되는데 수隋의 양제煬帝는 그 소리가 담박한
것을 싫어해 곡이 끝날 때 하나의 악장[解音]33)을 덧붙였다. 현종은
음률을 잘 아는 데다 법곡法曲을 너무 좋아해 좌부기坐部伎 자제子
弟 삼백 명을 뽑아 이원梨園34)에서 가르쳤는데 소리가 틀린 자가 있
으면 반드시 알아내고 바로잡아 주었다. 이들을 '황제의 이원제자梨
園弟子'라고 불렀다. 궁녀 수백 명도 역시 이원제자였는데 의춘북원
宜春北院에 거했다. 이원의 법부法部35)에 소부음성小部音聲36) 30여

---

31) 요鐃 : 小金이라고도 불리는 작은 종 모양의 악기로 손잡이가 달려 있어
   흔들어 소리를 낸다.
32) 발鈸 : 한 쌍의 둥근 놋쇠판을 마주쳐 소리를 내는 악기로 크기와 용도에
   따라 바라, 提金, 銅鈸, 響鈸 등이 있다.
33) 해음解音 : 해음의 '解'는 악곡·시가의 장절을 뜻한다.
34) 이원梨園 : 唐 현종 때에 궁정에 설치되어 악공·예인들을 훈련시켰던 기
   구로, 예악을 주관하던 太常寺, 歌舞散樂을 담당하던 內外敎坊과 더불
   어 음악과 가무를 담당하는 중요한 세 기구였다. 후에는 연극계를 이원계,
   梨園行이라 했으며 배우들을 梨園弟子라 부르게 되었다.
35) 법부法部 : 법곡을 연습하고 연주하는 이원의 부.
36) 소부음성小部音聲 : 15세 이하 소년으로 구성된 이원의 조직. 『太眞外

명을 더 두었다. 황제가 여산驪山37)에 행차했을 때 양귀비楊貴妃의
생일이 되자 소부에 명해 장생전長生殿에서 연주하도록 했다. 새로
운 곡이어서 이름이 없었는데 마침 남방에서 여지荔枝를 진상했기
에 '여지향荔枝香'이라 이름 붙였다.

　帝又好羯鼓, 而寧王善吹橫笛, 達官大臣慕之, 皆喜言音律. 帝
常稱 : "羯鼓, 八音之領袖, 諸樂不可方也." 蓋本戎羯之樂, 其音太
蔟一均, 龜玆·高昌·疏勒·天竺部皆用之, 其聲焦殺, 特異衆樂.

　황제는 또 갈고羯鼓를 좋아했고 영왕寧王38)은 횡적橫笛을 잘 불었
는데 고관대신들도 그를 흠모해 모두 음률 얘기 하는 것을 좋아했
다. 황제가 늘 말하길, "갈고羯鼓는 8음의 으뜸으로, 다른 음은 이에
비할 바가 아니다"라고 했다. 이는 본래 북방 갈족羯族의 음악인데
그 음은 태주太蔟 1균均를 사용했으며 구자龜玆·고창高昌·소륵疏勒
·천축부天竺部에서 모두 사용했다. 그 소리가 촉박해 다른 음악과

傳』 "小部者, 梨園法部所置, 凡三十人, 皆十五以下."

37) 여산驪山 : 陝西省 西安市 臨潼區 남쪽에 있는 산(해발 1302m)으로 秦
　岭山脉의 지맥이며 멀리서 보면 짙은 남색의 말 형상이어서 여산이라
　이름 했다. 周·秦·漢대에 궁이 있었고 당 태종때 湯天宮을 지었으며
　현종때 확장해 지으면서 華淸宮이라 했다.

38) 영왕寧王 : 唐 睿宗의 맏아들이자 현종의 형인 李憲(679~742)을 말한다.
　684년 예종 즉위 후 황태자가 되었으나 690년 무측천이 즉위하자 황손이
　되었다. 예종 복위 후에는 태자의 자리를 동생 이융기에게 양위하고 자신
　은 雍州牧·揚州大都督·太子太師·尚書左仆射, 岐州·澤州刺史 등을
　지냈고 영왕에 봉해졌다. 사후 惠陵에 모셔졌고 시호를 讓皇帝라 했다.

많이 달랐다.

開元二十四年, 升胡部於堂上. 而天寶樂曲, 皆以邊地名, 若〈涼州〉·〈伊州〉·〈甘州〉之類. 後又詔道調·法曲與胡部新聲合作. 明年, 安祿山反, 涼州·伊州·甘州皆陷吐蕃.

개원開元[39]) 24년, 호부胡部를 당 위에서 연주하도록 승격시켰다. 천보天寶[40])연간의 악곡은 모두 변방지역의 이름을 땄는데 〈양주涼州〉〈이주伊州〉〈감주甘州〉 같은 것이었다. 나중에 또 명을 내려 도조道調·법곡法曲과 호부胡部의 신성新聲을 합주하게 했다. 이듬해, 안록산安祿山이 반란을 일으켜 양주涼州·이주伊州·감주甘州[41])가 모두 토번吐蕃[42])에 함락되었다.

唐之盛時, 凡樂人·音聲人·太常雜戶子弟隷太常及鼓吹署, 皆番上, 總號音聲人, 至數萬人.

당의 성세에 악인·음성인音聲人·태상잡호자제太常雜戶子弟[43])들

---

39) 개원開元 : 당 玄宗때의 연호. (713.12~741.12)

40) 천보天寶 : 당 玄宗때의 연호. (742.1~756.7)

41) 양주涼州·이주伊州·감주甘州 : 양주는 현재의 甘肅省 河西·隴右 일대, 이주는 新疆省 哈密縣, 감주는 甘肅省 張掖市 지역이다.

42) 토번吐蕃 : 藏族이 靑藏高原에 건립한 나라(633~842)로, 松贊干布가 각지의 토번왕조를 통일해 강력한 세력을 이루었으며 당의 文成公主와 혼인(641)후 당조와 우호관계를 유지했다. 이후 영토 확장을 둘러싸고 크고 작은 충돌이 있었으며 安史의 난(755) 때에는 隴右·河西지역을 점령하고 장안을 15일간 차지하기도 했는데 회맹을 통해 강화를 이루었다.

은 대개 태상시太常寺와 고취서鼓吹署44)에 속했고 모두 돌아가며 악
공 일에 종사했는데 이들을 총칭해 '음성인'이라 불렀으며 그 수가
수만 명에 달했다.45)

---

43) 음성인音聲人 : 당오대시기 음악예인의 총칭으로 관부에서 식량과 의복,
약간의 토지를 제공 받아 생활했다. 원래 음성인은 수대에는 천민신분으
로 태상시에만 속했는데 義寧연간(617~618) 이후 이들의 본적을 주현에
두게 허락하면서 雜戶와 비슷한 신분이 되었다.

44) 태상시太常寺, 고취서鼓吹署 : 太常寺는 능묘의 제사, 예악의례를 관장
하는 기구로 秦代에 奉常이라 하던 것을 漢 景帝때(기원전 151) 太常으
로 개칭했으며 漢 이후 太常寺·太常禮樂官 등으로 불렸다. 太常卿을
두어 관할하게 하고 그 밑에 太常博士와 協律都尉, 太樂署의 令·丞과
고취서의 令·丞, 清商署의 令·丞 등을 두었다. 鼓吹署는 음악관장 기구
로 西晉때 처음 설치되었으며 北齊때엔 太常寺에 속해 鼓吹樂을 주관했
고 의장 및 궁정 의례활동에 참여하면서 百戲를 주관하기도 했다. 『新唐
書』「百官志三」에 "고취서에 종7품하의 令 2인, 종8품하의 丞 2인이 있
고, 종9품하의 樂正 4인이 있다. 令은 고취의 박자를 관장한다.鼓吹署,
令二人, 從七品下, 丞二人, 從八品下 ; 樂正四人, 從九品下. 令掌鼓吹
之節."고 하였다.

45) 음성인의 출신은 대개 전대 궁정의 예인이나 그 자제, 민간예인, 樂戶,
관가의 노비나 官戶·雜戶중 선발된 인원, 지방에서 발굴해 궁정에 바친
예인 등이었다. 당대에는 일화와 함께 이름이 전하는 유명한 작곡가·가
수·연주가들이 있었는데 예를 들어 何滿子라는 작곡가는 범죄를 저질러
사형될 위기에 처하자 〈何滿子〉라는 노래를 지어 玄宗에게 바치고 사면
을 받으려 했다. 결국 처형되었지만 그 노래는 크게 유행했고 춤으로도
공연되었으며 白居易는 〈何滿子〉라는 시를 남겼다. "世傳滿子是人名,
臨就刑時曲始成. 一曲四詞歌八疊, 從頭便是斷腸聲." (劉藍 輯著, 356
·357쪽)

玄宗又嘗以馬百匹, 盛飾分左右, 施三重榻, 舞〈傾盃〉數十曲, 壯士擧榻, 馬不動. 樂工少年姿秀者十數人, 衣黃衫·文玉帶, 立左右. 每千秋節, 舞於勤政樓下, 後賜宴設酺, 亦會勤政樓. 其日未明, 金吾引駕騎, 北衙四軍陳仗, 列旗幟, 被金甲·短後繡袍. 太常卿引雅樂, 每部數十人, 間以胡夷之技. 內閑廐使引戲馬, 五坊使引象·犀, 入場拜舞. 宮人數百衣錦繡衣, 出帷中, 擊雷鼓, 奏〈小破陣樂〉, 歲以爲常.

현종玄宗은 또 말 백 필을 성대하게 치장해 좌우로 나누고 삼층 평상을 설치한 뒤, 〈경배傾盃〉 수십 곡을 추게 했는데 장사壯士가 평상을 들어 올려도 말은 움직이지 않았다. 준수한 젊은 악공 십여 명이 황색 적삼에 무늬 있는 옥대를 하고서 좌우에 늘어서 있었다. 매번 천추절千秋節[46]이 되면 근정루勤政樓 밑에서 춤을 추었고 나중에 연회를 베풀 때에도 근정루에 모였다. 천추절 날이 밝기 전, 금오金吾가 가기駕騎를 이끌고 북아사군北衙四軍[47]이 의장을 진열하고 기치를 줄 세웠는데 금갑에 뒤가 짧은 수 놓은 도포를 입고 있었다.

---

46) 천추절千秋節 : 唐 玄宗의 생일인 8월 5일로 開元17년에 '千秋節'이라 명명했다. 천추절에 玄宗과 楊貴妃는 長安 興慶宮의 花萼樓나 洛陽의 廣達樓에서 성대한 연회와 가무 공연을 펼치고 문무백관, 백성들과 함께 즐겼다고 한다. 연회 후에는 대신들이 황제에게 銅鏡을 바치고 현종도 4품 이상의 대신들에게 千秋鏡이라는 동경을 내렸다고 한다. 이 행사는 14년간 지속되었다.

47) 북아사군北衙四軍 : 당대 금위군禁衛軍은 남북아南北衙로 나뉘었다. 남아는 金吾·領軍·千牛 등의 16衛兵으로, 재상의 관할이고 북아는 羽林·龍武·神武·神策의 4군으로, 황제 직속의 금군이었으며 황궁의 북쪽에 있었다.

태상경이 아악을 이끄는데 매부部가 수십 명이고 연주 사이에 호족의 기예가 섞여 있었다. 내한구사內閑廐使는 희마戲馬를 이끌고 오방사五坊使[48])는 코끼리·무소를 이끌고 들어와 무릎 꿇고 머리를 조아린 뒤 춤을 추었다. 궁인 수백 명이 수놓은 비단옷을 입고 휘장에서 나와 북을 크게 울리며 〈소파진악小破陣樂〉을 연주했는데 매년 이와 같이 했다.

千秋節者, 玄宗以八月五日生, 因以其日名節, 而君臣共爲荒樂, 當時流俗多傳其事以爲盛. 其後巨盜起, 陷兩京, 自此天下用兵不息, 而離宮苑囿遂以荒堙, 獨其餘聲遺曲傳人間, 聞者爲之悲涼感動. 蓋其事適足爲戒, 而不足考法, 故不復著其詳. 自肅宗以後, 皆以生日爲節, 而德宗不立節, 然止於群臣稱觴上壽而已.

천추절이란 현종의 생일 8월 5일을 명절로 삼아 명명한 것으로, 군신이 모두 방탕하게 즐겼는데 당시에 세간에서는 그 일을 전하며 성대히 여겼다. 그 후 큰 도적이 일어나 양경兩京(長安과 洛陽)이 함락되었고 이후로 천하에 전란이 끊이지 않았다. 이궁離宮[49]) 원유苑

---

48) 한구사閑廐使, 오방사五坊使 : 閑廐使는 궁정의 수레, 소·말을 관장하는 관직으로, 內外閑廐使를 두었으며 五坊도 관장했다. 五坊은 당대에 설치된 관명으로 황제의 수렵 때 사용하는 수리·매·개 등을 관리했으며 환관을 五坊使로 삼았다. 이들은 진기한 새와 명견을 찾는다는 명목으로 민간에 피해를 주기도 했으며 송초에 폐지되었다. 『新唐書』「百官志二」: "閑廐使押五坊, 以供時狩. 一曰雕坊, 二曰鶻坊, 三曰鷂坊, 四曰鷹坊, 五曰狗坊."

49) 이궁離宮 : 황제 출유시에 묵는 궁전.

囿는 황폐해졌으나 남겨진 음악만은 세상에 전하였으니 듣는 이들이 이로 인해 슬퍼하며 감동했다. 그 일들은 경계로 삼기 족한 것으로, 참고하여 본받을 만한 것은 아니기에 더 이상 상세히 기록하지 않는다. 숙종肅宗[50] 이후 모두 생일을 명절로 삼았으나 덕종德宗[51]은 특별한 날로 세우지 않았고 군신이 술을 들며 축수하는 정도에서 그쳤다.

代宗緣廣平王復二京, 梨園供奉官劉日進製〈寶應長寧樂〉十八曲以獻, 皆宮調也. 大曆元年, 又有〈廣平太一樂〉.

대종代宗[52]이 광평왕廣平王일 때 이경二京을 수복했는데 이원의

---

50) 숙종肅宗(李亨, 711~762, 재위 756~762) : 어릴 적 이름은 李嗣升이며 李浚・李璵・李紹라고도 했다. 唐 玄宗의 셋째 아들로 당대 일곱 번째 황제이다. 처음에 陝王・忠王에 봉해졌고 安史의 난 때 天下兵馬大元帥가 되어 난의 평정을 주도했으며 현종이 촉으로 피난갈 때 북쪽 靈武로 가 제위에 올랐다. 郭子儀・李光弼에게 명해 안사의 반군을 토벌하게 했고 757년 長安・洛陽을 수복했다. 諡號는 文明武德大聖大宣孝皇帝, 廟號는 肅宗이며 建陵에 모셔졌다.

51) 덕종德宗(李适, 742~805, 재위 779~805) : 代宗의 아들로 당대 아홉 번째 황제이다. 처음에 奉節郡王으로 봉해졌으며 762년 天下兵馬元帥가 되었고 魯王・雍王에 봉해졌다. 즉위 초 환관의 정치 관여를 금지하고 兩稅法을 실시하는 등, 개혁정치를 시도했으며 재위기간, 回紇・南詔와 연합해 吐蕃을 치는 등 대외관계의 안정에 힘썼다. 諡號는 神武孝文皇帝, 廟號는 德宗이고 崇陵에 모셔졌다.

52) 대종代宗(李豫, 727~779, 재위 762~779) : 어릴 적 이름은 李俶이고, 肅宗의 아들이며 당대 여덟 번째 황제이다. 처음에 廣平王에 봉해졌으며 肅宗 즉위 후 天下兵馬大元帥를 맡아 長安・洛陽을 수복했고 楚王・成

공봉관供奉官 유일진劉日進이 〈보응장녕악寶應長寧樂〉 18곡을 지어 바쳤으며 모두 궁조였다. 대력大曆 원년53)에는 또 〈광평태일악廣平太一樂〉이 있었다.

〈涼州曲〉, 本西涼所獻也, 其聲本宮調, 有大遍·小遍. 貞元初, 樂工康崑崙寓其聲於琵琶, 奏於玉宸殿, 因號玉宸宮調, 合諸樂, 則用黃鍾宮.

〈양주곡涼州曲〉은 본래 서량西涼에서 바친 것이다. 그 소리는 본래 궁조로, 대편大遍·소편小遍이 있다. 정원貞元54) 초에 악공 강곤륜康崑崙이 비파에 그 소리를 맞춰 옥신전玉宸殿에서 연주했으므로 〈옥신궁조玉宸宮調〉라 불렀는데 여러 악을 합주할 때에는 황종궁黃鍾宮을 썼다.

其後方鎮多製樂舞以獻. 河東節度使馬燧獻〈定難曲〉. 昭義軍節度使王虔休以德宗誕辰未有大樂, 乃作〈繼天誕聖樂〉, 以宮爲調, 帝因作〈中和樂舞〉. 山南節度使于頔又獻〈順聖樂〉, 曲將半,

---

王에 봉해졌다. 762년, 환관 李輔國 등에 의해 황제로 옹립되었으며 안사의 난을 평정했다. 763년, 吐蕃이 長安을 침공했을 때 郭子儀를 기용해 격파했으며 권신 李輔國·魚朝恩, 재상 袁載 등을 주살하고 사회안정에 힘썼다. 諡號는 睿文孝武皇帝, 廟號는 代宗이라 했으며 元陵에 모셔졌다.

53) 대력大曆 : 唐 代宗때의 연호. (766.11~779.12) 唐 德宗 즉위 후 그해 말까지 연용되었다.

54) 정원貞元 : 唐 德宗 때의 연호. (785.1~805.8) 建中(780-783), 興元(784)에 이은 세 번째 연호이다.

而行綴皆伏, 一人舞於中, 又令女伎爲佾舞, 雄健壯妙, 號孫武順
聖樂.

후에 번진에서 악무를 지어 바치는 일이 많았다. 하동절도사河東
節度使 마수馬燧55)가 〈정난곡定難曲〉을 바쳤고 소의군절도사昭義軍
節度使 왕건휴王虔休56)가 덕종德宗 탄신일에 대악大樂이 없다 하여
〈계천탄성악繼天誕聖樂〉을 지었는데 궁宮으로 조調를 삼았다. 이에
황제가 〈중화악무中和樂舞〉를 지었다. 산남절도사山南節度使 우적于
頔57)이 또 〈순성악順聖樂〉을 바쳤는데 곡이 중간쯤 되자 행렬이 연
이어 모두 엎드리고 한 사람만이 그중에서 춤을 추었다. 또 여기女
伎에게 일무佾舞를 추도록 했는데 웅장하고 아름다웠으며 〈손무순
성악孫武順聖樂〉이라 불렀다.

55) 마수馬燧(726~795) : 字는 洵美, 汝州 郏城縣(河南省 平頂山市 郏縣)
　　사람으로, 병법에 능했다. 河陽三城節度使·河東節度使를 지냈고 785년,
　　李懷光을 패배시키고 河中府를 평정했다. 병사한 뒤 太尉가 추증되었다.
56) 왕건휴王虔休(738~799) : 본명은 王延貴이고 字는 君佐, 汝州 梁縣 사람
　　으로, 唐 代宗때에 澤潞節度使 李抱眞에게 발탁되어 전공을 세웠고 昭
　　義軍(소의는 澤潞, 즉 현재 山西 晉城·長治 지역)의 동란을 진압했다.
　　唐 德宗때에는 昭義節度使가 되었으며 사후 尚書左仆射가 추증되었다.
　　음률에 밝아 太常寺의 악공 劉玠와 〈繼天誕聖樂〉을 지어 德宗에게 바쳤
　　고 德宗은 이에 근거해 〈中和樂舞〉를 지었다.
57) 우적于頔(?~818) : 字는 允元이고 河南 洛陽 사람으로, 선비족이었다. 湖
　　州刺史·蘇州刺史·大理卿·陝虢觀察使 등을 지냈는데 무도하고 횡포
　　했으나 士人을 잘 대우했으며 韓愈도 그에게 도움을 청한 바 있다고 한
　　다. 憲宗 즉위 후 아들을 永昌公主와 결혼시켰고 재상에 올랐으나 아들
　　于敏이 사람을 죽인 일로 폄관되어 太子賓客이 되었다. 815년 吳元濟의
　　반란때 조정에 토벌 자금을 바치려 했으나 헌종이 받지 않았다고 한다.

文宗好雅樂, 詔太常卿馮定采開元雅樂製雲韶法曲及霓裳羽衣舞曲. 雲韶樂有玉磬四虡, 琴·瑟·筑·簫·篪·籥·跋膝·笙·竽皆一, 登歌四人, 分立堂上下, 童子五人, 繡衣執金蓮花以導, 舞者三百人, 階下設錦筵, 遇內宴乃奏. 謂大臣曰: "笙磬同音, 沈吟忘味, 不圖爲樂至於斯也." 自是臣下功高者, 輒賜之. 樂成, 改法曲爲〈仙韶曲〉. 會昌初, 宰相李德裕命樂工製〈萬斯年〉曲以獻.

문종文宗58)은 아악雅樂을 좋아해 태상경太常卿 풍정馮定에게 개원開元 연간의 아악雅樂을 써서 〈운소법곡雲韶法曲〉 및 〈예상우의무곡霓裳羽衣舞曲〉을 짓도록 명했다. 〈운소악雲韶樂〉에는 옥경玉磬 4거虡와 금琴·슬瑟·축筑·소簫·지篪·약籥·발슬跋膝·생笙·우竽를 연주하는 자가 각각 한 명, 등가登歌59)를 맡은 이가 네 명 있었는데 이들이 당의 위아래에 나누어 서면 다섯 동자童子가 수놓은 옷에 금련화金蓮花를 들고 인도했다. 춤추는 자는 3백 명으로 섬돌 아래 비단 연석을 펼쳐놓고 궁내 연회가 있을 때 연주했다. 문종文宗이 대신들에게 말하길, "생笙과 경磬의 소리가 어우러져60) 깊이 음미하다

---

58) 문종文宗(李昂, 809~840, 재위 826~840) : 원명은 李涵으로 穆宗의 둘째 아들이며 당의 열네 번째 황제이다. 처음에 江王에 봉해졌고 18세에 즉위한 후 3천 궁녀를 내보내고 五坊의 鷹犬을 풀어주며 관원 수를 효율적으로 줄이는 등 개혁책을 폈다. 그러나 환관세력을 없애려다 실패해 연금되었고 31세에 요절했다. 諡號는 元聖昭獻孝皇帝, 廟號는 文宗이다.

59) 등가登歌 : 祭典이나 大朝會 때에 당에 올라 연주하고 노래하는 것, 또는 그때 부른 노래나 연주한 악기를 가리킨다.

60) 『詩經』 「小雅·鼓鐘」에 "비파 뜯고 거문고 타고, 생황과 경이 소리가 같으니鼓瑟鼓琴, 笙磬同音"라는 구절이 보이는데, 소리가 어우러져 조화로운 것을 의미한다.

가 음식 맛조차 잊으니 그 즐거움이 이런 경지에 이를 줄은 몰랐다!"고 하였다. 이로부터 신하 중 공이 높은 자가 있으면 곧 이 음악을 내렸다. 음악이 완성된 후, 법곡法曲을 〈선소곡仙韶曲〉으로 고쳤다. 회창會昌[61] 초初에 재상宰相 이덕유李德裕[62]가 악공에게 〈만사년곡萬斯年曲〉을 만들도록 해 바쳤다.

大中初, 太常樂工五千餘人, 俗樂一千五百餘人. 宣宗每宴群臣, 備百戲. 帝製新曲, 敎女伶數十百人, 衣珠翠緹繡, 連袂而歌, 其樂有播皇猷之曲, 舞者高冠方履, 褒衣博帶, 趨走俯仰, 中於規矩. 又有蔥嶺西曲, 士女踏歌爲隊, 其詞言蔥嶺之民樂河·湟故地歸唐也.

대중大中[63] 초初에, 태상시太常寺의 악공은 오천여 명이었고 속악俗樂은 천 오백여 명이었다. 선종宣宗[64]은 군신들과 연회할 때마다

61) 회창會昌 : 당 武宗(李炎, 재위 841~846)때의 연호(841~846).

62) 이덕유李德裕(787~850) : 字는 文饒이고 趙郡贊皇(오늘날의 河北省 贊皇縣) 사람으로, 翰林學士·中書舍人·鄭滑節度使·西川節度使·兵部尚書·鎭海節度使·淮南節度使 등을 역임했다. 憲宗·穆宗·敬宗·文宗대를 지나며 牛李당쟁으로 인해 배척당했으나 武宗대에는 5년간 재상지위에 있었다. 回紇을 물리치고 澤潞지역을 평정하는 등 공을 세워 趙國公에 봉해졌다. 宣宗 즉위 후에는 崖州司戶로 폄적되었으며 사후 懿宗때에 복위되고 尙書左仆射가 추증되었다.

63) 대중大中 : 당 宣宗때의 연호. (847~859)

64) 선종宣宗(李忱, 810~859, 재위 846~859) : 원명은 李怡로, 憲宗의 열세번째 아들이다. 821년 光王이 되었고 武宗이 죽자 환관 馬元贄 등에 의해 황제로 옹립되었다. 재위시 종실과 환관세력을 잘 제어했고 吐蕃을

백희百戲를 갖추었으며 새로운 곡을 지어 수십에서 백여 명의 여령
女伶에게 가르쳤는데 구슬과 물총새깃으로 꾸민 수놓은 붉은 비단
옷을 입고 서로 소매를 잇대고 노래하였다. 악곡으로는 〈파황유播皇
猷〉곡이 있다. 춤추는 자들은 높은 관을 쓰고 네모난 신발을 신고
품이 넓은 옷에 넉넉한 띠를 두른 채, 고개를 숙였다 들었다 하며
앞으로 나아가는데 법도에 맞았다. 또 〈총령서곡蔥嶺西曲〉이라는 것
이 있어 사녀士女들이 대형隊形을 이루어 발을 구르며 노래하는데
그 가사는 황하와 황수湟水65)의 옛 땅이 당나라로 귀속된 것을 총령
蔥嶺66)의 백성들이 즐거워하는 내용이었다.

咸通間, 諸王多習音聲·倡優雜戲, 天子幸其院, 則迎駕奏樂.
是時, 藩鎮稍復舞〈破陣樂〉, 然舞者衣畫甲, 執旗旆, 纔十人而已.
蓋唐之盛時, 樂曲所傳, 至其末年, 往往亡缺.

함통咸通67)연간에 여러 왕들 대부분이 음악과 창우倡優의 잡희雜

격파하고 安南을 평정하는 등 변경을 안정시켰으며 '大中之治'라 불리는
중흥기를 이끌었다. 859년 장생약을 잘못 복용해 죽었다. 諡號를 聖武獻
文孝皇帝, 廟號를 宣宗이라 했으며 貞陵에 모셔졌다.

65) 황수湟水 : 황하 상류의 지류로 靑海省 동북부, 甘肅省 蘭州市 서부를
거쳐 황하로 유입되며 이 지역에 청해성 인구의 약 60%가 거주하고 있어
청해의 '母親河'로 불린다. 길이는 374km이다.

66) 총령蔥嶺 : 파미르(페르시아어로 '평평한 지붕'이라는 뜻)고원을 말한다.
타지키스탄 동남부, 아프가니스탄 동북부, 중국 신강의 서남부에 걸쳐 있
으며 실크로드가 지나는 곳이었다. 평균 해발 4500m 이상이고 주요 봉우
리는 6천m 이상이다.

67) 함통咸通 : 당 懿宗(李漼, 833-873, 재위 859~873) 때의 연호(860~874).

戲를 배웠는데 천자가 왕부에 행차하면 어가를 맞이하며 음악을 연주했다. 이때 번진藩鎭에서는 점차 〈파진악破陣樂〉을 다시 춤추기 시작했는데 화갑畫甲을 입고 기패旗旆를 들고 춤추는 이가 열 명에 불과했다. 아마도 당나라의 성세에 전해지던 악곡이 말년에 이르러 종종 망실되거나 결여되었기 때문일 것이다.

周·隋與北齊·陳接壤, 故歌舞雜有四方之樂. 至唐, 東夷樂有高麗·百濟, 北狄有鮮卑·吐谷渾·部落稽, 南蠻有扶南·天竺·南詔·驃國, 西戎有高昌·龜玆·疏勒·康國·安國, 凡十四國之樂, 而八國之伎, 列於十部樂.

북주北周와 수隋나라, 북제北齊와 진陳나라는 경계가 인접해 있어 가무에 사방의 음악이 섞여 있었다. 당唐나라 때에는 동이악東夷樂으로 고구려高句麗68) · 백제百濟악이 있었고, 북적北狄악으로 선비鮮卑·토곡혼吐谷渾·부락계部落稽악이 있었으며, 남만南蠻악으로 부남扶南·천축天竺·남조南詔·표국驃國악이 있었고, 서융西戎악으로는 고창高昌·구자龜玆·소륵疏勒·강국康國·안국安國이 있어 총 14개국의 음악이 있었고 8국의 기예가 십부악十部樂에 들어가 있었다.

中宗時, 百濟樂工人亡散, 岐王爲太常卿, 復奏置之, 然音伎多

---

68) 원문에는 高麗로 되어 있는데 高句麗(기원전 37~668)를 말한다. 고구려 장수왕 이후(약 435) 고려라고도 불렸으며 『三國遺事』·『三國史記』 등 우리의 기록과 『南齊書』·『周書』·『隋書』·『唐書』와 『日本書紀』 등 중국과 일본의 기록에도 고려로 기록된 것이 보인다.

闕. 舞者二人, 紫大袖裙襦·章甫冠·衣履〔一〕69). 樂有箏·笛·桃皮篳篥·箜篌·歌而已.

중종中宗 때, 백제악百濟樂의 악공이 흩어져버렸고 기왕岐王이 태상경太常卿이 되자 다시 상주하여 설치하게 했는데70) 음기音技71)가 많이 빠져 있었다. 춤추는 자는 두 명인데 자줏빛 큰 소매의 치마저고리를 입고 장포관章甫冠을 쓰고 신발을 신었다. 남아있는 음악은 쟁箏·적笛·도피필율桃皮篳篥·공후箜篌·가창뿐이었다.

北狄樂皆馬上之聲, 自漢後以爲鼓吹, 亦軍中樂, 馬上奏之, 故隷鼓吹署. 後魏樂府初有〈北歌〉, 亦曰〈眞人歌〉, 都代時, 命宮人朝夕歌之. 周·隋始與西涼樂雜奏. 至唐存者五十三章, 而名可解者六章而已. 一曰〈慕容可汗〉, 二曰〈吐谷渾〉, 三曰〈部落稽〉, 四曰〈鉅鹿公主〉, 五曰〈白淨王〉, 六曰〈太子企喻〉也. 其餘辭多可汗之稱, 蓋燕·魏之際鮮卑歌也. 隋鼓吹有其曲而不同. 貞觀中, 將軍侯貴昌, 幷州人, 世傳北歌, 詔隷太樂, 然譯者不能通, 歲久不可辨矣. 金吾所掌有大角, 卽魏之'簸邏回', 工人謂之角手, 以備鼓吹.

북적악北狄樂은 모두 말 위에서 연주하는 것인데 한나라 이후 고

---

69) [교감기 1] "章甫冠衣履" 중 '衣履'는『舊書』권29「音樂志」·『文獻通考』권148에 모두 '皮履'로 되어 있다.

70) 中宗의 재위 기간(683~684/705~710), 岐王(李範, 686~726, 현종의 동생)의 생몰년을 고려했을 때 백제(기원전 18~660) 멸망 후, 백제악이 몇십년간 흩어졌다가 다시 복원되었음을 알 수 있다.

71) 음기音技 : 거문고·피리 등을 연주하는 사람을 말한다.『後漢書·蔡邕傳贊』"苑囿典文, 流悦音伎." 李賢 注 "音技謂鼓琴吹笛之屬也."

취악鼓吹樂으로 썼으며 또한 군중軍中의 음악으로 말 위에서 연주했으므로 고취서鼓吹署에 예속되었다. 후위後魏의 악부樂府에는 처음에 〈북가北歌〉가 있었는데 〈진인가眞人歌〉라고도 했다. 대대代지역에 도읍했을 때 궁인들에게 명해 아침저녁으로 노래하게 했으며 북주와 수나라 때에 처음 서량악西涼樂과 섞어 연주했다. 당나라에 이르러 53장이 남았는데 이름을 해석할 수 있는 것은 여섯 장章뿐으로, 〈모용가한慕容可汗〉〈토욕혼吐谷渾〉〈부락계部落稽〉〈거록공주鉅鹿公主〉〈백정왕白淨王〉〈태자기유太子企喩〉가 그것이다. 나머지 노래에는 가한可汗의 칭호가 많은데 대개 연燕나라와 후위後魏 때 선비족의 노래이다. 수隋나라 고취鼓吹악에도 그 곡들이 있으나 이와는 다르다. 정관貞觀[72] 연간의 장군 후귀창侯貴昌[73]은 병주并州 사람인데 대대로 그의 〈북가北歌〉가 전한다. 황제가 조서를 내려 태악太樂에 예속시켰으나 선비어를 통역하는 자들도 이해하지 못했고 세월도 오래되어 판별할 수 없게 되었다.[74] 금오金吾에서 관장하던 것으로

---

72) 정관貞觀 : 唐 太宗(李世民, 599~649, 재위 626~649) 때의 연호.(627~649)

73) 후귀창侯貴昌 : 송대 王灼의 『碧雞漫志』권1에는 이구년·하만·염노 등과 함께 당대의 노래 잘하는 사람으로 기록되어 있다. "唐時男有陳不謙·謙子意奴·高玲瓏·長孫元忠·侯貴昌·韋青·李龜年·米嘉榮·李袞·何戡·田順郎·何滿·郝三寶·黎可及·柳恭. 女有穆氏·方等·念奴·張紅紅·張好好·金谷里葉·永新娘·御史娘·柳青娘·謝阿蠻·胡二姉·寵姐·盛小叢·樊素·唐有態·李山奴, 任智方四女, 洞雲."

74) 『文献通考』에 다음과 같은 설명이 있다 : "당 개원연간에 歌公 장손원충의 조부가 일찍이 장군 후귀창으로부터 〈북가〉를 전수 받은 바 있다. 정관연간에 귀창에게 명하여 그 소리를 악부에서 가르치게 하였는데, (선비어를) 통역하는 사람 또한 그 가사를 이해하지 못하였으니, 대개 세월이 오

대각大角이 있는데 이는 곧 위魏나라의 '파라회簸邏回'75)로, 그 악공을 각수角手라 불렀으며 이를 고취악에 갖추어 넣었다.

南蠻·北狄俗斷髮, 故舞者以繩圍首約髮. 有新聲自河西至者, 號胡音, 龜茲散樂皆爲之少息.

남만南蠻과 북적北狄은 머리를 자르는 습속이 있으므로 춤추는 자들은 끈으로 머리를 둘러 묶었다. 하서河西로부터 온 신성新聲은 호음胡音이라 불렀는데 이로 인해 구자산악龜茲散樂은 잠시 쓰이지 않게 되었다.

扶南樂, 舞者二人, 以朝霞爲衣, 赤皮鞋. 天竺伎能自斷手足, 刺腸胃, 高宗惡其驚俗, 詔不令入中國. 睿宗時, 婆羅門國獻人倒行以足舞, 仰植銛刀, 俯身就鋒, 歷臉下, 復植於背, 觱篥者立腹上, 終曲而不傷. 又伏伸其手, 二人躡之, 周旋百轉. 開元初, 其樂猶與四夷樂同列.

부남악扶南樂은 춤추는 이가 두 명으로 조하朝霞 무늬의 옷을 해 입고 적피혜赤皮鞋를 신었다. 천축기天竺伎는 스스로 수족을 자르고,

---

래되어 그 진짜 뜻을 잃어버린 것이다.唐開元中, 歌工長孫元忠之祖, 嘗授北歌於侯將軍貴昌. 貞觀中, 詔貴昌以其聲敎樂府, 能譯者亦不能通知其詞, 蓋年歲久遠, 失其眞矣."

75) 파라회簸邏回 : 악기명으로 大角이라고도 하며 北魏의 가곡명이기도 하다.『舊唐書』「音樂志」2 "按今大角, 此即後魏世所謂簸羅回者是也, 其曲亦多可汗之辭."

내장을 찌를 수 있었는데 고종高宗[76])이 그 경악할 만한 습속을 싫어해 중국에 들어오지 못하도록 조서를 내렸다. 예종睿宗[77]) 때에 바라문국婆羅門國에서 예인을 진상했는데, 거꾸로 서서 발로 춤을 추었다. 예리한 칼을 위로 향해 꽂아 놓고 몸을 굽혀 칼끝으로 다가가 얼굴을 스쳐 내려간 뒤, 다시 등쪽에 꽂고 필률觱篥을 부는 자를 배 위에 서도록 했는데 곡 연주가 끝나도록 다치지 않았다. 또 엎드린 채 손을 뻗고 두 사람이 그것을 밟고서 빙빙 수없이 돌았다. 개원開元 초에 그 음악을 사이四夷의 음악과 동렬에 두었다.

貞元中, 南詔異牟尋遣使詣劍南西川節度使韋皐, 言欲獻夷中歌曲, 且令驃國進樂. 皐乃作南詔奉聖樂, 用黃鍾之均, 舞六成, 工六十四人, 贊引二人, 序曲二十八疊, 執羽而舞'南詔奉聖樂'字,

---

76) 唐 高宗(李治, 628~683, 재위 649~683) : 字는 爲善으로 太宗의 아홉 번째 아들이며 唐의 세 번째 황제이다. 631년, 晉王에 봉해졌고 649년 제위에 오른 뒤, 태종의 유업을 이어 '永徽之治'를 이루었으며 西突厥을 멸하는 등, 영토확장에도 힘썼다. 그러나 건강상의 문제로 점차 武則天에게 의지하게 되었다. 諡號는 天皇大帝, 廟號는 高宗이며 乾陵에 모셔졌다. 후에 天皇大聖皇帝, 天皇大聖大弘孝皇帝의 시호가 더해졌다.

77) 唐 睿宗(李旦, 662~716, 재위 684~690/710~712) : 초명은 李旭輪·李輪·武輪으로 당의 다섯 번째 황제이며 高宗의 여덟 번째 아들(武則天의 네 번째 아들)이다. 殷王·冀王·相王·豫王에 봉해졌고 684년 제위에 오른 뒤 武則天의 수렴청정을 받았다. 武周 건립 후에는 相王이 되어 구금되었다가 710년 平王 李隆基가 太平公主와 연합해 일으킨 唐隆政變후에 다시 황제가 되었다. 이후 皇太子 李隆基와 갈등을 빚다가 712년 제위를 선양하고 太上皇으로 물러났다. 諡號를 玄眞大聖大興孝皇帝, 廟號를 睿宗이라 했으며 橋陵에 모셔졌다.

曲將終, 雷鼓作於四隅, 舞者皆拜, 金聲作而起, 執羽稽首, 以象朝覲. 每拜跪, 節以鉦鼓. 又爲五均：一曰黃鍾, 宮之宮；二曰太蔟, 商之宮；三曰姑洗, 角之宮；四曰林鍾, 徵之宮；五曰南呂, 羽之宮. 其文義繁雜, 不足復紀. 德宗閱於麟德殿, 以授太常工人, 自是殿庭宴則立奏, 宮中則坐奏.

  정원貞元 연간에, 남조南詔[78]의 국왕 이모심異牟尋이 검남서천절도사劍南西川節度使 위고韋皐[79]에게 사신을 보내 이역 땅의 가곡을 바치고 싶다고 했고 표국驃國[80]에 명해 음악을 진상하도록 하였다.

---

78) 남조南詔 : 雲南지역에 있었던 나라 이름(738~902)으로, 蒙舍부락의 皮羅閣이 세웠다. 隋末 唐初에 걸쳐 洱海지역에 6개의 소국이 있어 6詔라 불렸는데 그중 蒙舍詔가 가장 남쪽에 있어 南詔라 했으며 당의 지원하에 5조를 멸하고 洱海지구를 통일했다. 794년, 異牟尋이 당조에 의해 南詔王으로 봉해졌으며 남조외에 鶴拓·龍尾·苴咩·陽劍 등으로도 불렸고 大蒙·大禮·南詔·大封民 등 여러 차례 국호가 바뀌었다.

79) 위고韋皐(745~805) : 字는 城武이고 京兆府 萬年縣(현재 陝西省 西安市) 사람으로 唐 代宗때에 建陵挽郎·華州參軍·殿中侍御史 등을 지냈으며 涇原兵變이 일어났을 때 반군에 맞서 싸웠다. 德宗때 奉義節度使·左金吾衛大將軍·劍南西川節度使가 되었으며 同平章事·中書令·檢校太尉 등을 역임했고 南康郡王에 봉해져 '韋南康'으로 불리었다. 21년간 蜀지역을 다스리면서 南詔·東蠻과 연합해 吐蕃을 치는 등 서남변경의 안정을 꾀하고 남방 실크로드를 재개해 남쪽 국가들과의 교류에 기여했다. 諡號를 忠武라 했다.

80) 표국驃國 : 이라와띠강(伊洛瓦底江, 미얀마 남북을 흐르는 강)유역에 세워진 불교국가(220~832)로, 雲南 騰冲서쪽에서 미얀마 북쪽에 이르는 지역에 위치했다. 중국역사서에 志가 기록되어 있으며 魏晉시기 기록에는 剽·僄·縹·漂越 등으로 표기되었다. 문화가 발달하고 음악이 성했으며 801년 표국왕 雍羌이 아들 舒難陀를 보내 음악을 바쳤다. 832년에 남조

이에 위고는 〈남조봉성악南詔奉聖樂〉을 지었는데 황종黃鍾의 균均을 쓰고 여섯 곡의 춤을 추었으며, 악공은 64명이고 찬인贊引은 두 명, 서곡序曲은 28첩疊이었다. 깃털을 들고 '남조봉성악南詔奉聖樂'이라는 글자 모양으로 춤을 추었는데 곡이 끝날 무렵, 네 모퉁이에서 둥둥 북을 울리자 춤추던 자들이 모두 절을 하고, 금속 악기가 울리자 일어났으며 깃털을 든 이들이 머리를 조아림으로써 황제를 알현함을 상징했다. 무릇 꿇고 절할 때마다 징과 북으로 절주를 맞추었다. 또 5균을 썼는데 황종黃鍾은 궁음을 궁으로 삼고, 태주太簇는 상商음을 궁으로 삼고, 고선姑洗은 각角음을 궁으로 삼고, 임종林鍾은 치徵음을 궁으로 삼고, 남려南呂는 우羽음을 궁조로 삼았다. 그 문의文義는 번잡하여 다시 기록할 만하지 못하다. 덕종德宗이 인덕전麟德殿에서 관람하고 태상악공들에게 전수하니, 이로부터 전정연殿庭宴에서는 서서 연주하고 궁중에서는 앉아서 연주하게 되었다.

十七年, 驃國王雍羌遣弟悉利移·城王舒難陀獻其國樂, 至成都, 韋皋復譜次其聲, 又圖其舞容·樂器以獻. 凡工器二十有二, 其音八：金·貝·絲·竹·匏·革·牙·角, 大抵皆夷狄之器, 其聲曲不隷於有司, 故無足采云.

17년, 표국왕驃國王 옹강雍羌이 동생 실리이悉利移와 성주城主 서난타舒難陀를 보내 그 나라의 음악을 바쳤다. 성도成都에 이르러 위고韋皋가 다시 그 소리를 악보로 적고 춤추는 모습과 악기를 그림으로 그려 바쳤다. 연주하는 악공은 모두 스물 두 명이고 그 악기의

에 의해 멸망했다.

음은 금金·패貝·사絲·죽竹·포匏·혁革·아牙·각角의 여덟 종류로
대부분 이적夷狄의 악기였는데 그 소리와 곡조는 유관부문에 귀속
되지 않았으므로 채록할 만하지 못하다.[81]

81) 『舊唐書』에 驃國에서 악곡 12곡과 악공 35인을 바쳤다고 기록했는데 白
居易의 〈驃國樂〉시에는 舒難陀가 바친 驃國樂을 德宗이 귀 기울여 들
었다는 것과 그 악기연주와 춤추는 모습이 상세히 묘사되어 있다. 표국이
음악을 바친 것은 천자의 감화가 이족에게까지 미쳐 천하가 태평하게 된
결과라고 여기는데 白居易는 늙은 농부의 입을 통해 "사람을 감화시키는
것은 가까운 데 있지 멀리 있는 게 아니고, 태평성대는 실질적인 것에서
오는 것이지 음악소리에서 오는 게 아니며 … 백성들이 무병하다면 표국
의 음악이 이르지 않아도 군주는 성명한 것이다. 표국의 음악은 떠들썩하
기만 하니, 초부의 말을 듣는 게 낫겠다.感人在近不在遠, 太平由實非
由聲. … 貞元之民苟無病, 驃樂不來君亦聖. 驃樂驃樂徒喧喧, 不如聞
此芻蕘言."라고 했다. 劉藍 輯著, 354-355쪽.

의위지

신당서 「의위지」 해제

1. 『신당서』 「의위지」의 구성과 체제

『신당서』에서는 처음으로 황제나 황후 등의 의장 내용을 「의위지」로 독립하여 서술하였다. 『신당서』에서는 특히 지志를 중시하여 『구당서』에 없는 「선거지選擧志」, 「병지兵志」 등을 새롭게 구성하였는데, 「의위지」 또한 그중 하나다. 『신당서』 이후 『송사』, 『요사』, 『금사』, 『원사』, 『명사』 등에서도 대개 이를 따라 「선거지」, 「병지」, 「의위지」를 편입하였다.

『신당서』 「의위지」에서는 황제나 황후, 황태자 등이 의례에 참석할 때 진행되는 의장儀仗을 소개하고 있는데, 『신당서』 이전까지는 이 내용이 「예의지」, 「음악지」, 「여복지」 등에 포함되어 있었다. 특히 황제의 행차 목적에 따라 달리 사용되었던 오로제도五輅制度, 노부鹵簿의 구성 및 황후·구빈·외명부·공주·황태자 등의 수레나 복식에 대하여는 「여복지」나 「거복지」에서 소개하고 있었다.

중국 정사에서 지志의 편재는 시대에 따라 변화가 있었는데, 예악 관련 지를 보더라도 『사기』에서의 「예서」와 「악서」가 『한서』에서는 「예악지」로 통합되고 「교사지」가 새롭게 추가되었으며, 『후한서』에서는 「예의지」, 「제사지」에 「여복지」가 추가되었다. 시대가 흐름에 따라서 예악관련 지가 추가되었다는 사실은 시간이 흐를수록 예악

문화가 세분되었음을 반영한 것이다. 『후한서』 이후에 등장하였던 「여복지」가 복식의 발전과 수레 제작 기술의 진전 과정을 보여주는 것처럼, 『신당서』에서 「의위지」를 독립하여 서술한 까닭에 대하여 주목하여 볼 필요가 있다.

『신당서』「의위지」는 상하 2권으로 구성되어 있다. 상권에서는 황제에 대한 의장을 서술하였다. 「의위지」의 내용을 통틀어 황제에 대한 의장은 가장 웅장하고 화려한 모양을 갖추었는데, 황제의 경우는 궁에 머물고 있을 때의 의장과 행차할 때의 의장을 나누어 서술하였다. "천자가 머무는 것을 '아衙'라고 하고, 행차하는 것을 '가駕'라고 한다"는 서술에서 알 수 있듯이 황제가 궁궐에 머물며 행해지는 모든 행사에 의장을 펼치고, 또 황제가 나아가는 모든 행차에 의장을 갖추었다. '아衙'의 경우에는 상시 조회朝會, 원일元日과 동지冬至의 대조회大朝會 및 번국蕃國의 왕을 접견할 때 의례 등으로 나뉘어 서술하였으며, 각각 갖추어야 하는 의장을 서술하였다. '가駕'의 경우에는 대가노부의 구성을 도열의 순서에 따라 서술하였다.

하권에서는 태황태후·황태후·황후의 출행 의장, 황태자의 출행 의장, 황태자비 노부鹵簿, 친왕 노부, 1품관의 노부, 2품~4품관의 노부, 내명부內命婦·부인夫人의 노부, 빈嬪, 외명부外命婦1~2품의 노부, 첩여·미인·재인과 태자양제太子良娣·양원良媛·승휘承徽·외명부 3품, 외명부 4품의 행차 의장을 서술하고 있다. 또 하권의 말미에는 대가, 법가, 소가 노부의 고취대 구성과 고취대가 연주하는 악장에 관하여 서술하였다.

136

2. 『신당서』 「의위지」의 내용

『신당서』 「의위지」의 내용을 보면 「여복지」나 「거복지」와는 서술의 목적이 다르다는 점이 분명히 드러난다. 「여복지」나 「거복지」가 수레와 복식제도의 종류와 형식에 관하여 서술하였다면, 「의위지」에서는 의례 시 수레와 복식뿐만 아니라 진열되는 각종 기물, 동원되는 인원의 규모를 상세히 서술하여 의장대의 호위를 받는 황제나 황후 등의 위상을 여실히 보여준다. 「의위지」에서는 수백 명 혹은 수천 명에 이르는 의장대의 장엄함을 서술함으로써 호위를 받는 자의 위상을 드러내려는 목적에서 서술하였다.

예를 들어 황제를 호위하기 위한 대규모의 의장대는 여러 위衛에서 동원되는데 좌우위左右衛, 친위親衛, 훈위勳衛, 익위翊衛가 그 대상이 된다. 의례가 행해지는 장소나 위치에 따라서 각 위에서 동원되는 의장대의 인원은 수십 명에서 수백 명에 이른다. 이들은 모두 서로 구별되는 복식을 갖추어 입고, 장극長戟·의황儀鍠·대삭大槊·소극小戟·도刀·순楯과 같은 병기로 무장하며, 각 의장대에 해당하는 깃발을 세운다.

의장대는 또 세우는 깃발에 따라서 황휘장黃麾仗, 황기장黃旗仗, 적기장赤旗仗, 백기장白旗仗, 흑기장黑旗仗, 청기장靑旗仗으로 구분되는데, 담당하는 위를 조합하여 좌우위황기장左右衛黃旗仗, 좌우효위적기장左右驍衛赤旗仗, 좌우무위백기장左右武衛白旗仗, 좌우위위흑기장左右威衛黑旗仗 등으로 나뉜다. 무장한 병기의 종류에 따라서 수장대殳仗隊·보갑대步甲隊도 있었으며, 좌우금오위左右金吾衛가 담당하였던 벽사기대辟邪旗隊도 있었다. 의장대들은 각 위의 장군이나 과의도위果毅都尉, 절충도위折衝都尉 등이 통솔하였다.

또한 「의위지」에는 조회 시에 정전에 설치되는 각종 기물에 관해 "정전에 보의黼扆·섭석躡席·훈로熏爐·향안香案을 설치한다"라고 서술하고 있다. 그리고 조회가 진행되는 과정에 관해서도 "어사대부는 속관을 거느리고 전의 서쪽 행각으로 나아가고, 따르는 관속들은 주색 상의를 입고 크게 소리치며 백관의 도열을 재촉하며, 문무관은 양관兩觀에 도열한다. 감찰어사 2인은 조당朝堂의 동서 전도甎道에 서서 황제가 임하기를 기다린다"라고 상세히 서술하였다.

조회에 참석하는 관료의 동선에 관하여도 "통건문通乾門과 관상문觀象門의 남쪽에 순서대로 도열하는데, 무반은 문반의 뒤에 도열한다. 선정문宣政門을 들어갈 때는 문반은 동문으로 들어가고 무반은 서문으로 들어가며, 합문을 들어갈 때도 역시 같다"라는 식으로 마치 이동하는 관료와 함께 움직이는 것과 같은 효과를 보여준다.

마찬가지로 황제의 출행 절차에 관해서도 '대가노부'의 절차를 통해 상세히 기록하여 두었다. 출행 전 태악령太樂令의 준비과정부터 행차 당일 황제와 관료들의 출발과정, 황제의 어가를 호위하는 의장대의 출행 순서 등이 자세히 소개되어 있다. 특히 출행에 동원된 의장대에 관하여 서술한 부분은 "다음은 청유의장대다. 이어서 좌우금오위의 대장군 각 1인이 활과 화살, 횡도를 차고 용기龍旗 위치 앞의 주작의장대 등의 의장대를 임시로 담당하며, 각각 2인이 포삭㯇槊을 들고, 좌우에서 말을 타고 시위한다. 이어서 좌우금오위의 과의도위 각 1인이 활과 화살, 횡도를 차고, 협도철갑차비를 통령한다. 이어서 우후차비 48인이 말을 타고 시위하는데 … 협도는 좌우로 나누며, 황휘의장의 대열을 따른다"와 같이 행차의 현장을 생생히 묘사하고 있다. 그 내용을 통해서 당시 군대의 편성과 무관들의 서열을 알 수 있다.

「의위지」하권에서는 태황태후·황태후·황후의 출행 절차와 의장
대의 규모, 황태자의 출행 절차와 의장대의 규모 등에 관하여 서술
하였다. 태황태후·황태후·황후나 황태자의 출행 의장대는 황제만
큼은 아니지만, 역시 대단히 웅장하다. 그 행렬의 참가 인원이나 출
행 순서는 내관內官이나, 여관女官, 동궁 관직의 구조나 위계를 반영
하고 있다.

「의위지」에서 보이는 조회와 같은 궁중 의식은 황실과 관료와 같
은 제한된 인원만이 참석하는 자리였다. 그러므로 「의위지」에서는
조회 의례를 통해서 황제가 지존의 위상을 지녔음을 보여주었다. 조
회 의례에서의 의장대가 군권과 신권의 엄연한 구별을 보여주었다
면, 황제나 황태자 등의 출궁 행차는 일반 백성도 관람하는 것이었으
므로 황실의 위엄과 행차의 웅장함을 보여주는 행사였을 것이다. 더
구나 노부의 구성은 수레의 화려함이나 휘장의 신비함을 보여주는
데 그친 것이 아니다. 각종 병기로 중무장한 의장대의 행렬은 황제라
는 존재에 대한 존경과 두려움을 동시에 느끼게 하였을 것이다. 이처
럼 「의위지」는 단순히 황제나 황후 등의 의전행사만을 소개하는 지
志가 아니라, 황제와 국가의 위상을 과시하는 내용을 담고 있다.

3. 의의와 연구 과제

『신당서』「의위지」를 이해하기 위해서는 당대唐代 황제나 관료의
수레와 복식제도를 알아야 할 뿐만 아니라, 궁궐의 구조, 당의 군사
제도와 군대의 편제, 병기 등을 파악해야 할 것이다. 반대로 말하면
『신당서』「의위지」를 통해서 궁궐의 구조나 군사제도의 면면을 밝힐
수도 있다.

「의위지」에서는 황제, 황후, 황태자 및 1품에서 4품까지의 관료가 각종 국가 의례에 참석할 때 어떤 절차로 행차하는지, 어떤 의장대의 호위를 받는지를 상술하고 있는데, 의례가 행해지는 장소, 의례의 종류에 따라 차이가 있었으므로 우선 궁궐이라는 공간에 대한 이해가 선결되어야 한다. 현재 당의 궁궐구조에 관하여는 복원이 이루어져 있으므로, 그 공간을 이해함으로써 의례의 복원을 시도해 볼 수 있을 것이다. 또한 의장대를 구성하였던 인원은 여러 위衛에서 동원되었으므로, 「의위지」에서 서술하고 있는 의장대의 행차 순서나 구성을 통해서 당의 군사제도나 군대의 편제를 이해할 수 있을 것이다.

또한 기왕에 「여복지」나 「거복지」가 있음에도 불구하고 『신당서』에서 「의위지」를 독립하여 서술한 까닭에 대하여 주목하여 볼 필요가 있다. 「의위지」의 내용을 보면 「의위지」는 「여복지」나 「거복지」와는 전혀 다른 목적으로 서술되었음을 알 수 있다. 「의위지」는 의례나 의례 기물의 개념이나 의미를 밝히기 위해 구상한 것이 아니라, 실제로 행해진 의식의 절차를 상술한 것으로 일종의 의주儀注와 같은 성격을 지니고 있음을 알 수 있다. 따라서 만일 「의위지」의 내용을 재구성하여 실행해 본다면 당시의 의식이나 노부 행차를 그대로 재현해 볼 수도 있다. 그렇다면 『신당서』에서 「의위지」를 설정한 이유가 무엇일까. 알다시피 『신당서』는 송대에 편찬되었는데, 『구당서』에서는 편성하지 않았던 의위儀衛의 전모를 「의위지」로 편입하면서 편찬자들이 말하고자 한 것은 무엇일까. 황제의 지존적 위상을 가시적으로 보여주려는 장치였을까. 『신당서』 이후 정사에서는 「의위지」가 빠지지 않고 입지立志 되었다. 황제와 국가의 위상을 보여주는 생생한 기록으로서 「의위지」가 내내 중시되었던 것으로 보인다.

新唐書卷二十三上
『신당서』 권23상

儀衛上
의위 상

방향숙 역주

唐制, 天子居曰「衙」, 行曰「駕」, 皆有衛有嚴. 羽葆·華蓋·旌旗·罕畢·車馬之衆盛矣, 皆安徐而不譁. 其人君擧動必以扇, 出入則撞鍾, 庭設樂宮, 道路有鹵簿·鼓吹. 禮官百司必備物而後動, 蓋所以爲愼重也. 故愼重則尊嚴, 尊嚴則肅恭. 夫儀衛所以尊君而肅臣, 其聲容文采, 雖非三代之制, 至其盛也, 有足取焉.

당나라의 제도에 의하면 천자가 머무는 것을 '아衙'라고 하고, 행차하는 것을 '가駕'라고 하니, 모두 경위와 계엄을 한다. 우보羽葆[1]·화개華蓋[2]·정기旌旗[3]·한필罕畢[4]·거마車馬 등을 성대하게 갖추

---

1) 우보羽葆 : 새의 깃털을 모아 붙여 장식한 양산 모양의 의장용품이다. 『禮記』「喪大記」에는 "君葬用輴, 四綍二碑, 御棺用羽葆"라 하였는데, 孔穎達 疏에서 "御棺用羽葆者"라 하였다. 1954년 山東省 沂南縣 北寨村에서 발견된 동한시대의 대형 묘에서 발굴된 화상석에 우보의 그림(우측)이 새겨져 있다.

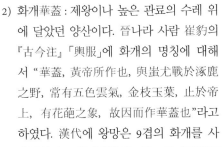

沂南古畫像石墓出土的羽葆畫像

2) 화개華蓋 : 제왕이나 높은 관료의 수레 위에 달았던 양산이다. 晉나라 사람 崔豹의 『古今注』「輿服」에 화개의 명칭에 대해서 "華蓋, 黃帝所作也, 與蚩尤戰於涿鹿之野, 常有五色雲氣, 金枝玉葉, 止於帝上, 有花葩之象, 故因而作華蓋也"라고 하였다. 漢代에 왕망은 9겹의 화개를 사

용하였다고 한다(『漢書』 권99하「王莽傳」"莽乃造華蓋九重, 高八丈一尺, 金瑵羽葆").

3) 정기旌旗 : 旌旂, 旍旂, 旍旗라고도 하며, 일반적으로 깃발의 총칭으로 사

고 편안하게 머물고, 천천히 움직이며 시끄럽지 않다. 군주가 거동할 때에는 반드시 선扇5)을 사용하고, 출입할 때는 종을 치며, 정중에는 궁현악기를 설치하고, 도로에는 노부鹵簿6) 의장대와 고취鼓吹7) 악대가 있었다. 예관과 백관들이 반드시 물자들을 먼저 갖춘 뒤에 이동하였는데, 대개 신중하려고 한 까닭이다. 신중은 곧 존엄하다는 것이고, 존엄은 곧 공경한다는 것이다. 의위를 갖추어 군주를 높이고 신료들을 엄숙하게 하였으며, 그 음악 소리와 의장대의 화려함은 비록 삼대의 제도와 같지는 않았지만, 지극히 성대하였으니 취할 만하다.

용되지만, 군사상의 깃발의 의미일 때가 많다. 『周禮』「春官·司常」에는 "凡軍事, 建旌旗"라고 하였다.

4) 한필罕畢 : 罕罼이라고도 하며, 고대 제왕의 의장용 깃발이다.

5) 선扇 : 바람을 일으키는 부채 모양의 의장용품이다.

6) 노부鹵簿 : 고대에 제왕이 출가할 때 따르는 의장대로 출행의 목적에 따라 의식에서 구별이 있었다. 漢 이후에는 后妃, 太子, 王公大臣에게, 唐代에는 4품 이상의 관리에게도 노부를 지급하였다.

7) 고취鼓吹 : 고대에 제왕 행차 때 따르는 취주악대가 연주하는 음악으로, 일종의 합주곡이다. 고취악을 연주하는 악대를 고취대라고 하는데,『樂府詩集』중의 鼓吹曲은 鼓, 鉦, 簫, 笳 등을 합주하였다. 晉나라 사람 崔豹의 『古今注』「音樂」에서는 "短簫鐃歌, 軍樂也. 黃帝使岐伯所作也. 所以建武揚德, 風勸戰士也"라 하였고, 『東觀漢記』「樂志」에서는 "蓋周官所謂'王師大獻則令凱樂, 軍大獻則令凱歌'也"라 하여 주로 개선악으로 연주되었을 것으로 생각된다. 漢나라 이후에는 악곡인 〈黃門鼓吹〉가 天子의 연회에서도 연주되었다.

衛.

아

凡朝會之仗, 三衛番上, 分爲五仗, 號衛內五衛. 一曰供奉仗, 以
左右衛爲之. 二曰親仗, 以親衛爲之. 三曰勳仗, 以勳衛爲之. 四曰
翊仗, 以翊衛爲之. 皆服鶡冠·緋衫袂. 五曰散手仗, 以親·勳·翊
衛爲之, 服緋絁裲襠, 繡野馬. 皆帶刀捉仗, 列坐於東西廊下.

모든 조회의 의장대는 삼위三衛[8])에서 교대로 담당하는데, 5개 의
장대로 나누어 아내오위衙內五衛라고 불렀다. 첫 번째는 공봉의장대
[供奉仗]로, 좌우위左右衛[9])가 담당한다. 두 번째는 친의장대[親仗]로,
친위親衛가 담당한다. 세 번째는 훈의장대[勳仗]로 훈위勳衛가 담당
한다. 네 번째는 익의장대[翊仗]로 익위翊衛가 담당한다. (이상은) 모
두 갈관鶡冠[10])을 쓰고, 비색 삼겹衫袂[11])을 입는다. 다섯 번째는 산수

---

8) 삼위三衛 : 당나라 때의 금위군으로 친위, 훈위, 익위를 합하여 삼위라고
한다.

9) 좌우위左右衛 : 漢代에는 衛將軍을 두었는데, 晉武帝 때에 이르러 좌우
위장군으로 나누어 숙위병영을 담당하게 하였던 것에서 유래하였다. 北
齊에서는 左右衛府를 설치하고 각각 장군 1인을 두어, 좌우의 상군廂軍
을 담당하게 하였다. 또 무위장군을 두어 부관으로 삼았으며, 장군부에는
司馬, 工曹, 注簿, 錄事 등의 속관을 두었다. 수당대에는 16위 중의 2위인
좌우위였으며, 당대에는 上將軍, 大將軍, 將軍, 錄事參軍, 倉曹參軍, 兵
曹參軍, 騎曹參軍, 冑曹參軍을 속관으로 두었다. 좌우위는 궁궐의 숙위
를 담당하며 5부 3위를 총괄하였다. 3위는 親衛, 勳衛, 翊衛이고, 5부는
親衛府, 勳衛府, 勳二府, 翊一府, 翊二府를 말한다.

10) 갈관鶡冠 : 武冠, 武弁大冠이다. 관에 鶡毛를 장식한 무사의 관이다.

의장대[散手仗]로 친위·훈위·익위가 담당하며 비색 깁[絁][12]으로 만든 양당裲襠[13]을 입는데 야생말 문양으로 수를 놓는다. 모두 도刀를 차고, 장仗을 잡고 동서 상廂[14]의 아래에 열을 지어 앉는다.

---

11) 삼겹衫裌 : 삼은 겉옷인 袍이고, 겹은 안과 밖 두 겹으로 만든 옷이다.

12) 깁[絁] : 명주실로 바탕을 조금 거칠게 짠 비단이다.

13) 양당裲襠 : 후한대 劉熙가 쓴 『釋名』 「釋衣服」에는 "裲襠, 其一當胸, 其一當背也"라 하였다. 두 조각으로 만들어 앞쪽의 한 조각은 가슴을 가리고[當胸], 뒤쪽의 한 조각은 등을 막은 후[當背] 어깨와 옆구리 아래에서 직물이나 가죽 끈[搭襻]을 묶는 형태였다. 처음에는 내의로 입었으나 서진 말기부터 밖에 입는 "裲襠衫"이 출현했고, 남북조시대에 이르러 양당을 겉에 입기 시작했으며, 남녀가 모두 착용하였다. 북위가 낙양으로 천도한 후에 양당삼에 등급체계가 만들어져 조복으로 입었다. 수와 당대에 이르러 무관들이 갑옷으로 착용한 양당개兩襠鎧는 송까지 유행하기도 하였다. 양당의 어깨를 봉합하면 배심背心이고, 여기에 소매를 붙인 것을 반비半臂라 하였다(高春明, 『中國服飾』, 上海外語敎育出版社, 2002, 82쪽).

양당개兩襠鎧를 착용한 남조南朝 무사武士
(출처: 『中國織繡全集』 188쪽)

반비를 착용한 당대 여인
(출처: 『中國織繡全集』 325쪽)

14) 상廂 : 본래 궁전 건축물에서 황제를 중심으로 동서로 늘어선 행랑을 말하는데, 황제가 거동할 때에는 행렬의 좌우에서 호위하던 군사를 말한다.

每月以四十六人立內廊閤外, 號曰內仗. 以左右金吾將軍當上,
中郎將一人押之, 有押官, 有知隊仗官. 朝堂置左右引駕三衛六十
人, 以左右衛·三衛年長彊直能糾劾者爲之, 分五番. 有引駕佽飛
六十六人, 以佽飛·越騎·步射爲之, 分六番, 每番皆有主帥一人.
坐日引駕升殿, 金吾大將軍各一人押之, 號曰押引駕官. 中郎將·
郎將各一人, 檢校引駕事. 又有千牛仗, 以千牛備身·備身左右爲
之. 千牛備身冠進德冠·服褲褶; 備身左右服如三衛, 皆執御刀·
弓箭, 升殿列御座左右.

매월 46인을 궁 안 동서의 벽 작은 문[閤]의 밖에 서 있게 하는데,
이름하여 내장內仗이라고 부른다. 좌우금오장군左右金吾將軍15)이 담
당하며, 중랑장中郎將16) 1인이 감독하고, 압관押官이 있고, 지대장관
知隊仗官이 있다. 조당朝堂에는 좌우에서 거가를 인도하는 삼위三衛

---

15) 좌우금오장군左右金吾將軍 : 당의 16위는 左右衛, 左右驍衛, 左右武衛,
左右威衛, 左右領軍衛, 左右金吾衛, 左右監門衛, 左右千牛衛인데, 그
중 좌우금오위의 장군이 궁궐 내의 경호를 담당하였다. 16위의 구성은
『新唐書』 권49상 「百官志」4에 "左右衛上將軍各一人, 從二品 ; 大將軍
各一人, 正三品 ; 將軍各二人, 從三品. 掌宮禁宿衛, 凡五府及外府皆總
制焉. 凡五府三衛及折衝府驍騎番上者, 受其名簿而配以職. 皇帝御正
殿, 則守諸門及內廂宿衛仗. 非上日, 亦將軍一人押仗, 將軍缺, 以中郎
將代將軍, 掌貳上將軍之事. 左右驍衛·左右武衛·左右威衛·左右領軍
·左右金吾·左右監門衛上將軍以下, 品同"라 하였다. 將軍이 없을 때에
는 중랑장이 장군을 대리하기도 하였다.
16) 중랑장中郎將 : 정4품하에 해당한다. 『新唐書』 권49상 「百官志」4에 "每
府, 中郎將一人, 正四品下 ; 左右郎將一人, 正五品上 … 五府中郎將掌
領校尉·旅帥·親衛·勳衛之屬宿衛者, 而總其府事 ; 左右郎將貳焉"라
하였다.

60인을 두는데, 좌우위·삼위 중에서 연장자이며 성품이 강직하고 능히 통제와 심문 조사를 할 수 있는 자로 충당하고 5교대[番]로 나눈다. 거가를 인도하는 차비伙飛 66인이 있는데, 차비伙飛[17]·월기越騎[18]·보사步射[19]로 충당하고 6교대로 나누며, 교대 번마다 주수主帥[20] 1

---

17) 차비伙飛: 본래 춘추시대 초나라의 勇士를 지칭하였다. 후에는 일반적으로 勇士를 지칭하는 말로 사용하였다. 한나라에서는 무관명이 되었는데, 한무제가 小府 소속의 左弋을 伙飛로 바꾸었다. 당대에는 左右金吾衛를 가리켰다. 『舊唐書』 권43 「職官志」2에 "凡兵士隸衛, 各有其名. 左右衛曰驍騎, 左右驍衛曰豹騎, 左右武衛曰熊渠, 左右威衛曰羽林, 左右領軍衛曰射聲, 左右金吾衛曰伙飛. 東宮左右衛率府曰超乘, 左右司禦率府曰旅賁, 左右清道率府曰直蕩. 總名曰衛士"라 하였다.

18) 월기越騎: 한 무제가 설치하였던 8교위 중의 하나다. 越騎라는 말은 한에 귀부한 越人들로 구성된 騎를 말한다(『漢書』 권19 「百官公卿表」 如淳의 주에 "越人內附, 以爲騎也"). 당대에는 활을 잘 쏘는 자들로 월기군을 구성하였다. 『舊唐書』 권44 「職官志」3에 "凡衛士, 三百人爲一團, 以校尉領之, 以便習騎射者爲越騎, 餘爲步兵"라 하였다.

19) 보사步射: 본래 당의 부병제 하에서 겨울에 군사훈련을 할 때 훈련을 시험하는 5개 무술 중의 하나다. 당 고조 龍朔 2년에 부병 중에서 월기와 보사를 뽑아 좌우우림군을 두고 큰 조회가 열릴 때 시위하게 하였다. 『新唐書』 권50 「兵志」3에 "高宗龍朔二年, 始取府兵越騎·步射置左右羽林軍, 大朝會則執仗以衛階陛, 行幸則夾馳道爲內仗. 武后改百騎曰「千騎」"라 하였다.

20) 주수主帥: 당대 軍府 중에서 능묘를 주관하던 인원에 대한 호칭이다. 『唐律』 「衛禁律」에 "主帥又感一等"이라는 조문에 대하여 『唐律疏議』에서는 "主帥, 謂親臨當者", "謂領兵宿衛太廟, 山陵, 太社三所者"라 하였다. 『釋文』에서는 "主帥, 謂主領衛士之長爲主帥"라고 하였다(徐連達 편저, 『中國官制大辭典』, 상해대학출판사, 2010). 또 『新唐書』 권 46 「百官志」1 상서성 吏部 考功郞中 조에는 "親·勳·翊衛, 以行能功過爲三

인을 둔다. 군주가 참석하는 조정회의가 열리는 날[21] 거가를 인도하여 정전에 오르도록 호위하는 일은 금오대장군 각 1인이 감독하며, 이름하여 '압인가관押引駕官'이라고 부른다. 중장랑·낭장郎將[22] 각 1인이 거가를 인도하는 일을 담당한다. 또 천우의장대[千牛仗]가 있는데 천우비신千牛備身과 비신좌우備身左右로 충당한다.[23] 천우비신은 진덕관進德冠[24]을 쓰고 고습褲褶[25]을 입는다. 비신좌우는 3위와

等, 親·勳·翊衞備身, 東宮親·勳·翊衞備身, 王府執仗親事·執乘親事及親勳翊衞主帥·校尉·直長·品子·雜任·飛騎, 皆上·中·下考, 有二上第者, 加階. 番考別爲簿, 以侍郞顓掌之"라 하였다.

21) 좌일坐日 : 坐朝日을 말한다. 군주가 임조하는 聽政을 가리킨다. 『舊唐書』 권3 「太宗本紀」下에 "克己復禮, 勤勞思政, 每一坐朝, 或至日昃"라 하였다.

22) 낭장郎將 : 무관직으로 중랑장 바로 아래 직위이며, 정5품상에 해당한다.

23) 좌우천우위를 말한다. 『新唐書』 권49상 「百官志」에 "左右千牛衞 上將軍各一人, 大將軍各一人, 將軍各二人. 掌侍衞及供御兵仗. 以千牛備身左右執弓箭宿衞, 以主仗守戎器. 朝日, 領備身左右升殿列侍. 親射, 則率屬以從"라고 하였다.

24) 진덕관進德冠 : 태종이 익선관을 만들어 쓸 때  총신들에게는 진덕관을 하사하였다고 한다(五月辛未朔, 日有蝕之. 丁丑, 上初服翼善冠, 貴臣服進德冠『舊唐書』 권3 「太宗本紀」). 사진은 1971년 李勣(594~669) 묘에서 출토된 3량 진덕관이다. 관의 둘레는 19.5cm, 높이는 23cm로, 중량은 8兩이다. 얇은 鎏金銅을 맞대어 골격을 만들고, 피혁으로 장형의 틀을 만들고, 겉에는 얇은 피혁에 蔓草花 문양을 새겼다. 정수리 부분에는 3개의 유금동의 양이 있고, 양쪽에는 대칭으로 가운데가 비어 있는 花趺를 붙였다. 중국에서 발견된 가장 오래된 실

같은 옷을 입는다. 모두 어도(御刀)[26]와 활과 화살[弓箭]을 잡고, 정전에 올라가서 황제가 앉아 있는 좌우에 도열한다.

內外諸門以排道人帶刀捉仗而立, 號曰立門仗. 宣政左右門仗·
內仗, 皆分三番而立, 號曰交番仗. 諸衛有挾門隊·長槍隊. 承天
門內則左右衛挾門隊列東西廊下, 門外則左右驍衛挾門隊列東西
廊下. 長樂·永安門內則左右威衛挾門隊列東西廊下, 門外則左
右領軍衛挾門隊列東西廊下. 嘉德門內則左右武衛挾門隊列東西
廊下. 車駕出皇城, 則挾門隊皆從. 長槍隊有漆槍·木槍·白桿槍

물 관모다. 이적의 묘는 당태종 소릉의 배장묘 중의 하나다.

25) 고습褲褶 : '袴褶'으로 표기하기도 한다. 袴褶은 위진남북조 시기에 유행
한 복장으로, 고袴는 바지를 습褶은 상의를 의미한다. 처음에는 바지통이
좁아 말을 타는데 적합하였고, 상의도 몸에 맞는 정도여서 활동하기에
편리하였는데, 시간이 흐르면서 바지통을 넓게 하고 대구고大口袴라 이
름하였다(최규순, 「진한에서 위진남북조시대의 복식」, 『도용 : 매혹의 자
태와 비색의 아름다움』, 유금와당박물관, 26~27쪽).

中國織繡全集3 204쪽   孫晨陽·張珂 편저, 『中國古代服飾辭典』,
2015, 中華書局 (明 王圻『三才圖會』, 上海
盧灣區明潘氏墓出土)

26) 어도御刀 : 의장용 칼이다.

· 樸頭槍.

　(궁)의 내외 모든 문에는 사람들을 물리치기 위해 칼을 차고 장仗을 잡은 자들을 세우는데, 이를 '입문장立門仗'이라고 부른다. 선정좌우문장宣政左右門仗과 내장內仗은 모두 3교대로 나누어 번을 서는데, '교번장交番仗'이라고 부른다. 모든 위衛마다 협문의장대[挾門隊]·장창의장대[長槍隊]가 있다. 승천문承天門27)의 안쪽에는 좌우위 협문의장대가 동서 벽의 아래에 열을 지어 있고, 승천문의 밖에는 좌우효위 협문의장대가 동서 벽의 아래에 열을 지어 있다. 장락문長樂門·영안문永安門의 안에는 좌우위위 협문의장대가 동서 벽의 아래로 열을 지어 있고, 장락문長樂門·영안문永安門의 밖에는 좌우영군위 협문의장대가 동서 벽의 아래로 열을 지어 있다. 가덕문嘉德門의 안에는 좌우무위 협문의장대가 동서 벽의 아래로 열을 지어 있다. 거가가 황성을 나갈 때는 협문의장대가 모두 따라간다. 장창의장대는 칠창漆槍·목창木槍·백간창白樺槍·박두창樸頭槍 등으로 무장한다.

　每夜, 第一鼕鼕, 諸隊仗佩弓箭·胡祿, 出鋪立廊下, 按槊·張弓·捻箭·㲉弩. 第二鼕鼕後, 擊鍾訖, 持更者擧槊, 鍾聲絶則解仗. 一點, 持更人按槊, 持弓者穩箭唱號, 諸衛仗隊皆分更行探. 宿衛門閤仗隊, 鍪·甲·㲉, 攌左襻, 餘仗隊唯持更人㲉一具, 供奉·散

---

27) 승천문承天門 : 隋唐代 장안성 궁성인 太極宮의 정문이다. 수문제 開皇
27) 승천문承天門 : 隋唐代 장안성 궁성인 太極宮의 정문이다. 수문제 開皇
　　2년(582)에 건축하였고, 황제와 군신들의 조회나 국정 논의가 이루어진
　　장소였다.

手仗亦持更·藂·甲.

　매일 밤 첫 번째 북이 울리면 모든 의장대는 활과 화살[弓箭]·화
살집[胡祿][28])을 차고 나와서 벽의 아래에 열을 지어 서서 긴창[槊][29])
을 들어 올리고, 활[弓][30]) 시위를 당겨 놓고[31]), 화살[箭][32])을 잡고

---

28)　호록胡祿 : '胡鹿' 혹은 '胡簏' 또는 '胡簶'이라고도 하며, 화살을 보관하
　　는 기구다.

29)　삭槊 : 고대의 병기, 즉 긴창을 말한다. 『南齊書』 권28 「垣榮祖傳」에는
　　"昔曹操·曹丕上馬橫槊, 下馬談論, 此於天下可不負飲食矣"라는 기록
　　이 있는데, 기마병들이 들고 싸웠던 중장 무기로, 한대에 시작되어서 기마
　　전이 주된 전쟁의 형태였던 위진시대부터 수당대에 주로 유행하였다.

30)　활[弓] : 발사할 수 있는 무기다. 탄성이 많은 弓臂와 유연하고 질긴 弓弦
　　으로 구성되어 있다. 시위를 당기는 힘의 역량에 따라 화살이 빠르게 발사
　　한다.

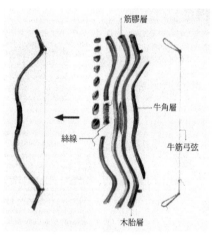

弓의 세부도
(梅文 編著, 2012, 『古代兵器』, 黃山書社)

31)　장궁張弓 : 활시위를 당기는 것을 말한다. 『儀禮』 「鄕射禮」에서는 "遂命

놓고, 노弩33)를 당겨 놓는다. 두 번째 북이 울린 후, 종을 치는 것이
그치면, 북을 쳐서 경계를 알리는 당번[持更]34)은 긴창을 세우고 종

勝者執張弓, 不勝者執弛弓"라고 해서 향사례에서의 활시위를 당기는
일에 대해서 기록하였다. 『老子』에서는 이것을 도에 비유하였다. "天之
道, 其猶張弓與? 高者抑之, 下者擧之, 有餘者損之, 不足者補之"라고
한 것이다. 『漢書』 「酷吏傳·嚴延年」에서는 "〈盜賊〉浸浸日多, 道路張
弓拔刃, 然後敢行, 其亂如此"라고 기록하여 시절의 각박함을 張弓이라
는 말로 표현하고 있다.

32) 화살[箭] : 일반적으로 대나무 끝에 날카로운 금속을 단 살상 병기다. 『方
言』第9에 의하면 "箭, 自關而東謂之矢, 江淮之間謂之鏃, 關西曰箭"라
하였다고 전한다.

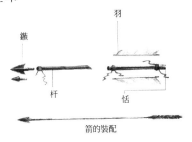

箭의 장치
(梅文 編著, 2012, 『古代兵器』, 黃山書社)

33) 노弩 : 화살의 발사 장치가 달린 弓을 말한다. 『周禮』 「夏官·司弓矢」 "司
弓矢掌六弓四弩八矢之灋, 辨其名物, 而掌其守藏, 與其出入" 노는 보
병이 기병에 대응할 수 있는 효과적인 무기였는데, 弩臂, 弩弓, 弓弦, 弩
機로 구성되어 있다. 弓에 비해서 장전할 수 있는 시간도 길고, 훨씬 먼
거리로 날아가며, 명중률도 높고 살상력도 강력하였다. 강력한 弩의 사정
거리는 600미터 이상이었다고 하며, 특수하게 제작된 弩는 1,000미터의
사정거리를 가지고 있었다고 한다.

34) 지경持更 : 야간에 당번으로 시위하는 것을 말한다. 『晉書』 권66 「劉弘傳」
에 "弘嘗夜起, 聞城上持更者歎聲甚苦, 遂呼省之." 『新唐書』 권49상 「百

소리가 그치면 장(仗35))을 내려놓는다. 1점이 되면 당번은 긴창을 들어 올리고, 활을 가진 자는 화살을 (시위에) 걸고 선두가 소리를 치면[唱號],36) 위의 의장대는 모두 당번을 나누어 순찰한다. 문합[門閤]을 숙위하는 의장대는 투구[鍪]37)를 쓰고, 갑옷[甲]38)을 입고, 띠를 묶어 표시하고[蔂]39), 왼쪽에 반襻40)을 두르며, 나머지 의장대는 단지 당번만 한 개의 띠를 묶어 표시하고, 봉공장과 산수장 역시 당번을 세우고, 띠를 묶어 표시하고 갑옷을 입는다.

官志」4에는 "捉鋪持更者, 晨夜有行人必問, 不應則彈弓而嚮之, 復不應則旁射, 又不應則射之. 晝以排門人遠望, 暮夜以持更人遠聽"라 하였다. 『資治通鑑』 唐懿宗 咸通9年조에는 "賊夜使婦人持更"라는 기록이 있는데, 胡三省은 注에서 "夜有五更, 使人各直一更, 擊鼓以警衆, 謂之持更"이라 하여, 持更은 북을 쳐서 경계하도록 알리는 것이라고 하였다.

35) 장仗 : 사람이 손으로 잡는 무기의 범칭이다.

36) 창호唱號 : 선창하다 정도의 의미로 생각된다. 『後漢書』 권14 「齊武王縯傳」 "且首兵唱號, 鮮有能遂, 陳勝·項籍, 即其事也."

37) 무鍪 : 고대에 병사들이 머리에 착용하였던 투구를 말한다.

38) 갑甲 : 가죽과 금속 등으로 만든 호신 용구다. 『周禮』 「考工記·函人」 "函人爲甲, 犀甲七屬, 兕甲六屬, 合甲五屬." 『新唐書』 권23 「儀衛志」에는 갑옷 '鎧'도 나오는데, 甲과 구별하여 철갑옷으로 번역하였다.

39) 최蔂 : 띠를 묶어서 표시하는 것을 말한다. 『史記』 권99 「劉敬叔孫通列傳」에 "(叔孫通)遂與所徵三十人西, 及上左右爲學者與其弟子百餘人爲緜蔂野外"라 하였는데, 司馬貞은 『索隱』에서 韋昭를 인용하여 "引繩爲緜, 立表爲蔂"라 하였다.

40) 반襻 : 본래의 뜻은 의복의 띠를 매는 것을 말하였는데, 후대에는 의복 이외에도 끈을 묶는 것을 의미하였다.

每朝, 第一鼕鼕訖, 持更槊皆擧, 張弓者攝箭收弩, 立門隊及諸
隊仗皆立於廊下. 第二鼕鼕聲絶, 按槊·弛弓·收鋪, 諸門挾門隊
立於階下. 復一刻, 立門仗皆復舊, 內外仗隊立於階下.

매일 아침 첫 번째로 북이 울리다 그치면 당번은 창을 모두 세우
고, 활 시위를 당겼던 자는 화살을 거두고, 노弩도 거둔다. 입문대와
모든 의장대는 모두 벽의 아래에 도열한다. 두 번째 북소리가 멈추
면 긴 창을 들어 올리고, 활시위를 풀고, 문고리 걸쇠[鋪]⁴¹⁾를 거두
고 모든 문과 협문의 의장대는 계단 아래에 도열한다. 다시 1각이
지나면 입문장은 모두 원상태로 돌아가도록 하고, 내외장대는 계단
의 아래에 도열한다.

元日·冬至大朝會·宴見蕃國王, 則供奉仗·散手仗立於殿上; 黃
麾仗·樂縣·五路·五副路·屬車·輿輦·繖二·翰一, 陳於庭; 扇一
百五十有六, 三衛三百人執之, 陳於兩箱.

원일元日과 동지에 대조회가 열릴 때와 번국의 왕을 접견하는 연
회에서는 봉공의장대와 산수의장대가 정전의 위에 도열한다. 황휘
장黃麾仗·악현樂縣⁴²⁾·오로五路⁴³⁾·오부로五副路·속거屬車⁴⁴⁾·여연

---

41) 보鋪 : 문고리를 거는 쇠를 말한다. 鋪首는 동물의 얼굴에 재갈을 물린
   형태의 쇠붙이를 붙인 문고리를 말한다.

42) 악현樂縣 : 樂懸이라고도 하며, 鍾磬을 다는 제도를 말한다. 『周禮』「春
   官·小胥」 "正樂縣之位, 王宮縣, 諸侯軒縣, 卿大夫判縣, 士特縣, 辨其
   聲" 宮懸은 4면에 악기를 거는 것을 말하고, 軒懸은 3면에 악기를 걸며,
   判懸은 2면에 걸고, 特懸은 1면에만 악기를 건다. 증후을묘의 鍾磬은 중
   요 악기는 重室에 걸고, 編鐘은 남쪽과 서쪽에 架를 세워 걸었으며, 編磬

興輦[45]·산織[46] 2개·한翰 1개를 궁정의 뜰에 도열한다. 선扇은 156
개인데, 삼위의 3백 인이 선을 들고 좌우 상에 도열한다.

黃麾仗, 左右廂各十二部, 十二行. 第一行, 長戟, 六色氅, 領軍
衛赤氅, 威衛青氅·黑氅, 武衛鵄氅, 驍衛白氅, 左右衛黃氅, 黃地
雲花襖·冒. 第二行, 儀鍠, 五色幡, 赤地雲花襖·冒. 第三行, 大
槊, 小孔雀氅, 黑地雲花襖·冒. 第四行, 小戟·刀·楯, 白地雲花
襖·冒. 第五行, 短戟, 大五色鸚鵡毛氅, 青地雲花襖·冒. 第六行,
細射弓箭, 赤地四色雲花襖·冒. 第七行, 小槊, 小五色鸚鵡毛氅,

은 북쪽에 架를 세워 걸어서 전형적인 軒懸의 양식을 보여준다.

43) 오로五路 : 황제의 수레 玉輅, 金輅, 象輅, 革輅, 木輅 5종을 말한다. 『後
漢書』 권29 「輿服志」 "『周禮』 王之五路, 一曰玉路, 二曰金路, 三曰象
路, 四曰革路, 五曰木路. 釋名曰 : 「天子所乘曰路, 路亦軍事也, 謂之
路, 言行路也"를 말한다.

44) 속거屬車 : 황제 수레 중 副車를 말한다. 『漢官儀』에 따르면 漢代에는 황
제의 大駕 행차에서는 81승의 속거가, 法駕 행차에서는 36승의 속거가
따랐다(『後漢書』 권10 「皇后本紀」 "漢官儀曰 : 「天子車駕次第謂之鹵
簿. 有大駕·法駕·小駕. 大駕公卿奉引, 大將軍參乘, 太僕御, 屬車八十
一乘, 備千乘萬騎, 侍御史在左駕馬, 詢問不法者. 」今儀比車駕, 故以侍
御史監護焉"). 당대에는 10승의 속거가 있었다. 『新唐書』 권24 「車服志」
"又有屬車十乘 : 一曰指南車, 二曰記里鼓車, 三曰白鷺車, 四曰鸞旗車,
五曰辟惡車, 六曰皮軒車, 七曰羊車, 與耕根車·四望車·安車爲十乘.
行幸陳於鹵簿, 則分前後 ; 大朝會, 則分左右."

45) 여연輿輦 : 輿와 輦을 말한다. 연은 가마와 비슷한데 좌우와 앞에 주렴이
있고, 채가 길다.

46) 산織 : 傘과 같은 의미로 비나 태양을 가리는 용품이다. 우산, 양산과 흡사
하다.

黃地雲花襖·冒. 第八行, 金花朱滕格楯刀, 赤地雲花襖·冒. 第九行, 戎, 雞毛氅, 黑地雲花襖·冒. 第十行, 細射弓箭, 白地雲花襖·冒. 第十一行, 大鋋, 白毦, 靑地雲花襖·冒. 第十二行, 金花綠滕格楯刀, 赤地四色雲花襖·冒. 十二行皆有行滕·鞋·襪.

황휘의장대[黃麾仗]는 좌우 상廂에 각 12부, 12행이다. 제1행은 장극長戟[47)]의 행렬이다. 여섯 가지 색의 창氅[48)] 깃발이 있는데, 영군위는 적창이고, 위위는 청창·흑창이고, 무위는 목창鶩氅[49)], 효위는 백창, 좌우위는 황창이며, 황색 바탕에 구름과 꽃 문양이 있는 오襖[50)]를 입고 모冒를 쓴다. 제2행은 의굉儀鍠[51)]의 행렬이다. 다섯 가

---

47) 극戟 : 戈와 矛를 합한 병기를 말한다. 戈의 머리 부분에 뾰족한 矛를 더하여 걸고 찌를 수 있어서, 戈나 矛에 비해 대단히 살상력이 높았다. 대체로 전국시대에 출현하였으며, 의장용으로도 사용하였지만, 秦漢魏晉時代에는 중요한 중장비였다.

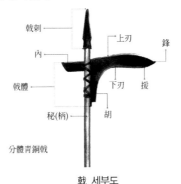

戟 세부도
(梅文 編著, 2012, 『古代兵器』, 黃山書社)

48) 창氅 : 새의 깃털장식이 달린 깃발이다.
49) 목창鶩氅 : 집오리 깃털 장식이 달린 깃발이다.
50) 오襖 : 袍 형태의 겉옷을 말하는 것 같다. 『三才圖會』 腰線襖子의 그림을

지 색의 번幡 깃발을 들고, 적색 바탕에 구름과 꽃 문양이 있는 오를 입고 모帽를 쓴다. 제3행은 대삭大槊 행렬인데, 작은 공작 깃털 창 깃발을 들고, 흑색 바탕에 구름과 꽃 문양이 있는 오를 입고 모帽를 쓴다. 제4행은 소극戟·도刀·순楯의 행렬인데, 백색 바탕에 구름과 꽃 문양이 있는 오를 입고 모帽를 쓴다. 제5행은 단극短戟의 행렬인데, 큰 오색 앵무의 깃털로 만든 창 깃발을 들고 청색 바탕에 구름과 꽃 문양이 있는 오를 입고 모帽를 쓴다. 제6행은 가는 활과 화살의 행렬[細射弓箭]인데, 적색 바탕에 4색의 구름과 꽃 문양이 있는 오를 입고 모帽를 쓴다. 제7행은 소삭小槊의 행렬인데, 작은 오색 앵무 깃털로 만든 창 깃발을 들고 황색 바탕에 구름과 꽃 문양이 있는 오를 입고 모帽를 쓴다. 제8행은 금화주등격순도金花朱縢格楯刀의 행렬인데, 적색 바탕에 구름과 꽃 문양이 있는 오를 입고 모帽를 쓴다. 제9

보면, 포 종류의 형태로 표현하였다.

子 襗 線 腰

『三才圖會』中-衣服2(腰線襗子)

51) 굉鍠 : 병기의 일종으로 劍과 비슷한 형태로 세 개의 칼날을 달았으며, 漢唐대에는 주로 의장용으로 사용하였다.

행은 융戎의 행렬인데, 닭털로 만든 창 깃발을 들고 흑색 바탕에 구름과 꽃 문양이 있는 오를 입고 모冒를 쓴다. 제10행은 가는 활과 화살의 행렬[細射弓箭]인데, 백색 바탕에 구름과 꽃 문양이 있는 오를 입고 모冒를 쓴다. 제11행은 대연大鋋[52]의 행렬인데, 백이白珥[53]를 꽂고 청색 바탕에 구름과 꽃 문양이 있는 오를 입고 모冒를 쓴다. 제12행은 금화록등격순도金花綠縢格楯刀의 행렬인데, 적색 바탕에 4색 구름과 꽃 문양이 있는 오를 입고 모冒를 쓴다. 12행 모두 행등行縢[54]을 묶고 혜鞋[55]를 신고, 버선을 신는다.

---

52) 연鋋 : 자루가 짧은 矛를 말한다.

53) 백이白珥 : 삼국시대 蜀漢의 정예부대 '白珥兵'의 이름에서 유래하였다. 흰색 새의 깃털을 투구에 꽂아서 표식하였다고 한다.

54) 행등行縢 : 行纏이라고도 하며, 바지 통을 줄여 활동성을 높이기 위해 무릎 아래 정강이에 감아 매는 물건이다.

唐代「武士像」의 행등
(출처: 『中國織繡服飾全集 3』 276쪽)

宋의 행등
(출처: 『中國織繡服飾全集 3』 461쪽)

55) 혜鞋 : 신발이다. 신목이 없는 형태를 다양한 재료로 만들 수 있어서 草制, 布制, 皮制 등이 있다.

前黃麾仗, 首左右廂各二部, 部十二行, 行十人, 左右領軍衛折衝都尉各一人, 領主帥各十人, 師子袍·冒. 次左右廂皆一部, 部十二行, 行十人, 左右威衛果毅都尉各一人, 領主帥各十人, 豹文袍·冒. 次廂各一部, 部十二行, 行十人, 左右武衛折衝都尉各一人, 主帥各十人. 次廂各一部, 部十二行, 行十人, 左右衛折衝都尉各一人, 主帥各十人. 次當御廂各一部, 部十二行, 行十人, 左右衛果毅都尉各一人, 主帥各十人. 次後廂各一部, 部十二行, 行十人, 左右驍衛折衝都尉各一人, 主帥各十人. 次後廂各二部, 部十二行, 行十人, 左右武衛果毅都尉各一人, 主帥各十人. 次後左右廂各一部, 部十二行, 行十人, 左右威衛折衝都尉各一人, 主帥各十人. 次後左右廂各一部, 部十二行, 行十人, 左右威衛果毅都尉各一人, 主帥各十人. 次後左右廂各一部, 部十二行, 行十人, 左右領軍衛果毅都尉各一人, 主帥各十人. 次盡後左右廂, 軍衛·主帥各十人護後, 被師子文袍·冒.

전방의 황휘의장대[黃麾仗]는 선두의 좌우 상廂에 각 2부部씩 도열하는데, 1부는 12행行이고, 1행은 10인이다. 좌우영군위左右領軍衛56)의 절충도위折衝都尉57)가 각 1인, 영주수領主帥 각 10인이 (담

---

56) 좌우영군위左右領軍衛 : 조회 때에 청색 甲鎧를 입고 시위를 담당한다. 『舊唐書』 권44 「職官志」3 에 "左右領軍衞, 大將軍各一員, 將軍各二員. 其職掌, 大朝會則被青甲鎧, 弓箭刀楯旗等, 分爲左右廂儀仗, 次立威衞 之下. 長史·錄事參軍·倉兵騎胄四曹參軍·司階·中候·司戈·執戟·翊 府中郞將·左右郞將·錄事·兵曹·校尉·旅帥·隊正·副隊正"라 하였다.
57) 절충도위折衝都尉 : 唐代 부병을 거느리는 무관직이다. 수나라 大業 9년 (613) 절충, 과의 등의 郞將官이 금위군을 통령하였다. 당 貞觀 10년(636) 에 수나라의 折衝과 果毅라는 명칭을 채택하여 軍府의 이름을 折衝府로

당한다). 사자 문양이 있는 포[師子袍]를 입고 모冒를 쓴다. 다음 좌우 상廂에는 각 1부가 도열하는데, 1부는 12행이고, 1행은 10인이다. 좌우위위左右威衛[58]의 과의도위果毅都尉[59] 각 1인, 영주수 각 10인이 담당한다. 표범 문양이 있는 포[豹文袍]를 입고 모를 쓴다. 다음 상廂에는 각 1부가 도열하는데, 1부는 12행이고, 1행은 10인이다. 좌우위위左右武衛의 절충도위折衝都尉 각 1인, 주수主帥 각 10이 담당한다. 다음 상廂에는 각 1부가 도열하는데, 1부는 12행이고, 1행은 10인이다. 좌우위左右衛[60]의 절충도위折衝都尉 각 1인, 주수 각 10인

개칭하고 府兵을 통할하게 하였는데, 상중하 3등으로 나누었다. 절충부의 主將을 折衝都尉라고 칭하였으며, 府兵의 훈련, 출정, 戍邊 혹은 京師에서의 숙위를 담당하였다. 그 부관직은 左右果毅都尉라고 불렀다(徐連達 편저, 『中國官制大辭典』, 상해대학출판사, 2010). 또 『舊唐書』 권44 「職官志」3에는 "折衝都尉各一人, 上府, 都尉正四品上, 中府, 從四品下, 下府, 正五品下. 武德中, 採隋折衝·果毅郎將之名, 改統軍爲折衝都尉, 別將爲果毅都尉"라 하였다.

58) 좌우위위左右威衛 : 조회 때에 흑색 甲鎧를 입고 시위를 담당한다. 『舊唐書』 권44 「職官志」3에 "左右威衛, 大將軍各一員, 將軍各二員. 其職掌, 大朝會則被黑甲鎧, 弓箭刀楯旗等, 分爲左右廂隊, 次武衛之下. 長史·錄事參軍·倉兵騎胄四曹參軍·司階·中候·司戈·執戟·人數·品秩如左右衛. 翊府中郎將·左右郎將·錄事·兵曹·校尉·旅帥·隊正·副隊正"라 하였다.

59) 과의도위果毅都尉 : 절충부의 부관직에 해당한다. 『舊唐書』 권44 「職官志」3에 左右果毅都尉各一人, 上府, 果毅從五品下, 中府, 正六品上, 下府, 從六品下. 隋煬帝置果毅郎將, 國家置折衝都尉.

60) 좌우위左右衛 : 궁정의 경비업무를 총괄한다. 『舊唐書』 권44 「職官志」3에 "左右衛, 大將軍各一員. 將軍各二員. 左右衛將軍之職, 掌統領宮廷警衛之法, 以督其屬之隊仗, 而總諸曹之職務. 凡親勳翊五中郎將府及

이 담당한다. 다음으로 황제가 오르는 상廂에는 각 1부가 도열하는데, 1부는 12행이고, 1행은 10인이다. 좌우위左右衛의 과의도위果毅都尉 각 1인과 주수 각 10인이 담당한다. 다음의 뒤 상廂에는 각 2부가 도열하는데 1부는 12행이고 1행은 10인이다. 좌우무위左右武衛[61] 과의도위果毅都尉 각 1인과 주수 각 10인이 담당한다. 그 다음의 뒤 좌우 상廂에는 각 1부가 도열하는데, 1부는 12행이고, 1행은 10인이다. 좌우위위左右威衛의 절충도위折衝都尉 각 1인과 주수 각 10인이 담당한다. 다음의 뒤 좌우 상廂에는 각 1부가 도열하는데, 1부는 12행이고, 1행은 10인이다. 좌우위위左右威衛의 과의도위果毅都尉 각 1인과 주수 각 10인이 담당한다. 다음의 뒤 좌우 상廂에는 각 1부가 도열하는데, 1부는 12행이고, 1행은 10인이다. 좌우영군위左右領軍衛의 과의도위果毅都尉 각 1인과 주수 각 10인이 담당한다. 다음으로 가장 뒤의 좌우 상廂에는 군위軍衛·주수 각 10인이 후미를 호위하는데 사자 문양을 장식한 포를 입고 모를 쓴다.

折衝府所隸, 皆總制之. 凡宿衞, 內廊閤門外, 分爲五仗, 皆坐于東西廊下. 若御坐正殿, 則爲黃旗仗, 分立於兩階之次, 在正門之內, 以挾門隊坐於東西廂. 皆大將軍守之"라 하였다.

61) 좌우무위左右武衛 : 조회 때에 백색 甲鎧를 입고 시위를 담당한다. 『舊唐書』 권44 「職官志」3 "左右武衛, 大將軍各一員, 將軍各二員. 其職掌如左右衞. 大朝會, 被白鎧甲, 執器楯及旗等, 蹕稱長唱, 警持鈒隊, 應蹕爲左右廂儀仗. 在正殿前, 則以諸隊次立於驍衞之下. 長史·錄事參軍·倉兵騎冑四曹參軍·司階·中候·司戈·執戟·翊府中郎將·左右郎將·錄事·兵曹."

左右領軍衛黃麾仗, 首尾廂皆絳引旛, 二十引前, 十掩後. 十廂各獨揭鼓十二重, 重二人, 赤地雲花襖·冒, 行縢·鞋·襪, 居黃麾仗外.

좌우영군위 황휘의장대는 선두와 말미 상廂에 모두 인도하는 강색 번旛62)이 있는데, 20개의 번은 앞에서 호위하고 10개의 번은 뒤에서 엄호한다. 10개의 상廂에는 각각 오직 고鼓만을 들고 12겹으로 도열하는데, 1겹마다 2인이고, 적색 바탕에 구름과 꽃 문양이 있는 오를 입고 모를 쓰며, 행등行縢을 묶고 혜鞋를 신고, 버선을 신으며, 황휘의장대의 바깥쪽에 위치한다.

每黃麾仗一部, 鼓一, 左右衛·左右驍衛·左右武衛·左右威衛將軍各一人, 大將軍各一人, 左右領軍衛大將軍各一人檢校, 被繡袍.

모든 부의 황휘의장대에는 고를 하나씩 배치하고, 좌우위左右衛·좌우효위左右驍衛63)·좌우무위左右武衛·좌우위위장군左右威衛將軍

---

62) 번旛 : 넓은 폭을 아래로 늘어뜨린 형태의 깃발이다.
63) 좌우효위左右驍衛 : 조회 때에 정전 앞에서 황기의장대와 호록의장대로써 동서 벽면 아래에 앉아서 시위한다. 황제가 정전에 앉으면 좌우위 다음에 위치한다. 『舊唐書』권44 「職官志」3에 "左右驍衛, 大將軍各一員, 將軍各二員. 驍衛將軍之職, 掌如左右衛. 大朝會在正殿之前, 則以黃旗隊及胡祿隊坐於東西廊下. 若御坐正殿, 則以其隊仗次立左右衛下. 長史·錄事參軍·倉兵騎冑四曹參軍·員數·品秩如左右衛. 司階·中候·司戈·執戟等, 四色人數·品秩如左右衛也. 校尉·旅帥·隊正·副隊·人數如左右衛. 翊府中郎·中郎將·左右中郎將·左右郎將"라 하였다.

각 1인, 대장군 각 1인, 좌우령군위대장군 각 1인이 임시로 담당하는
데 수를 놓은 포를 입는다.

次左右衛黃旗仗立於兩階之次, 鍪·甲·弓·箭·刀·楯皆黃, 隊
有主帥以下四十人, 皆戎服, 被大袍, 二人引旗, 一人執, 二人夾,
二十人執槊, 餘佩弩·弓箭. 第一麟旗隊, 第二角端旗隊, 第三赤
熊旗隊, 折衝都尉各一人檢校, 戎服, 被大袍, 佩弓箭·橫刀. 又有
夾轂隊, 廂各六隊, 隊三十人, 胡木鍪·毦·蜀鎧·懸鈴·覆膊·錦
臂鞲·白行縢·紫帶·鞋襪, 持鞘·楯·刀; 廂各折衝都尉一人·果
毅都尉二人檢校, 冠進德冠, 被紫綷連甲·緋繡葵花文袍. 第一隊
·第四隊, 朱質鍪·鎧, 緋綺. 第二隊·第五隊, 白質鍪·鎧, 紫綺.
第三隊·第六隊, 黑質鍪·鎧, 皂綺.

다음은 좌우위左右衛의 황기의장대[黃旗仗]인데, 양쪽 계단에 순
서에 따라 도열하며, 투구, 갑옷, 활, 화살, 칼, 방패는 모두 황색이
고, 대열에는 주수 이하 40인이 있으며, 모두 융복에 대포를 입는다.
2인이 기를 인도하며, 1인은 기를 들고, 2인은 양 옆에서 호위하며,
20인은 삭을 들고, 나머지는 노弩와 활과 화살[弓箭]을 찬다. 제1대
열은 인기의장대[麟旗隊]이며, 제2대열은 각단기의장대[角端旗隊]고,
제3대열은 적웅기의장대[赤熊旗隊]인데, 절충도위 각 1인이 임시로
담당하며, 융복에 대포를 입고 활과 화살, 횡도橫刀를 찬다. 또 협곡
의장대[夾轂隊]가 있는데, 좌우 상廂에 각 6대가 있으며, 대마다 30
인이 도열을 한다. 호목으로 만든 투구[胡木鍪]를 쓰는데 깃털 장식
[毦]64)을 달며, 촉개蜀鎧65)를 입고, 방울[懸鈴]·복박覆膊66)·비단으
로 만든 비구[錦臂鞲]67)·백색 행등行縢·자색 띠[紫帶]를 착용하고

혜鞋와 버선[襪]을 신고, 찬欑68)과 방패와 칼을 들고 있다. 좌우 측
면에는 각각 절충도위 1인, 과의도위 2인이 임시로 담당한다. 진덕
관을 쓰고, 땋은 자색끈으로 연결한 갑옷과 비색에 해바라기 문양을
수놓은 포를 입는다. 제1 대열과 제4 대열은 주색 바탕의 투구와 갑
옷을 갖추고 비색 고綺를 입는다. 제2 대열과 제5 대열은 백색 바탕
의 투구와 갑옷을 갖추고, 자색 고를 입는다. 제3 대열과 제6 대열은
흑색 바탕의 투구와 갑옷을 갖추고 흑색 고[皂綺]를 입는다.

次左右驍衛赤旗仗, 坐於東西廊下, 鍪・甲・弓・箭・刀・楯皆赤,
主帥以下如左右衛. 第一鳳旗隊, 第二飛黃旗隊, 折衝都尉各一人
檢校. 第三吉利旗隊, 第四兕旗隊, 第五太平旗隊, 果毅都尉各一
人檢校.

다음의 좌우효위左右驍衛의 적기의장대[赤旗仗]는 동서 회랑의 아
래에 앉는다. 투구, 갑옷, 활, 화살, 칼, 방패가 모두 적색이며, 주수

---

64) 이毦 : 새나 동물의 털로 만든 장식품이다. 여기서는 투구의 양쪽에 꽂는
    장식을 말한다.
65) 촉개蜀鎧 : 蜀 땅인 오늘날 사천성 지역의 철갑을 말하는 것으로 北周 保
    定元年(561)에, 高祖 宇文邕에게 滇의 말과 촉개를 헌상하였다는 기록이
    있다. 『周書』 권5 「武帝本紀」 "九月甲辰, 南寧州遣使獻滇馬及蜀鎧."
66) 복박覆膊 : 가슴판과 등판을 어깨끈으로 연결한 형태인 補襠을 말한다.
    가슴쪽이 하나의 膊이 되고, 등판쪽이 하나의 膊이 되어 복박이라 한다.
67) 비구臂韝 : 활팔지로, 활을 잡는 팔을 보호하는 도구이다. 활시위를 놓다
    가 시위로 인해 팔을 다칠 수 있으므로 활을 잡는 팔에 사용한다.
68) 찬欑 : 鋋과 같은 류의 자루가 짧은 창을 말한다. "(大業 5년)己丑, 制民
    間鐵叉・搭鉤・欑刃之類, 皆禁絕之" 『隋書』 권3 「煬帝本紀」.

이하는 좌우위와 같다. 제1 봉기의장대[鳳旗隊], 제2 비황기의장대
[飛黃旗隊]는 절충도위 각 1인이 임시로 담당한다. 제3 길리기의장대
[吉利旗隊], 제4 시기의장대[兕旗隊], 제5 태평기의장대[太平旗隊]는
과의도위 각 1인이 임시로 담당한다.

又有親·勳·翊衛仗, 廂各三隊壓角, 隊皆有旗, 一人執, 二人
引, 二人夾, 校尉以下翊衛以上三十五人, 皆平巾幘·緋裲襠·大
口絝, 帶橫刀; 執槊二十人, 帶弩四人, 帶弓箭十一人. 第一隊鳳
旗, 大將軍各一人主之. 第二隊飛黃旗, 將軍各一人主之. 第三隊
吉利旗, 郎將一人主之.

또 친위장·훈위장·익위 의장대가 있어서 좌우 상상廂에 각 3 의장
대가 모퉁이에서 경계[壓角]하는데 의장대마다 모두 깃발이 있어서
1인이 들고, 2인이 (앞에서) 끌고, 2인이 옆에서 호위하며 교위 이하
익위翊衛 이상 35인이 모두 평건책平巾幘69)·비색 양당[緋裲襠]·대구
고大口絝70)를 입고, 횡도를 찬다. 20인이 삭을 들고, 4인이 노를 차고,
활과 화살을 찬 자는 11인이다. 제1대는 봉기鳳旗를 드는데 대장군
각 1인이 지휘한다. 제2대는 비황기飛黃旗를 드는데 장군 각 1인이
지휘한다. 제3대는 길리기吉利旗를 드는데, 낭장 1인이 지휘한다.

---

69) 평건책平巾幘 : 본래 고대에 일반인들이 이마와 머리에 布를 둘러 쓰던
형태였는데, 王莽 때에 정수리 부분을 덮어썼고, 이를 介幘이라고 한다.
후한 때에 정수리 부분을 평평하게 하여 그 위에 冠을 썼는데, 이것을
평개책이라고 하였다.

次左右武衛白旗仗, 居驍衛之次, 鍪·甲·弓·箭·刀·楯皆白,
主帥以下如左右衛. 第一五牛旗隊, 黃旗居內, 赤青居左, 白黑居
右, 各八人執. 第二飛麟旗隊, 第三駃騠旗隊, 第四鷺旗隊, 果毅

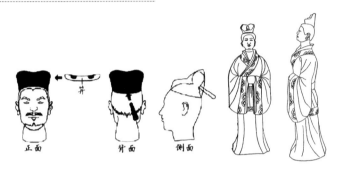

『中國服裝史』 156쪽.

70) 대구고大口袴 : 바지의 가랑이가 넓고 길이가 긴 褲다. 통상 袴(褲)褶의
袴(褲)를 가리킨다. 처음에 작고 좁았던 바지통을 넓고 크게 해 활동에
불편하게 되자 사람들은 무릎 부분에서 바지를 끈으로 묶어 입고, 이를
박고縛袴라 불렀다.(최규순,「진한에서 위진남북조시대의 복식」,『도용:
매혹의 자태와 비색의 아름다움』, 유금와당박물관, 2009. 27쪽 참조). 위진
남북조시기에 북방의 유목민족들로부터 들여와 바지의 가랑이가 넓게 개
조하여 당시 사람들에게 크게 유행하였다.

『中國織繡服飾全集 3』 204쪽

孫晨陽 張珂 편저 『中國古代服飾
辭典』, 2015, 中華書局. (大口褲/河
南洛陽北魏元邵墓出土陶俑)

儀衛上 의위 상 **167**

都尉各一人檢校. 第五犀牛旗隊, 第六駿鸃旗隊, 第七騏驎旗隊,
第八驢騽旗隊, 折衝都尉各一人檢校. 持鈒隊, 果毅都尉各一人
·校尉二人檢校. 前隊執銀裝長刀, 紫黃綬紛. 絳引旛一, 金節十
二, 分左右. 次罕·畢·朱雀幢·叉, 青龍·白虎幢, 道蓋·叉, 各
一. 自絳引旛以下, 執者服如黃麾. 執罕·畢及幢者, 平陵冠·朱
衣·革帶. 左罕右畢, 左青龍右白虎. 稱長一人, 出則告警, 服如
黃麾. 鈒·戟隊各一百四十四人, 分左右三行應蹕, 服如黃麾. 果
毅執青龍等旗, 將軍各一人檢校; 旅帥二人執銀裝長刀, 紫黃綬
紛, 檢校後隊.

다음은 좌우무위 백기의장대[白旗仗]다. 효위驍衛의 다음에 위치
하며, 투구, 갑옷, 활, 화살, 칼, 방패 모두 백색이며, 주수 이하 (규정
은) 좌우위와 같다. 제1대는 오우기의장대[五牛旗隊]로 황기黃旗가
그 안쪽에 위치하고 적청기赤青旗는 왼쪽에, 흑백기白黑旗는 오른쪽
에 위치하며 각 8인이 깃발을 든다. 제2대는 비린기의장대[飛麟旗
隊], 제3대는 결제기의장대[駃騠旗隊], 제4대는 난기의장대[鸞旗隊]로
과의도위 각 1인이 임시로 담당한다. 제5대는 서우기의장대[犀牛旗
隊], 제6대는 준의기의장대[駿鸃旗隊], 제7대는 기린기의장대[騏驎旗
隊], 제8대는 녹독기의장대[驢騽旗隊][71]로 절충도위 각 1인이 임시로
담당한다. 지삽의장대[持鈒隊]는 과의도위 각 1인과 교위 2인이 임
시로 담당한다. 선두의 의장대는 은을 장식한 긴 칼을 들고 자색과
황색의 수綬[72]와 분紛[73]을 찬다. 인도하는 강색 번 1기가 있고, 금절

---

71) 녹독驢騽 : 야생말을 가리킨다.
72) 수綬 : 고대에 옥패나 官印을 매달아 허리에 차던 비단 끈에서 유래되었
   으나, 후에는 장식용으로 쓰였다. 大綬, 小綬로 구성된다. 『隋書』 권12

12개는 좌우로 나눈다. 이어서 한罕·필畢·주작당朱雀幢·차叉[74])가,
청룡당과 백호당, 덮개, 차가 각 1기씩 따른다. 강색 인번 이하를 들

　　「禮儀志」“大綬, 六采, 玄黃赤白縹綠, 純玄質, 長二丈四尺, 五百首, 廣
　　一尺”

73) 분紛 : 綬와 유사한 형태로 추측된다. 綬와 같은 색으로 하였으며, 너비는
　　2촌 4분, 길이는 6척 4촌이었다. 황제의 紛과 진현관을 쓰는 문관의 紛의
　　규격이 같다.『新唐書』권24「車服志」“進賢冠者, 文官朝參, 三老五更
　　之服也. 黑介幘, 靑緌. 紛 長六尺四寸, 廣四寸, 色如其綬.”『隋書』권12
　　「禮儀志」에서 북위의 제도 가운데 “官有綬者, 則有紛, 皆長八尺, 廣三
　　寸, 各隨綬色. 若服朝服則佩綬, 服公服則佩紛. 官無綬者, 不合佩紛”의
　　기록이 있다.『설문해자』에 의하면 “紛, 馬尾韜也”라 하였으므로, 패의
　　紛은 뒤쪽에 차는 것이다.

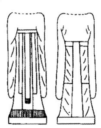

孫晨陽 張珂 편저『中國古代服飾辭典』, 2015, 中華書局
(唐崇陵石人 뒷모습, 唐端陵石人 뒷모습)

74) 차叉 : 창의 일종이다. 끝부분이 여러 갈래로 갈라져 있는 모양의 창이다.

叉(梅文 編著, 2012,『古代兵器』, 黃山書社)

고 있는 자는 황휘장과 같은 복식을 입는다. 한기와 필기 및 당을 드는 자는 평릉관을 쓰고 주색 상의를 입으며, 혁대를 찬다. 왼쪽에 한기 오른쪽에 필기를 두고, 왼쪽에 청룡기, 오른쪽에 백호기를 둔다. 칭장 1인이 나아갈 때 계엄을 외치는데, 황휘장과 같은 복식을 입는다. 삽대鈒隊와 극대戟隊는 각 144인으로 좌우 3행으로 나누어 행차하는 길 앞서 나아가 정돈하며75) 황휘장과 같은 복식을 입는다. 과의는 청룡 등의 깃발을 드는데 장군 각 1인이 임시로 담당한다. 여수旅帥 2인이 은을 장식한 장도를 들고 자색 황색 수와 분을 차고 후발 의장대를 임시로 담당한다.

次左右威衛黑旗仗, 立于階下, 鍪·甲·弓·箭·楯·槊皆黑, 主帥以下如左右衛. 第一黃龍負圖旗隊, 第二黃鹿旗隊, 第三騶牙旗隊, 第四蒼烏旗隊, 果毅都尉各一人檢校.

다음은 좌우위위左右威衛의 흑기장黑旗仗이다. 계단 아래에 도열한다. 투구, 갑옷, 활, 화살, 방패, 긴창[槊]은 모두 검은색이고, 주수 이하는 좌우위와 같다. 제1대는 황룡부도기의장대[黃龍負圖旗隊]이고, 제2대는 황록기의장대[黃鹿旗隊], 제3대는 추아기의장대[騶牙旗隊], 제4대는 창오기의장대[蒼烏旗隊]이며, 과의도위 각 1인이 임시로 담당한다.

次左右領軍衛青旗仗, 居威衛之次, 鍪·甲·弓·箭·楯·槊皆青,

---

75) 필蹕 : 천자나 귀인의 행차에 앞서 여러 사람의 통행을 금하여 정돈하는 일이다.

主帥以下如左右衛. 第一應龍旗隊, 第二玉馬旗隊, 第三三角獸旗隊, 果毅都尉各一人檢校; 第四白狼旗隊, 第五龍馬旗隊, 第六金牛旗隊, 折衝都尉各一人檢校.

다음은 좌우령군위左右領軍衛의 청기장靑旗仗이다. 위위의 다음에 위치한다. 투구, 갑옷, 활, 화살, 방패, 창은 모두 청색이며, 주수 이하는 좌우위와 같다. 제1대는 응룡기의장대[應龍旗隊], 제2대는 옥마기의장대[玉馬旗隊], 제3대는 삼각수기의장대[三角獸旗隊]이며, 과의도위 각 1인이 임시로 담당한다. 제4대는 백랑기의장대[白狼旗隊], 제5대는 용마기의장대[龍馬旗隊], 제6대는 금우기의장대[金牛旗隊]이며, 절충도위 각 1인이 임시로 담당한다.

又有㲉仗・步甲隊, 將軍各一人檢校. 㲉仗左右廂千人, 廂別二百五十人執㲉, 二百五十人執叉, 皆赤地雲花襖・冒, 行縢・鞋襪. 㲉・叉以次相間. 左右領軍衛各一百六十人, 左右武衛各一百人, 左右威衛・左右驍衛・左右衛各八十人. 左右廂有主帥三十八人, 平巾幘・緋補襠・大口絝, 執儀刀. 廂有左右衛各三人, 左右驍衛・左右武衛・左右威衛・左右領軍衛各四人, 以主㲉仗, 被豹文袍・冒; 領軍衛, 師子文袍. 步甲隊從左右廂各四十八, 前後皆二十四. 每隊折衝都尉一人主之, 被繡袍. 每隊一人, 戎服大袍, 帶橫刀執旗; 二人引, 二人夾, 皆戎服大袍, 帶弓・箭・橫刀. 隊別三十人, 被甲・臂講・行縢・鞋襪. 每一隊鍪・甲・覆膊, 執弓箭, 一隊胡木鍪及毦・蜀鎧・覆膊, 執刀・楯・𣠽相間. 第一隊, 赤質鍪・甲, 赤弓箭, 折衝都尉各一人主之, 執鸐雞旗. 第二隊, 赤質鍪・鎧, 赤刀・楯・𣠽, 果毅都尉各一人主之, 執豹旗. 第三隊, 靑質鍪・甲, 靑弓箭, 折衝都尉各一人主之. 第四隊, 靑質鍪・鎧, 靑刀・楯・𣠽, 果

毅都尉各一人主之. 第五隊, 黑質鍪・甲, 黑弓・箭, 左右威衛折衝
都尉各一人主之. 第六隊, 黑質鍪・鎧, 黑刀・楯・櫕, 果毅都尉各
一人主之. 第七隊, 白質鍪・甲, 白弓・箭, 左右武衛折衝都尉各一
人主之. 第八隊, 白質鍪・鎧, 白刀・楯・櫕, 果毅都尉各一人主之.
第九隊, 黃質鍪・甲, 黃弓・箭, 左右驍衛折衝都尉各一人主之. 第
十隊, 黃質鍪・鎧, 黃刀・楯・櫕, 果毅都尉各一人主之. 第十一隊,
黃質鍪・甲, 黃弓・箭, 左右衛折衝都尉各一人主之. 第十二隊, 黃
質鍪・鎧, 黃刀・楯・櫕, 果毅都尉各一人主之. 次後第一隊, 黃質
鍪・鎧, 黃刀・楯・櫕, 左右衛折衝都尉各一人主之. 至第十二隊與
前同.

또 수의장대[殳仗隊]와 보갑의장대[步甲隊]가 있는데 장군 각 1인
이 임시로 담당한다. 수의장대는 좌우 상廂에 1,000인인데, 상마다
250명은 수殳[76]를 들고, 250인은 차叉를 든다. 모두 적색 바탕에 구
름과 꽃 문양을 한 오를 입고 모를 쓰며, 행등을 차고, 혜鞋와 버선
[襪]을 신는다. 수와 차는 서로 간격을 둔다. 좌우령군위는 각 160인
이다. 좌우무위는 각 100인이다. 좌우위위・좌우효위・좌우위는 각
80인이다. 좌우의 상에는 주수 38인이 평건책平巾幘・비색 양당[緋裲

---

76) 수殳 : 창의 일종이다.

殳(曾侯乙墓 출토)

襦]·대구고大口袴를 입고 의도儀刀를 들고 있다. 상에는 좌우위 각 3인, 좌우효위·좌우무위·좌우위위·좌우령군위 각 4인이 수의장대를 통령하는데, 표범 문양의 포를 입고 모를 쓴다. 영군위는 사자 문양의 포를 입는다.

보갑의장대는 좌우 상을 따라 각각 48인이 도열하는데 앞과 뒤에 모두 24명씩이다. 매 대열마다 절충도위 1인이 지휘하는데 수를 놓은 포를 입는다. 매 대열의 1인은 융복에 대포를 입고 횡도를 차고 깃발을 잡는다. 2인이 인도하고 2인이 좌우에서 돕는데 모두 융복에 대포를 입고 활과 화살, 횡도를 찬다. 대열에는 별도로 30인이 있는데 갑옷·비구臂䩨·행등行縢·혜鞋·말襪을 착용한다. 매 1대열마다 투구, 갑옷, 복박을 착용하고 활과 화살을 드는데, 1대열은 호목胡木으로 만든 투구에 모직물로 만든 투구 장식을 달고 촉개蜀鎧, 복박을 착용하며, 칼, 방패, 작은 창[䂕]을 들고 서로 간격을 둔다. 제1대는 적색 바탕의 투구, 갑옷[甲]을 입고, 적색 활과 화살로 무장하고, 절충도위 각 1인이 지휘하며, 갈계기鶡雞旗를 든다. 제2대는 적색 바탕의 투구와 갑옷[鎧]을 입고, 적색 칼과 방패, 작은 창으로 무장하며, 과의도위 각 1인이 지휘하고 표기를 든다. 제3대는 청색 바탕의 투구와 갑옷[甲]을 입고, 청색 활과 화살로 무장하며, 절충도위 각 1인이 지휘한다. 제4대는 청색 바탕의 투구와 갑옷[鎧]을 입고, 청색 칼과 방패, 작은 창으로 무장하며, 과의도위 각 1인이 지휘한다. 제5대는 흑색 바탕의 투구와 갑옷[甲]을 입고, 흑색 활과 화살로 무장하며, 좌우위위절충도위 각 1인이 지휘한다. 제6대는 흑색 바탕의 투구와 갑옷[鎧]을 입고, 흑색 칼과 방패, 작은 창으로 무장하며, 과의도위 각 1인이 지휘한다. 제7대는 백색 바탕의 투구와 갑옷[甲]을 입

고, 백색 활과 화살로 무장하며, 좌우위위절충도위 각 1인이 지휘한
다. 제8대는 백색 바탕의 투구와 갑옷[鎧]을 입고, 백색 칼과 방패,
작은 창으로 무장하며, 과의도위 각 1인이 지휘한다. 제9대는 황색
바탕의 투구와 갑옷[甲]을 입고, 황색 활과 화살로 무장하며, 좌우효
위절충도위 각 1인이 지휘한다. 제10대는 황색 바탕의 투구와 갑옷
[鎧]을 입고, 황색 칼과 방패, 작은 창으로 무장하며, 과의도위 각
1인이 지휘한다. 제11대는 황색 바탕의 투구와 갑옷[甲]을 입고, 황
색 활과 화살로 무장하며, 좌우위절충도위 각 1인이 지휘한다. 제12
대는 황색 바탕의 투구과 갑옷[鎧]을 입고, 황색 칼과 방패, 작은 창
으로 무장하며, 과의도위 각 1인이 지휘한다. 그 뒤의 제1대는 황색
바탕의 투구와 갑옷[鎧]을 입고, 황색 칼과 방패, 작은 창으로 무장
하며, 좌우위절충도위 각 1인이 지휘한다. 제12대까지 앞의 내용과
같다.

　次左右金吾衛辟邪旗隊, 折衝都尉各一人檢校. 又有淸游隊·朱
雀隊·玄武隊. 淸游隊建白澤旗二, 各一人執, 帶橫刀; 二人引, 二
人夾, 皆帶弓箭·橫刀. 左右金吾衛折衝都尉各一人, 帶弓箭·橫
刀, 各領四十人, 皆帶橫刀, 二十人持矟, 四人持弩, 十六人帶弓
箭. 朱雀隊建朱雀旗, 一人執, 引·夾皆二人, 金吾衛折衝都尉一
人主之, 領四十人, 二十人持矟, 四人持弩, 十六人帶弓箭, 又二
人持矟矟, 皆佩橫刀, 矟矟以黃金塗末. 龍旗十二, 執者戎服大袍,
副竿二, 各一人執, 戎服大袍, 分左右, 果毅都尉各一人主之. 大
將軍各一人檢校二隊. 玄武隊建玄武旗, 一人執, 二人引, 二人夾,
平巾幘·黑裲襠·黑袴·大口絝, 左右金吾衛折衝都尉各一人主
之, 各領五十人, 持矟二十五人, 持弩五人, 帶弓箭二十人, 又二

人持戵㦸. 諸衛挾門隊·長槍隊與諸隊相間.

다음으로 좌우금오위左右金吾衛 벽사기의장대[辟邪旗隊]가 있는데
절충도위 각 1인이 임시로 지휘한다. 또 청유의장대[淸游隊], 주작의
장대[朱雀隊], 현무의장대[玄武隊]가 있다. 청유의장대는 2개의 백택
기白澤旗를 세우는데 각 1인이 잡으며, 횡도를 찬다. 2인이 인도하고
2인이 좌우에서 돕는데 모두 활과 화살, 횡도를 찬다. 좌우금오위절
충도위 각 1인은 활과 화살, 횡도를 차고 각각 40인을 거느리는데,
(40인은) 모두 횡도를 차고 그중 20인은 긴 창을 들고, 4인은 노를
들며, 16인은 활과 화살을 찬다. 주작의장대는 주작기를 세우는데 1
인이 잡으며, 인도하는 자와 좌우에서 돕는 자가 모두 2인이고, 금오
위절충도위 1인이 지휘하는데, 40인을 거느리며, 그중 20인은 긴 창
을 들고 4인은 노를 들며, 16인은 활과 화살을 찬다. 또 2인이 포삭
戵㦸을 들고 모두 횡도를 차는데, 포삭은 황금으로 끝을 도금한 것
이다. 용기 12기를 드는 자는 융복에 대포를 입으며, 부간副竿 2개를
각 1인이 들며 융복과 대포를 입고 좌우로 나누고, 과의도위 각 1인
이 지휘한다. 대장군 1인이 2대를 임시로 지휘한다. 현무의장대는
현무기를 세우는데 1인이 들고, 2인이 인도하고 2인이 좌우에서 돕
는다. 평건책, 흑색 양당, 흑색 겹옷, 대구고를 입으며, 좌우금오위절
충도위 각 1인이 지휘하며, 각 50인을 거느리는데, 그중 25인은 긴
창을 들고, 5인은 노를 들고, 20인은 활과 화살을 든다. 또 2인은 포
삭을 든다. 모든 위의 협문의장대·장창의장대와 모든 의장대는 서
로 간격을 두고 배열한다.

朝日, 殿上設黼扆·躡席·熏爐·香案. 御史大夫領屬官至殿西廡, 從官朱衣傳呼, 促百官就班, 文武列於兩觀. 監察御史二人立於東西朝堂甎道以涖之. 平明, 傳點畢, 內門開. 監察御史領百官入, 夾階, 監門校尉二人執門籍, 曰:「唱籍」. 旣視籍, 曰:「在」. 入畢而止. 次門亦如之. 序班於通乾·觀象門南, 武班居文班之次. 入宣政門, 文班自東門而入, 武班自西門而入, 至閤門亦如之. 夾階校尉十人同唱, 入畢而止. 宰相·兩省官對班於香案前, 百官班於殿庭左右, 巡使二人分涖於鐘鼓樓下, 先一品班, 次二品班, 次三品班, 次四品班, 次五品班. 每班, 尚書省官爲首. 武班供奉者立於橫街之北, 次千牛中郎將, 次千牛將軍, 次過狀中郎將一人, 次接狀中郎將一人, 次押柱中郎將一人, 次押柱中郎一人, 次排階中郎將一人, 次押散手仗中郎將一人, 次左右金吾衛大將軍. 凡殿中省監·少監, 尚衣·尚舍·尚輦奉御, 分左右隨繖·扇而立. 東宮官居上臺官之次, 王府官又次之, 唯三太·三少·賓客·庶子·王傅隨本品. 侍中奏「外辦」, 皇帝步出西序門, 索扇, 扇合. 皇帝升御座, 扇開. 左右留扇各三. 左右金吾將軍一人奏「左右廂內外平安」. 通事舍人贊宰相兩省官再拜, 升殿. 內謁者承旨喚仗, 左右羽林軍勘以木契, 自東西閤而入. 內侍省五品以上一人引之, 左右衛大將軍·將軍各一人押之. 二十人以下入, 則不帶仗. 三十人入, 則左右廂監門各二人, 千牛備身各四人, 三衛各八人, 金吾一人. 百人入, 則左右廂監門各六人, 千牛備身各四人, 三衛三十三人, 金吾七人. 二百人, 則增以左右武衛·威衛·領軍衛·金吾衛·翊衛等. 凡仗入, 則左右廂加一人監捉永巷, 御刀·弓箭. 及三衛帶刀入, 則曰「仗入」; 三衛不帶刀而入, 則曰「監引入」. 朝罷, 皇帝步入東序門, 然後放仗. 內外仗隊, 七刻乃下. 常參·輟朝日, 六刻卽下. 宴蕃客日, 隊下, 復立半仗於兩廊. 朔望受朝及蕃客辭見, 加纛·矟隊, 儀仗減半. 凡千牛仗立, 則全仗立. 太陽虧, 昏塵大霧,則內外諸門皆立仗. 泥雨, 則延三刻傳點.

　조회가 있는 날에는 정전의 위에 보의黼扆77)·섭석躡席·훈로熏爐·향안香案을 설치한다. 어사대부는 속관을 거느리고 전의 서쪽 행각으로 이르고, 따르는 관속들은 주색 상의를 입고 큰 소리로 백관의 도열을 재촉하며, 문무관은 양관兩觀에 도열한다. 감찰어사 2인은 조당의 동서 전도甎道에 서서 (황제가 임하기를) 기다린다. 동이 트면 모든 점검이 끝났음을 알리고 내문內門을 연다. 감찰어사는 백관을 이끌어 들어가게 하고 (문 옆의) 양쪽 계단에 서 있는다. 감문교위 2인은 문적門籍78)을 들고 "창적唱籍"이라고 말하며, 문적을 점검한 후에는 "재在"라고 말한다. 들어가기를 마치면 그친다. 다음의 문 역시 이같이 한다. 통건문通乾門과 관상문觀象門79)의 남쪽에 순서대로 도열하는데 무반은 문반의 뒤에 도열한다. 선정문宣政門80)을 들어갈 때는 문반은 동문으로 들어가고 무반은 서문으로 들어가며,

---

77) 보의黼扆 : 황제의 좌석 뒤에 친 병풍을 말한다. 『尙書』「顧命」에 "狄設黼扆綴衣"라는 기록이 있는데, 孔安國은 傳에서 "扆, 屛風, 畫爲斧文, 置戶牖間"라고 기록하였다.

78) 문적門籍 : 궁문 출입의 명부를 말한다. 漢代에는 길이 2尺의 대나무 편으로 만들며 관리의 이름, 연령, 신분 등을 기록하였다. 『史記』 권107 「魏其侯列傳」 "除竇嬰門籍, 不得入朝請." 후에는 書冊으로 바뀌었다.

79) 통건문通乾門, 관상문觀象門 : 당나라 장안 대명궁의 문이다. 『唐六典』에 의하면 "동문이 通乾門이고 서문이 觀象門"이라고 하였다. 현재 발굴된 대명궁의 유지를 보면 그 위치가 大殿과 종루·고루 사이에 해당한다.

80) 선정문宣政門 : 宣政殿은 대명궁의 2대 大殿 중의 하나로 含元殿과 紫宸殿 사이에 위치하며 常朝가 열리는 곳이다. 함원전에서 북으로 300m 거리에 있으며, 함원전과 선정전 사이에 있는 문이다.

합문을 들어갈 때도 역시 같다. 협계교위夾階校尉 10인이 함께 소리치며, 진입이 끝나면 그친다. 재상, 중서 문하 2성의 장관은 반과 마주한 향안의 앞에 위치하고, 백관반은 전정의 좌우에 위치하며, 순사 2인이 종루와 고루 아래로 나뉘어 도달한다. 선두에는 1품관반, 다음은 2품관반, 다음은 3품관반, 다음은 4품관반, 다음은 5품관반이 위치한다. 매 반마다 상서성의 관료가 선두에 선다. 무반으로 공봉자供奉者는 횡가의 북쪽에 자리 잡고, 다음은 천우중랑장千牛中郎將, 다음은 천우장군千牛將軍, 다음은 과장중랑장過狀中郎將 1인, 다음은 접장중랑장接狀中郎將 1인, 다음은 압주중랑장押柱中郎將 1인, 다음은 압주중랑押柱中郎 1인, 다음은 배계중랑장排階中郎將 1인, 다음은 압산수장중랑將장押散手仗中郎將장 1인, 다음은 좌우금오위대장군左右金吾衛大將軍이 자리 잡는다. 모든 전중성殿中省[81]의 감·소감, 상의·상사·상연봉어는 좌우로 나뉘어 산과 선을 들고 선다. 동궁의 관리는 상대관上臺官[82]의 다음에 자리하고, 왕부의 관리는 그 다음에 자리하며, 오직 삼태·삼소·빈객·서자·왕부는 본품에 따라 자리 잡는다. 시중이 "바깥이 준비되었습니다[外辦]"라고 아뢰면, 황제가 서서문西序門을 통해 걸어 나오는데, 선을 벌렸다가 합한다. 황제가 어좌에 오르면 선을 편다. 좌우에 선 각 3개를 남긴다. 좌우금오장군 1인은 "좌우 상의 내외가 평안합니다"라고 아뢴다. 통사사인通事舍人[83]

---

81) 전중성殿中省 : 천자의 음식, 복식관련 일을 담당하는 부서이다. 『新唐書』권47 「百官志」2 "監一人, 從三品 ; 少監二人, 從四品上 ; 丞二人, 從五品上. 監掌天子服禦之事. 其屬有六局, 曰尙食·尙藥·尙衣·尙乘·尙舍·尙輦."

82) 상대관上臺官 : 기본적으로 三公 또는 太師, 太傅, 太保를 합칭한 것이다.

이 재상과 중서성과 문하성의 장관을 인도하여 재배하게 하며, (재상과 중서 문하의 장관은) 전으로 오른다. 내알자는 명을 받들어 의장을 부르면 좌우우림군이 목계木契로 검사를 마친 후 동서합문으로부터 들어온다. 내시성 5품 이상은 1인이 인도하고 좌우위대장군·장군 각 1인이 통령한다.

　20인 이하가 들어갈 때는 장을 들고 (호위하지) 않는다. 30인이 들어갈 때는 좌우 상에 감문 2인, 천우비신 각 4인, 삼위 각 8인, 금오 1인이 호위한다. 100인이 들어갈 때는 좌우 상에 감문 각 6인, 천우비신 각 4인, 삼위 33인, 금오 7인이 호위한다. 200인이 들어갈 때는 좌우무위·위위·영군위·금오위·익위 등을 증원한다. 의장대가 들어갈 때는 좌우 상에 1인을 더하여 궁궐의 복도를 지키게 하는데, 어도와 활과 화살로 무장한다. 삼위가 칼을 휴대하고 들어갈 때는 "의장대가 들어갑니다[仗入]"라고 말한다. 삼위가 칼을 휴대하지 않고 들어갈 때는 "감인이 들어갑니다[監引入]"라고 말한다. 조회가 끝나면 황제는 동서문으로 걸어 들어가고 그 후에 의장대를 해산한다. 내외 의장대는 7각刻에 물러난다. 상참常參[84]일과 철조輟朝[85]일에는 6각에 즉시 물러난다. 번객에게 연회를 베푸는 날에는 의장대

---

83) 통사사인通事舍人 : 중서성의 속관으로 16인을 두었다. 종6품상의 관직으로 '掌朝見引納·殿庭通奏'를 담당하였다. 『新唐書』 권47 「百官志」2 "通事舍人十六人, 從六品上. 掌朝見引納·殿庭通奏. 凡近臣入侍·文武就列, 則導其進退, 而贊其拜起·出入之節. 蠻夷納貢, 皆受而進之. 軍出, 則受命勞遣 ; 既行, 則每月存問將士之家, 視其疾苦 ; 凱還, 則郊迓"
84) 상참常參 : 일상적인 조회.
85) 철조輟朝 : 황제가 臨朝聽政를 하지 않은 것을 말한다.

를 물리고, 반의장대를 양쪽 행랑에 세운다. 삭일과 망일의 조회와 번에서 온 사신을 접견할 때는 독纛과 긴창 의장대를 추가하고 의장대는 반으로 줄인다. 모든 천우장을 세울 때는 완전한 의장으로 세운다. 만일 일식이나 황혼으로 어스름해 질 때, 안개가 많이 낄 때는 내외 모든 문에 의장을 세운다. 진흙비가 내릴 때는 보고하는 시각을 3각 연장한다.

駕.

가.

大駕鹵簿. 天子將出, 前二日, 太樂令設宮縣之樂於庭. 畫漏上五刻, 駕發. 前發七刻, 擊一鼓爲一嚴. 前五刻, 擊二鼓爲再嚴, 侍中版奏「請中嚴」. 有司陳鹵簿. 前二刻, 擊三鼓爲三嚴, 諸衛各督其隊與鈒·戟以次入陳殿庭. 通事舍人引群官立朝堂, 侍中·中書令以下奉迎於西階, 侍中負寶, 乘黃令進路於太極殿西階南向, 千牛將軍一人執長刀立路前北向, 黃門侍郎一人立侍臣之前, 贊者二人. 旣外辨, 太僕卿攝衣而升, 正立執轡. 天子乘輿以出, 降自西階, 曲直華蓋, 警蹕, 侍衛, 千牛將軍前執轡, 天子升路, 太僕卿授綏, 侍中·中書令以下夾侍.

대가노부. 천자가 장차 출행하기 2일 전에 태악령太樂令[86]은 전정

---

86) 태악령太樂 : 太樂署의 장관으로 종7품하에 해당하는 관직이다. 태악서는 '調合鐘律, 以供邦國之祭祀享宴'를 담당한다. 『舊唐書』 권44 「職官

에 궁현(宮縣)[87])의 악기를 설치한다. 주루가 상 5각이 되면 대가가 출발한다. 7각 전에 고를 한번 치면 1엄이다. 5각 전에 고를 두 번 치면 2엄이며, 시중이 홀판을 들고 "중엄을 청합니다"라고 아뢴다. 담당관이 노부를 늘어놓는다. 2각 전에 고를 세 번 치면 3엄이며, 모든 위는 각각 그 의장대와 삽(鈒)·극을 든 의장대가 순서대로 들어와 전정에 배열하도록 감독한다. 통사사인(通事舍人)은 관료들이 조당에 서게 인도하고, 시중(侍中[88])과 중서령(中書令[89]) 이하는 서쪽 계단에서 받들어 맞이하며 시중은 인보(印寶)를 들고, 승황령(乘黃令[90])은 노거를

志」3 "令一人, 從七品下. 丞一人, 從八品下. 府三人, 史六人. 樂正八人, 從九品下. 典事八人, 掌固八人, 文武二舞郞一百四十人. 太樂令調合鐘律, 以供邦國之祭祀享宴. 丞爲之貳. 凡天子宮懸鐘磬, 凡三十六簴."

87) 궁현宮縣 : 고대에 鐘磬 등 악기를 架에 거는 일을 말하는데, 그 형태는 신분에 따라 달랐다. 궁현은 천자의 경우를 말하는 것이고, 제후는 軒縣, 경대부는 判縣, 사는 特縣이라고 하였다. 『周禮』 「春官·小胥」에는 "正樂縣之位 : 王宮縣, 諸侯軒縣, 卿大夫判縣, 士特縣"라 하였는데, 鄭玄은 鄭司農의 말을 인용하여 "宮縣, 四面縣, 軒縣去其一面, 判縣又去其一面, 特縣又去其一面. 四面象宮室, 四面有牆, 故謂之宮縣"라고 하였다.

88) 시중侍中 : 문하성의 장관으로 당대에는 2인을 두었다. 『新唐書』 권47 「百官志」2 "侍中二人, 正二品. 掌出納帝命, 相禮儀. 凡國家之務, 與中書令參總, 而顓判省事."

89) 중서령中書令 : 중서성의 장관으로 당대에는 2인을 두었다. 『新唐書』 권47 「百官志」2 "中書令二人, 正二品. 掌佐天子執大政, 而總判省事."

90) 승황령乘黃令 : 후한 말에 曹操가 처음으로 설치하였을 때는 乘黃廐令이라 하였다. 魏와 晉에서 계승하여 설치하였고, 7품으로 태복의 속관이며 皇帝乘輿와 御廐諸馬를 담당하게 하였다. 동진에서는 설치하지 않았다가 남조에 들어와 다시 설치하였는데, 이때에 태상의 속관이 되었다. 梁나라에서는 流外官이 되었으며, 北齊에서는 乘黃署의 長官이 되어 太僕寺

태극전으로 들이고 서쪽 계단에서 남쪽을 향하게 하며, 천우장군 1
인이 노거의 앞에서 긴 칼을 지니고 북쪽을 향하여 선다. 황문시랑
黃門侍郞91) 1인은 근시관의 앞에 서고, 찬자 2인은 이미 바깥의 준
비를 마친 후 태복경太僕卿이 상의를 입고 수레에 올라 고삐를 잡
고 정면으로 선다. 천자가 수레에 오르면 출발하는데 서쪽 계단으
로부터 내려오고, 수레 덮개를 구부렸다 펴고, 길 청소와 계엄을 하
면 시위와 천우장군이 앞에서 고삐를 잡고, 천자가 수레에 오르면
태복경이 수레 손잡이를 건네주고, 시중과 중서령 이하는 좌우에서
시위한다.

黃門侍郞前奏「請發」. 鑾駕動, 警蹕, 鼓傳音, 黃門侍郞與贊者
夾引而出, 千牛將軍夾路而趨. 駕出承天門, 侍郞乘馬奏「駕少留,
敕侍臣乘馬」. 侍中前承制, 退稱:「制曰可」. 黃門侍郞退稱:「侍
臣乘馬.」贊者承傳, 侍臣皆乘. 侍衛之官各督其屬左右翊駕, 在黃
麾內. 符寶郞奉六寶與殿中後部從, 在黃鉞內. 侍中·中書令以下
夾侍路前, 贊者在供奉官內.

의 속관이 되었다. 隋·唐·五代에도 계속 설치되었으며, 隋에서는 종8품
하, 唐에서는 종7품하가 되었다.

91) 황문시랑黃門侍郞 : 당대에는 門下省의 부장관에 해당하며 정3품이다.
門下侍郞이라고 칭하다가 龍朔 2년(662) 황문시랑으로 개칭하였고, 수차
례 변칭되었다. 『新唐書』 권47 「百官志」2 "門下侍郞二人, 正三品. 掌貳
侍中之職. 大祭祀則從 ; 盥則奉巾, 旣帨, 奠巾 ; 奉匑爵贊獻. 元日·冬
至, 奏天下祥瑞. 侍中闕, 則涖封符券·給傳驛. 龍朔二年改黃門侍郞曰
東臺侍郞, 武后垂拱元年曰鸞臺侍郞, 天寶元年曰門下侍郞, 乾元元年
曰黃門侍郞, 大曆二年復舊."

황문시랑이 (황제의) 앞에서 "출발하기를 청합니다"라고 아뢴다. 천자의 수레가 움직이면 길 청소와 계엄을 하고 북소리를 전달하여 알리고 황문시랑과 찬자가 옆에서 인도하고 나아가며, 천우장군은 옆에서 빠른 걸음으로 따르고 천자의 수레가 승천문承天門[92]을 나가면 시랑이 말을 타고 "수레를 잠시 멈추시고 근시 신료에게 말을 타라는 칙령을 내려주십시오"라고 아뢴다. 시중이 (황제의) 앞에서 제를 받들고 물러나 "황제께서 승락하셨습니다"라고 말한다. 황문시랑이 물러나 "근시 신료는 말에 오르십시오"라고 한다. 찬자가 이어서 전달하면 근시 신료가 모두 말에 오른다. 시위 관료는 각각 예속 좌우익위의 기마대를 통령하여 황휘의 대열 안에 자리 잡는다. 부보랑符寶郎[93]은 6보를 받들고 전중의 뒤를 따라서 황월의 대열 안에 자리 잡는다. 시중, 중서령 이하 협시는 천자의 수레 앞에, 찬자는 공봉관의 대열 안쪽에 자리 잡는다.

侍臣乘畢, 侍郎奏「請車右升」. 侍中前承制, 退稱:「制曰可」. 侍郎復位, 千牛將軍升. 侍郎奏「請發」. 萬年縣令先導, 次京兆牧·太常卿·司徒·御史大夫·兵部尚書, 皆乘路, 鹵簿如本品.

근시 신료가 말에 오르기를 마치면 시랑은 "오른쪽 앞의 수레를

---

92) 승천문承天門 : 당대 長安 太極宮의 정문이다. 태극궁은 수문제 개황 2년 (582)에 건립하였다. 황제와 관료들과의 군신회의나 국가 중요 행사 등이 거행되는 장소였다. 승천문은 사실상 장안궁과 황성이 함께 공유하는 중문이었는데, 북으로는 장안성의 북문인 玄武門으로 이어지고, 남으로는 황성의 남문인 朱雀門으로 연결되는 노선의 중간에 위치하였다.

따르기를 청합니다"라고 아뢴다. 시중이 (황제의) 앞에서 제를 받들

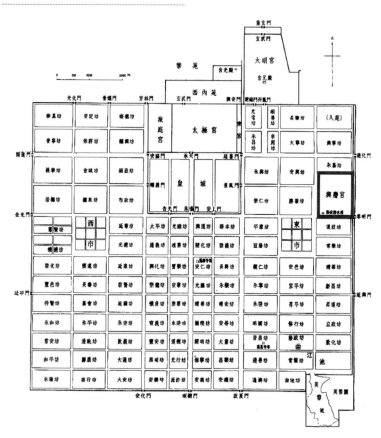

장안성 평면도

93) 부보랑符寶郞 : 관명이다. 漢代에는 符節令의 속관으로 符璽郞이 있었는
데, 曹魏 시대에 들어와 符璽郞이라고 칭하였으며, 7품관이었다. 西晉에
서는 설치하지 않았다가 북위, 북제 때에 다시 설치하였고, 隋 초에는 다
시 설치하지 않다가 大業 3년(607)에 符璽監을 符璽郞으로 개칭하여 2
인으로 하고, 종6품으로 하여 門下省의 속부인 符璽局의 장관으로 하였
다. 당에서도 이를 계승하였으나, 후에 符節郞과 符寶郞으로 개칭하였다.

고, 물러나 "황제께서 승락하셨습니다"라고 말한다. 시랑이 자리로 돌아오고, 천우장군이 수레에 오른다. 시랑이 "출발을 청합니다"라고 아뢴다. 만년현萬年縣94)의 현령이 선도하고, 다음에 경조목, 태상경, 사도, 어사대부, 병부상서가 모두 수레에 타는데 노부의 의장은 본품관과 같다.

次淸游隊. 次左右金吾衛大將軍各一人, 帶弓箭橫刀, 檢校龍旗以前朱雀等隊, 各二人持㦸樂, 騎夾. 次左右金吾衛果毅都尉各一人, 帶弓箭橫刀, 領夾道鐵甲仗飛. 次虞候仗飛四十八騎, 平巾幘·緋裲襠·大口袴, 帶弓箭·橫刀, 夾道分左右, 以屬黃麾仗. 次外鐵甲仗飛二十四人, 帶弓箭·橫刀, 甲騎具裝, 分左右廂, 皆六重, 以屬步甲隊.

다음은 청유의장대다. 이어서 좌우금오위 대장군 각 1인이 활과 화살, 횡도를 차고 용기龍旗 앞의 주작의장대 등의 의장대를 임시로 담당하며, 각각 2인이 포삭㦸樂을 들고, 좌우에서 말을 타고 (시위한다). 이어서 좌우금오위 과의도위 각 1인이 활과 화살, 횡도를 차고, 협도철갑차비를 통령한다. 이어서 우후차비 48인이 말을 타고 (시위하는데) 평건책을 쓰고, 비색 양당과 대구고를 입고 활과 화살, 횡도를 차고, 협도는 좌우로 나누며, 황휘의장의 대열을 따른다. 이어서

---

94) 만년현萬年縣 : 북주 明帝 2년(558)에 처음으로 설치하였다. 당대 장안성에는 경조부를 두었는데, 京兆府 안에 12개의 현을 설치하였다. 장안성 내에서는 朱雀街를 경계로 하여 서쪽에는 長安縣, 동쪽에는 萬年縣을 두었다.

외철갑 24인이 활과 화살, 횡도를 차고 (시위하며) 갑옷을 입은 기마
대는 완전무장을 하고 좌우상에서 나누어 시위하는데 모두 6겹으로
하고 보갑대의 대열을 따른다.

次朱雀隊. 次指南車·記里鼓車·白鷺車·鸞旗車·辟惡車·皮
軒車, 皆四馬, 有正道匠一人, 駕士十四人, 皆平巾幘·大口絝·緋
衫. 太卜令一人, 居辟惡車, 服如伙飛, 執弓箭. 左金吾衛隊正一
人, 居皮軒車, 服平巾幘·緋裲襠, 銀裝儀刀, 紫黃綏紛, 執弩. 次
引駕十二重, 重二人, 皆騎, 帶橫刀. 自皮軒車後, 屬於細仗前, 槊
·弓箭相間, 左右金吾衛果毅都尉各一人主之.

다음은 주작의장대다. 이어서 지남거指南車,[95] 거리고거,[96] 백로
거白鷺車, 난기거鸞旗車,[97] 벽악거辟惡車, 피헌거皮軒車가 이어지는

---

95) 지남거指南車 : 일명 司南車라고도 한다. 『晋書』 권45 「輿服志」에는 "네
   마리 말이 끈다. 수레의 아랫 부분의 형태는 누각과 같으며, 3층이며 네
   귀퉁이에는 금룡이 우보를 머금고 있고 나무에는 선인을 새겨 깃털 옷을
   입히고 수레 위에 세우면 수레가 비록 돌아 움직일지라도 손은 항상 남쪽
   을 가리킨다. 대가大駕가 출행할 때 먼저 인도하는 수레다.一名指南車,
   駕四馬, 其下制如樓, 三級, 四角金龍銜羽葆, 刻木爲仙人. 衣羽衣, 立
   車上, 車雖回運而手常南指. 大駕出行, 爲先啟之乘."라고 하였다.

96) 기리고거記里鼓車 : 길이를 재는 수레다. 바퀴가 한 바퀴 돌아 1리를 가면
   추를 쳐서 거리를 잴 수 있게 만들었다. 『晋書』 권45 「輿服志」에는 "기리
   고거는 네 마리 말이 끈다. 형태는 사남거와 같다. 그중에 나무로 만든
   사람이 추를 잡고 북을 향하여 있다. 행차 시에는 1리를 지날 때마다 추를
   한 번 친다.記里鼓車, 駕四, 形制如司南, 其中有木人執槌向鼓, 行一里
   則打一槌"라고 하였다.

데 모두 4마리의 말이 끌며, 정도장 1인과, 가사駕士98) 14인이 있는
데 모두 평건책을 쓰고 대구고와 비색 삼을 입는다. 태복령 1인이
벽악거를 타는데 복식은 차비와 같고 활과 화살을 잡고 있다. 좌금
오위의장대는 정 1인은 피헌거를 타는데 복식은 평건책을 쓰고 비
색 양당을 입고 은으로 장식한 의장용 칼을 차며 자황색 수와 분을
차고 노를 잡고 있다. 이어서 인가 12대열이 있는데 대열마다 2인으
로 모두 말을 타고 횡도를 찬다. 피헌거로부터 그 뒤로는 세의장대
[細仗]의 앞에 이어지며 긴 창과 활 및 화살을 든 자들은 서로 간격
을 두고 좌우집금위의 과의도위 각 1인이 지휘한다.

次鼓吹. 次黃麾仗一, 執者武弁·朱衣·革帶, 二人夾. 次殿中侍
御史二人導. 次太史監一人, 書令史一人, 騎引相風·行漏輿. 次
相風輿, 正道匠一人, 輿士八人, 服如正道匠. 次捆鼓·金鉦, 司辰
·典事匠各一人, 刻漏生四人, 分左右. 次行漏輿, 正道匠一人, 輿
士十四人.

---

97) 난기거鸞旗車 : 난새의 깃털로 만든 난기를 단 수레다.『晉書』권45「輿
　　服志」에는 "난기거는 네 마리 말로 몬다. 선도가 탄다. 난기는 쪼갠 깃털
　　을 엮어서 만들었고 당기의 옆에 열을 지어 매달았다.鸞旗車, 駕四, 先輅
　　所載也. 鸞旗者, 謂析羽旄而編之, 列繫幢傍也"라고 하였다.

98) 가사駕士 : 황제나 황후 등의 행차에서 수레를 모는 일을 담당하는 병사
　　다.『舊唐書』권44「職官志」3에는 "內侍省에 가사 200인, 太僕寺 乘黃
　　署에 가사 140인, 양거소사 14인, 太僕寺 典廐署에 가사 800인이 있었고,
　　東宮官屬 太子內坊에 가사 30인, 東宮官屬 太子僕寺에 가사 30인이 있
　　었다"라고 하였다.

다음은 고취대다. 이어서 황휘의장대 1대가 따르는데 황휘를 잡은 자는 무변을 쓰고, 주색 상의에 혁대를 차며, 2인이 옆에서 보좌한다. 이어서 전중시어사 2인이 인도하고, 이어서 태사감 1인, 서령사 1인이 말을 타고 상풍相風[99]과 행루여行漏興[100]를 인도한다. 이어서 상풍여인데 정도장 1인과 여사 8인이 수레를 매는데 복식은 정도장과 같다. 이어서 강고摑鼓[101]와 금정金鉦[102]인데, 사신司辰과 전사장典事匠은 각 1인이며, 각루생은 4인인데 좌우로 나뉘어 따른다. 이어서 행루여인데 정도장 1인에 여사 14인이 맨다.

次持鈒前隊. 次御馬二十四, 分左右, 各二人馭. 次尙乘奉御二人, 書令史二人, 騎從.

다음은 지삽전의장대다. 이어서 어마 24필이 좌우로 나뉘어 따르는데 각각 2인이 말을 부린다. 이어서 상승봉어 2인, 서령사 2인이 말을 타고 따른다.

---

99) 상풍相風 : 기상 특히 풍향을 관측하는 기구다.
100) 행루行漏 : 漏刻은 시간을 계산하는 기구다. 중국에서는 시간 계산을 위해서 晝夜漏刻을 창안하여 사용하였다고 한다. 공식적으로는 후한 대의 劉洪과 蔡邕(174년)이 이 계산법을 개발한 것으로 알려져 있다 (陳美東·李東生, 「中國古代晝夜漏刻長度的計算法」『自然科學史研究』 1990-04). 行漏는 이것을 싣고 행차하였던 것으로 보인다.
101) 강고摑鼓 : 작은 북이다. 수나라 大業 연간에 煬帝가 연회에서 연주하도록 하였다. 주악을 연주할 때 앞에서 강고를 치며, 대고를 이끈다.
102) 금정金鉦 : 금속으로 만든 타악기다.

次左靑龍右白虎旗, 執者一人, 服如正道匠, 引·夾各二人, 皆騎. 次左右衛果毅都尉各一人, 各領二十五騎, 二十人執槊, 四人持弩, 一人帶弓箭, 行儀刀仗前. 次通事舍人, 四人在左, 四人在右. 侍御史, 一人在左, 一人在右. 御史中丞, 一人在左, 一人在右. 左拾遺一人在左, 右拾遺一人在右. 左補闕一人在左, 右補闕一人在右. 起居郎一人在左, 起居舍人一人在右. 諫議大夫, 一人在左, 一人在右. 給事中二人在左, 中書舍人二人在右. 黃門侍郎二人在左, 中書侍郎二人在右. 左散騎常侍一人在左, 右散騎常侍一人在右. 侍中二人在左, 中書令二人在右. 通事舍人以下, 皆一人從. 次香蹬一, 有衣, 繡以黃龍, 執者四人, 服如折衝都尉.

다음은 좌청룡우백호기인데 1인이 기를 들고 복식은 정도장과 같으며, 인도하는 자와 옆에서 보좌하는 자 각각 2인이 말을 타고 따른다. 이어서 좌우위 과의도위 각 1인이 각기 25기를 통령하는데, 20인은 긴 창을 잡고, 4인은 노를 잡고 1인은 활과 화살을 들며 의도의장대 앞에 위치한다. 이어서 통사사인인데 4인은 왼쪽에, 4인은 오른쪽에 위치한다. 시어사는 1인은 왼쪽에, 2인은 오른쪽에 위치한다. 어사중승은 1인은 왼쪽에 1인은 오른쪽에 위치한다. 좌습유 1인은 왼쪽에, 우습유 1인은 오른쪽에 위치한다. 좌보궐 1인은 왼쪽에, 우보궐 1인은 오른쪽에 위치한다. 기거랑 1인은 왼쪽에, 기거사인 1인은 오른쪽에 위치한다. 간의대부는 1인은 왼쪽에, 1인은 오른쪽에 위치한다. 급사중 2인은 왼쪽에, 중서사인 2인은 오른쪽에 위치한다. 황문시랑 2인은 왼쪽에, 중서시랑 2인은 오른쪽에 위치한다. 좌산기상시 1인은 왼쪽에, 우산기상시 1인은 오른쪽에 위치한다. 시중 2인은 왼쪽에, 중서령 2인은 오른쪽에 위치한다. 통사사인 이하는 모두

1인이 따른다. 이어서 향등 하나가 따르는데 황룡을 수놓은 덮개로
덮고 4인이 들고 가며 그들의 복식은 절충도위와 같다

次左右衛將軍二人, 分左右, 領班劍·儀刀, 各一人從. 次班劍
·儀刀, 左右廂各十二行 : 第一左右衛親衛各五十三人, 第二左右
衛親衛各五十五人, 第三左右衛勳衛各五十七人, 第四左右衛勳
衛各五十九人, 各執金銅裝班劍, 纁朱綬紛; 第五左右衛翊衛各六
十一人, 第六左右衛翊衛各六十三人, 第七左右衛翊衛各六十五
人, 第八左右驍衛各六十七人, 各執金銅裝儀刀, 綠綖綬紛; 第九
左右武衛翊衛各六十九人, 第十左右威衛翊衛各七十一人, 第十
一左右領軍衛翊衛各七十三人, 第十二左右金吾衛翊衛各七十五
人, 各執銀裝儀刀, 紫黃綬紛. 自第一行有曲折三人陪後門, 每行
加一人, 至第十二行曲折十四人.

다음은 좌우위장군 2인이 좌우로 나뉘고, 반검班劍[103]을 통령하는
자와 의도를 통령하는 자 각 1인이 따른다. 이어서 반검과 의도의
행렬인데, 좌우 상에 각각 12행이다. 제1행은 좌우위친위 각 53인,
제2행은 좌우위친위 각 55인, 제3행은 좌우위훈위 각 57인, 제4행은
좌우위훈위 각 59인이며, 각각 금과 동으로 장식한 반검을 들고, 훈
주색 수와 분을 찬다. 제5행은 좌우위익위 각 61인, 제6행은 좌우위
익위 각 63인, 제7행은 좌우위익위 각 65인, 제8행은 좌우효위 각

---

103) 반검班劍 : 문양이 있는 검 혹은 호피로 장식한 검을 말한다. 漢代에는
朝服에 검을 찼는데, 晉代에는 나무검으로 바꾸고, 반검이라고 불렀다.
반검이라는 명칭은 화려하게 장식한 모양에서 취한 것이다. 후에는 주로
의장용으로 사용하거나, 천자가 공신에게 하사하는 용도로 사용되었다.

77인이며, 각각 금과 동으로 장식한 의도를 들고, 녹려색 수와 분을 찬다. 제9행은 좌우무위익위 각 69인, 제10행은 좌우위위익위 각 71인, 제11행은 좌우령군위익위 각 73인, 제12행은 좌우금오위익위 각 75인이며, 각기 은으로 장식한 의도를 들고 자황색 수와 분을 찬다. 제1행부터 곡절 3인을 두어 후문에 배치하는데, 행마다 1인을 증원하여, 12행에 이르면 곡절은 14인이 된다.

次左右廂, 諸衛中郎將主之, 執班劍·儀刀, 領親·勳·翊衛. 次左右衛郎將各一人, 皆領散手翊衛三十人, 佩橫刀, 騎, 居副仗槊翊衛內. 次左右驍衛郎將各一人, 各領翊衛二十八人, 甲騎具裝, 執副仗槊, 居散手衛外. 次左右衛供奉中郎將·郎將四人, 各領親·勳·翊衛四十八人, 帶橫刀, 騎, 分左右, 居三衛仗內.

다음은 좌우상으로 여러 위의 중랑장이 지휘하는데, 반검과 의도를 들고, 친위, 훈위, 익위를 통령한다. 이어서 좌우위랑장 각 1인이 모두 산수익위散手翊衛 30인을 통령하는데, 횡도를 차고, 말을 타며 부장삭익위副仗槊翊衛 안쪽에 위치한다. 이어서 좌우효위랑장 각 1인이 익위 28인을 통령하는데 갑옷을 입은 기마대는 완전무장을 하고, 부장삭을 들고 산수위 바깥쪽에 위치한다. 이어서 좌우위공봉중랑장과 낭장 4인인데, 각각 친위, 훈위, 익위 48인을 통령하며 횡도를 차고, 말을 타며 좌우로 나뉘어 삼위장三衛仗 안쪽에 위치한다.

次玉路, 駕六馬, 太僕卿馭之, 駕士三十二人. 凡五路, 皆有副. 駕士皆平巾幘·大口綺, 衫從路色. 玉路, 服青衫. 千牛衛將軍一人陪乘, 執金裝長刀, 左右衛大將軍各一人騎夾, 皆一人從, 居供

奉官後. 次千牛衛將軍一人, 中郎將二人, 皆一人從. 次千牛備身
・備身左右二人, 騎, 居玉路後, 帶橫刀, 執御刀・弓箭. 次御馬二,
各一人馭. 次左右監門校尉二人, 騎, 執銀裝儀刀, 居後門內.

다음은 옥로[104]의 행렬인데, 6마리의 말이 끌며 태복이 마차를 몰
고 가사 32인이 따른다. 5로는 모두 부거가 있다. 가사는 모두 평건
책을 쓰고 대구고와 삼을 입는데, 삼은 로의 색을 따른다. 옥로는 청
색 삼을 입는다. 천우위장군 1인이 배승하고 금으로 장식한 긴 칼을
들며, 좌우위대장군 각 1인이 말을 타고 옆에서 호위하고 각각 1인
이 따라 가며 공봉관의 뒤편에 위치한다. 이어서 천우위장군 1인, 중
랑장 2인인데, 모두 1인이 따라 간다. 이어서 천우비신과 비신좌우
2인인데 말을 타고, 옥로의 뒤 편에 위치하며 횡도를 차고, 어도와
활과 화살을 들고 간다. 이어서 어마 2필이 따르는데, 각각 1인이 말

---

104) 옥로玉路 : 玉輅라고도 하며, 帝王이 타는 수레로 옥으로 장식하였다.
『周禮』「春官・巾車」 "王之五路, 一曰玉路." 鄭玄注 : "玉路, 以玉飾諸
末." 賈公彦疏 : "言諸末者, 凡車上之材於末頭皆飾之, 故云." 당대 옥
로의 제도에 대해서는 『舊唐書』 권45 「輿服志」에 상세한 기록이 있다.

(宋 聶崇義 『三禮圖』)

을 부린다. 이어서 좌우감문교위 2인인데, 말을 타고, 은으로 장식한
의도를 들고 후문의 안쪽에 위치한다.

次衙門旗, 二人執, 四人夾, 皆騎, 赤綦襖·黃冒·黃袍. 次左右
監門校尉各十二人, 騎, 執銀裝儀刀, 督後門, 十二行, 仗頭皆一
人. 次左右驍衛·翊衛各三隊, 居副仗槊外. 次左右衛夾轂, 廂各
六隊.

다음은 아문기인데 2인이 기를 들고, 4인이 옆에서 보좌하며 모두
말을 타고 적색 기오[赤綦襖][105)] · 황색 모[黃冒] · 황색 포[黃袍]를 입
는다. 이어서 좌우감문교위 각 12인이 말을 타고 은으로 장식한 의
도를 들고 후문을 감독하는데 12행이며, 장두는 모두 1인이다. 이어
서 좌우효위와 익위 각 3대 의장대가 있는데 부장삭 행렬의 바깥쪽
에 위치한다. 이어서 좌우위협곡이 있는데 상에 각각 6개 의장대가
위치한다.

---

105) 적기오赤綦襖 : 적색의 綦襖라고 풀었는데 정확히 알 수 없다. 사전에서
는 綦를 두 가지 의미로 해석하였는데, 첫 번째는 鞋帶의 의미다. 『禮
記』「內則」에 "履, 著綦"라 하였는데, 정현은 주에서 "綦, 履系也"라
하였다. 두 번째는 『尙書』「顧命」에서는 "四人綦弁"이라 하였는데, 이
에 대해서 정현은 '青黑曰綦'라 하였고, 왕숙은 '綦, 赤黑色'라 하여 정
론은 없지만, 정현과 왕숙 모두 색깔을 말하는 것으로 풀었다(孫晨陽
張珂 편저 『中國古代服飾辭典』, 2015, 中華書局). 여기서는 이미 적색
을 명기하였으며, 다시 색을 의미하는 것으로는 보이지 않는다. 襖는 포
형태의 옷이다. 이어서 황색의 모와 포를 입는다고 하였으므로, 赤綦襖
는 적색의 신발 끈과 갖옷으로 풀이하였다.

次大繖二, 執者騎, 橫行, 居衙門後. 次雉尾障扇四, 執者騎, 夾
繖. 次腰輿, 輿士八人. 次小團雉尾扇四, 方雉尾扇十二, 花蓋二, 皆
執者一人, 夾腰輿. 自大繖以下, 執者服皆如折衝都尉. 次掌輦四
人, 引輦. 次大輦一, 主輦二百人, 平巾幘·黃絲布衫·大口絝·紫誕
帶·紫行縢·鞋襪. 尚輦奉御二人, 主腰輿, 各書令史二人騎從.

다음 대산大繖 2개가 따르는데, 대산을 든 자는 말을 타고 나란히
행차하며 아문기의 뒤 편에 위치한다. 이어서 치미장선雉尾障扇 4개
가 따르는데 선을 든 자는 말을 타고 산의 옆에서 따른다. 이어서
요여인데 가마 담당은 8인이다. 이어서 소단치미선小團雉尾扇[106] 4
개, 방치미선方雉尾扇 12개, 화개 2개를 모두 1인이 잡고, 요여의 곁
에서 따른다. 대산부터 그 이하를 잡는 자는 모두 절충도위와 같은
복식을 입는다. 이어서 장연掌輦[107] 4인이 연을 인도한다. 이어서 대
연大輦[108] 1대인데 연을 끄는 자는 200인으로 평건책을 쓰고 황색

---

106) 소단치미선小團雉尾扇 : 황제의 의장용구로 꿩의 꼬리털로 장식한 작고
둥근 부채를 말한다.

107) 장연掌輦 : 殿中省 속부 尚輦局의 속관이다. 『新唐書』 권47 「百官志」2,
"龍朔二年, 改尚輦局曰奉輿局. 有書令史二人, 書吏四人, 七輦主輦各
六人, 掌扇六十人, 掌翰三十人, 掌輦四十二人, 奉輿十五人, 掌固六
人. 掌扇·掌翰, 掌執織扇·紙筆硯雜供奉之事 ; 掌輦, 掌率主輦以供
其事. 高宗置掌翰."

108) 대연大輦 : 궁중에서 사용하던 여러 사람이 앉을 수 있을 정도로 큰 수레
를 말한다. 『晉書』 권99 「桓玄傳」에 의하면, 환현이 그의 처 유씨가 황
후가 되자 대연을 만들었는데, 30명이 탈 수 있었으며, 200인이 이 수레
를 끌게 했다는 기록이 있다("以其妻劉氏爲皇后, 將修殿宇, 乃移入東
宮. 又開東掖·平昌·廣莫及宮殿諸門, 皆爲三道. 更造大輦, 容三十人
坐, 以二百人昇之").

비단으로 만든 포삼과 대구고를 입고, 자색 탄대와 자색 행등을 차고, 혜와 버선을 신는다. 상연국의 봉어奉御[109] 2인이 요여를 담당하고 각각 서령사 2인이 말을 타고 따른다.

次殿中少監一人, 督諸局供奉事, 一人從. 次諸司供奉官. 次御馬二十四, 各二人馭, 分左右. 次尙乘直長二人, 平巾幘・緋褲褶, 書令史二人騎從, 居御馬後.

다음은 전중소감殿中少監[110] 1인이 여러 국局이 공봉하는 일을 감독하는데 1인이 종사한다. 이어서 여러 사司의 공봉관이 따른다. 이어서 어마 24필을 각각 2인이 부리며, 좌우로 나누어 따른다. 이어서 상승국의 직장[尙乘直長][111] 2인이 평건책을 쓰고 비색 고습을 입는

109) 봉어奉御 : 殿中省 속부 尙輦局의 속관이다. 『新唐書』 권47 「百官志」2, "尙輦局, 奉御二人 ; 直長三人 ; 尙輦二人, 正九品下. 掌輿輦・繖扇, 大朝會則陳于庭, 大祭祀則陳于廟, 皆繖二・翰一・扇一百五十有六, 旣事而藏之. 常朝則去扇, 左右留者三."

110) 전중소감殿中少監 : 從4品上의 관직으로 직사관이다. 『舊唐書』 권42 「職官志」1, "祕書少監・八寺少卿・殿中少監・太子左右衞・司禦・淸道・內率・監門副率・太子親勳翊衞中郞將・太子家令・太子率更令・太子僕・內侍・大都護親王府長史・已上職事官. 府率・中郞將爲武, 餘並爲文."

111) 상승직장尙乘直長 : 殿中省 속부 尙乘局의 속관이다. 『新唐書』 권47 「百官志」2, "尙乘局, 奉御二人, 直長十人, 掌內外閑廏之馬. 左右六閑 : 一曰飛黃, 二曰吉良, 三曰龍媒, 四曰騊駼, 五曰駃騠, 六曰天苑. 凡外牧歲進良馬, 印以三花・「飛」「鳳」之字. 飛龍廏日以八馬列宮門之外, 號南衙立仗馬, 仗下, 乃退. 大陳設, 則居樂縣之北, 與象相次. 龍朔二年, 改尙乘局曰奉駕局. 有書令史六人, 書吏十四人, 直官二十人,

다. 서령사 2인이 말을 타고 따르며 어마御馬의 뒤편에 위치한다.

次後持鈒隊. 次大繖二, 雉尾扇八, 夾繖左右橫行. 次小雉尾扇
·朱畫團扇, 皆十二, 左右橫行. 次花蓋二, 又二. 次俾倪十二, 左
右橫行. 次玄武幢一, 又一, 居絳麾內. 次絳麾二, 左右夾玄武幢.
次細槊十二, 孔雀爲毦, 左右橫行, 居絳麾後. 自鈒·戟以下, 執者
服如黃麾仗, 唯玄武幢執者服如罕·畢.

다음은 후발 삽鈒을 든 의장대다. 이어서 대산大繖 2기인데 치미
선 8개가 산의 좌우에서 나란히 행차한다. 이어서 소치미선, 주화단
선인데, 모두 12개로 좌우에서 나란히 행차한다. 이어서 화개 2개, 차
2개가 따른다. 이어서 비예俾倪 12개인데 좌우에서 나란히 행차한다.
이어서 현무당玄武幢 1개, 차又 1개인데 강색 휘기[絳麾]의 안쪽에 위
치한다. 이어서 강색 휘기는 현무당을 좌우에서 보좌한다. 이어서 가
늘고 긴 창[細槊] 12개인데 공작새의 깃털로 투구를 장식하고 좌우에
서 나란히 행차하며 강색 휘기의 뒤 편에 위치한다. 삽, 극으로부터
그 이하를 잡는 자는 황월 의장대와 같은 복식을 입는데 오직 현무당
을 잡는 자만은 한, 필 의장대와 같은 복식을 입는다.

次後黃麾, 執者一人, 夾二人, 皆騎. 次殿中侍御史二人, 分左
右, 各令史二人騎從, 居黃麾後. 次大角. 次方輦一, 主輦二百人.

習馭五百人, 掌閑五千人, 典事五人, 獸醫七十人, 掌固四人. 習馭, 掌
調六閑之馬；掌閑, 掌飼六閑之馬, 治其乘具鞍轡；典事, 掌六閑芻粟.
太宗置司廩, 司庫；高宗置習馭·獸醫.”

次小輦一, 主輦六十人. 次小輿一, 奉輿十二人, 服如主輦. 次尚輦
直長二人, 分左右, 檢校輦輿, 皆書令史二人騎從. 次左右武衛五
牛旗輿五, 赤青居左, 黃居中, 白黑居右, 皆八人執之, 平巾幘·大
口絝, 衫從旗色, 左右威衛隊正各一人主之, 騎, 執銀裝長刀.

다음은 후미 황휘의장대인데 1인이 잡고 2인이 옆에서 보좌하며
모두 말을 탄다. 이어서 전중시어사殿中侍御史[112] 2인이 좌우로 나
누어 따르고 각각 영사 2인이 말을 타고 따르며 황휘의장대의 뒤 편
에 위치한다. 이어서 대각의장대다. 이어서 방연 1대가 따르는데 주
련主輦 200인이 연을 끈다. 이어서 소연 1대인데 주련 60인이 소연
을 끈다. 이어서 소여 1대인데 봉여奉輿는 12인이고 복식은 주련과
같다. 이어서 상연국의 직장 2인이 좌우로 나뉘어 연과 여를 임시로
감독하며, 모두 서령사 2인이 말을 타고 따른다. 이어서 좌우무위오
우기를 꽂은 여 5대인데 적청기는 왼쪽에, 황기는 가운데, 백흑기는
오른쪽에 위치하며, 모두 8인이 기를 잡으며, 평건책을 쓰고 대구고
를 입으며, 기의 색과 같은 색의 삼을 입는다. 좌우위위대의 정正 각
1인이 지휘하는데 말을 타며, 은으로 장식한 긴 칼을 찬다.

次乘黃令一人, 丞一人, 分左右, 檢校玉路, 皆府史二人騎從. 次

<hr />

112) 전중시어사殿中侍御史 : 御史臺의 속관으로 9인이며, 종7품하의 관직이
다.『新唐書』권48「百官志」3 "殿中侍御史九人, 從七品下. 掌殿庭供
奉之儀, 京畿諸州兵皆隷焉. 正班, 列於閤門之外, 糾離班·語不肅者.
元日·冬至朝會, 則乘馬·具服, 戴黑豸升殿. 巡幸, 則往來門旗之內,
檢校文物虧失者. 一人同知東推, 監太倉出納 ; 一人同知西推, 監左藏
出納 ; 二人爲廊下食使 ; 二人分知左右巡 ; 三人內供奉."

金路·象路·革路·木路, 皆駕六馬, 駕士三十二人. 次五副路, 皆駕四馬, 駕士二十八人. 次耕根車, 駕六馬, 駕士三十二人. 次安車·四望車, 皆駕四馬, 駕士二十四人. 次羊車, 駕果下馬一, 小史十四人. 次屬車十二乘, 駕牛, 駕士各八人. 次門下·中書·祕書·殿中四省局官各一人, 騎, 分左右夾屬車, 各五人從, 唯符寶以十二人從. 次黃鉞車, 上建黃鉞, 駕二馬, 左武衛隊正一人在車, 駕士十二人. 次豹尾車, 駕二馬, 右武衛隊正一人在車, 駕士十二人.

다음은 승황령 1인, 승 1인이 좌우로 나뉘어 옥로를 임시로 감독하는데, 모두 부사 2인이 말을 타고 따른다. 이어서 금로·상로·혁로·목로113)가 따르는데 모두 말 6필이 끌며, 가사는 32인이다. 이어서 5승의 부로가 따르는데 모두 4필의 말이 끌며, 가사는 28인이다. 다음은 경근거114)가 따르는데, 6필의 말이 끌며, 가사는 32인이다. 이어서 안거115)·사망거116)가 따르는데, 모두 4필의 말이 끌며, 가사

---

113) 옥로·금로·상로·혁로·목로는 고대 제왕의 五路제도를 말한다. 고대 제왕에게는 5종의 수레가 있었는데 玉路·金路·象路·革路·木路가 그것이다. 『周禮』「春官·巾車」: "王之五路, 一曰玉路, 錫樊纓, 十有再就, 建大常, 十有二旒, 以祀 ; 金路, 鉤, 樊纓九就, 建大旂以賓, 同姓以封 ; 象路, 朱, 樊纓七就, 建大赤以朝, 異姓以封 ; 革路, 龍勒條纓五就, 建大白以即戎, 以封四衛 ; 木路, 前樊鵠纓, 建大麾, 以田, 以二曰金路, 三曰象路, 四曰革路, 五曰木路."

114) 경근거耕根車 : 漢代에는 耕車라고 불렀다. 네 마리의 말이 끌며, 천자가 친경례를 하러 갈 때 타는데, 耒耜를 수레에 싣고 간다(『晉書』권45「輿服志」"駕四馬, 建赤旗, 十有二旒, 天子親耕所乘者也. 一名芝車, 一名三蓋車. 置耒耜於軾上")『新唐書』권24「車服志」"耕根車者, 耕藉所乘也, 靑質, 三重蓋, 餘如玉路."

115) 안거安車 : 徐廣은 앉아서 타는 수레라고 하였다. 『後漢書』권29「輿服

는 24인이다. 이어서 양거[117]가 따르는데, 과하마 1필이 끌며, 소사는 14인이다. 다음은 속거[118] 12승이 따르는데, 소가 끌며, 가사는 각 8인이다. 이어서 문하성·중서성·비서성·전중성殿中省[119] 4성의

志」에 "徐廣曰：「立乘曰高車, 坐乘曰 安車.」"라 하였다. 『隋書』 권10 「禮儀志」에는 "安車, 飾重輿, 曲壁, 紫油纁朱裏, 通幰, 朱絲絡網, 朱鞶纓, 朱覆髮, 具絡. 駕赤駟. 臨幸則供之"라 하였다. 『新唐書』 권24 「車服志」에는 "安車者, 臨幸所乘也, 金飾重輿, 曲壁, 紫油纁, 朱裏通幰, 朱絲絡網, 朱鞶纓, 朱覆髮具絡, 駕赤騮"라 하였다.

116) 사망거四望車 : 이에 대해서는 『南齊書』와 『隋書』에 구체적인 기록이 있는데, 두 사서의 기록에 다소 차이가 있다. 『南齊書』 권17 「輿服志」에는 "通幰, 油幢絡, 班柒輪轂. 亦曰皁輪, 以加禮貴臣"라 하였는데,『隋書』 권10 「禮儀志」에는 "四望車 , 制同犢車. 金飾, 靑油纁朱裏, 通幰. 拜陵臨弔則供之"라 하였다. 『新唐書』 권24 「車服志」에는 "四望車者, 拜陵·臨弔所乘也, 制如安車, 靑油纁, 朱裏通幰, 朱絲絡網"라 하였다. 황태자의 사망거는 조문하러 갈 때 탄다. 『舊唐書』 권45 「輿服志」에는 "四望車, 金飾諸末, 紫油纁, 通幰朱裏, 朱絲絡網, 駕一馬, 弔臨則供之"라 하였다.

117) 양거羊車 : 『晋書』 권45 「輿服志」에는 "양거는 일명 연거라고도 하며 그 윗부분은 초거와 같이 箱이 伏兔 모양이다. 바퀴와 멍에에 칠과 그림을 그린다.羊車, 一名輦車, 其上如軺, 伏兔箱, 漆畫輪軛"라고 하였다.

118) 속거屬車 : 『晋書』 권45 「輿服志」에는 "속거는 副車라고도 하고 貳車, 左車라고도 한다. 한나라에서는 진의 제도를 계승하여 대가의 속거를 81승으로 하였는데 행차 시에 중앙과 좌우로 나누어 나간다.屬車, 一曰副車, 一曰貳車, 一曰左車. 漢因秦制, 大駕屬車八十一乘, 行則中央左右分爲行"고 하였다.

119) 전중성殿中省 : 천자의 음식, 약, 의복, 수레 등과 관련된 일상사를 담당한다. 『新唐書』 권47 「百官志」2 "監一人, 從三品 ; 少監二人, 從四品上 ; 丞二人, 從五品上. 監掌天子服御之事. 其屬有六局, 曰尙食·尙藥

관료 각 1인이 말을 타고, 속거의 좌우에서 돕는데 각각 5인이 따르
며, 오직 부보는 12인이 따른다. 이어서 황월거가 따르는데, 수레 위
에 황월을 세우며, 2필의 말이 끌고 좌무위대의 정 1인이 수레를 타
고, 가사는 12인이다. 이어서 표미거[120]가 따르는데 2필의 말이 끌
고, 우무위대의 정 1인이 수레를 타고 가사는 12인이다.

次左右威衛折衝都尉各一人, 各領掩後二百人步從, 五十人爲
行, 大戟五十人, 刀·楯·欑五十人, 弓箭五十人, 弩五十人, 皆黑
鍪·甲·覆膊·臂韝, 橫行. 次左右領軍衛將軍二人, 領步甲隊及殳
仗, 各二人執㯭槊從. 次前後左右廂步甲隊. 次左右廂黃麾仗. 次
左右廂殳仗.

다음은 좌우위위절충도위 각 1인이 각각 엄후 200인을 통령하여
걸어서 따르는데, 50인씩 1열로 하며 대극大戟을 든 자 50인, 도刀
·순楯·찬欑[121]을 든 자 50인, 활과 화살을 든 자 50인, 노를 든 자

·尙衣·尙乘·尙舍·尙輦. 少監爲之貳. 凡聽朝, 率屬執繳扇列于左
右 ; 大朝會·祭祀, 則進爵 ; 行幸, 則侍奉仗內·驂乘, 百司皆納印而藏
之, 大事聽焉, 有行從百司之印."

120) 표미거豹尾車 : 표범의 꼬리를 장식한 수레다. 帝王의 屬車 중의 하나
다. 『晉書』 권45 「輿服志」 "次豹尾車, 駕一. 自豹尾車後而鹵簿盡矣."
晉 崔豹의 『古今注』 「輿服」에서도 "豹尾車, 周制也, 所以象君子豹變,
尾言謙也, 古軍正建之, 今唯乘輿得建之"라 하였다.

121) 찬欑 : 戟과 비슷한 무기류다. 『元史』 권79 「輿服志」 "欑制如戟, 鋒刃兩
旁微起, 下有鐏銳." 찬의 발음에 대해서는 『康熙字典』에 "【廣韻】子筭
切【集韻】祖筭切, 혹은 【廣韻】七亂切【集韻】取亂切"라 하였는데, 여기
서는 찬이라고 풀었다.

50인으로 하며, 모두 흑색 투구와 갑옷을 입고 복박과 비구를 하며, 나란히 간다. 이어서 좌우영군위장군 2인이 보갑대 및 수의장대를 통령하는데 각각 2인이 포삭攘槊을 들고 따른다. 이어서 전후좌우상 보갑대가 따른다. 다음은 좌우상황휘의장대가 따른다. 다음은 좌우 상수의장대가 따른다.

次諸衛馬隊, 左右廂各二十四. 自十二旗後, 屬於玄武隊, 前後有主帥以下四十人, 皆戎服大袍, 二人引旗, 一人執, 二人夾, 二十人執槊, 餘佩弩·弓箭. 第一辟邪旗, 左右金吾衛折衝都尉各一人主之, 皆戎服大袍, 佩弓箭·橫刀, 騎. 第二應龍旗, 第三玉馬旗, 第四三角獸旗, 左右領軍衛果毅都尉各一人主之. 第五黃龍負圖旗, 第六黃鹿旗, 左右威衛折衝都尉各一人主之. 第七飛麟旗, 第八駃騠旗, 第九鸞旗, 左右武衛果毅都尉各一人主之. 第十鳳旗, 第十一飛黃旗, 左右驍衛折衝都尉各一人主之. 第十二麟旗, 第十三角端旗, 以當御, 第十四赤熊旗, 左右衛折衝都尉各一人主之. 第十五兕旗, 第十六太平旗, 左右驍衛果毅都尉各一人主之. 第十七犀牛旗, 第十八駿犧旗, 第十九駮驪旗, 左右武衛折衝都尉各一人主之. 第二十騶牙旗, 第二十一蒼烏旗, 左右威衛果毅都尉各一人主之. 第二十二白狼旗, 第二十三龍馬旗, 第二十四金牛旗, 左右領軍衛折衝都尉各一人主之. 其服皆如第一.

다음은 여러 위衛의 말 의장대로 좌우 상에 각각 24기다. 12기의 뒤에서부터 현무의장대로 이어지는데, 앞뒤로 주수 이하 40인이 모두 융복에 대포를 입고, 2인은 기를 인도하고, 1인은 기를 들고 2인이 옆에서 보좌하며, 20인은 긴 창을 들고 나머지 인원은 노, 활과 화살을 찬다. 제1기는 벽사기辟邪旗인데, 좌우금오위의 절충도위 각

1인이 지휘하며 모두 융복에 대포를 입고 활과 화살, 횡도를 차고, 말을 탄다. 제2기는 응용기應龍旗, 제3는 옥마기玉馬旗, 제4기는 삼각수기三角獸旗인데, 좌우영군위 과의도위 각 1인이 지휘한다. 제5기는 황룡부도기黃龍負圖旗, 제6기는 황록기黃鹿旗인데, 좌우위위 절충도위 각 1인이 지휘한다. 제7기는 비린기飛麟旗, 제8기는 결제기駃騠旗, 제9기는 난기鸞旗인데 좌우무위 과의도위 각 1인이 지휘한다. 제10기는 봉기鳳旗, 제11기는 비황기飛黃旗인데, 좌위효위 절충도위 각 1인이 지휘한다. 제12기는 인기麟旗, 제13기는 삼각단기三角端旗인데, 황제가 있는 자리를 담당한다. 제14기는 적웅기赤熊旗인데, 좌우위 절충도위 각 1인이 지휘한다. 제15기는 오시기五兕旗, 제16기는 태평기太平旗인데, 좌위효위 과의도위 각 1인이 지휘한다. 제17기는 서우기犀牛旗, 제18기는 준의기駿䴈旗, 제19기는 녹촉기驦騔旗인데, 좌우무위 절충도위 각 1인이 지휘한다. 제20기는 추아기騶牙旗, 제21기는 창오기蒼烏旗인데, 좌우위위 과의도위 각 1인이 지휘한다. 제22기는 백랑기白狼旗, 제23기는 용마기龍馬旗, 제24기는 금오기金牛旗인데, 좌우영군위 절충도위 각 1인이 지휘한다. 복식은 모두 제1기의 복식과 같다.

次玄武隊. 次衙門一, 居玄武隊前·大㦸隊後, 執者二人, 夾四人, 皆騎, 分左右, 赤檦襖, 黃袍, 黃冒. 次衙門左右廂, 廂有五門, 執·夾人同上. 第一門, 居左右威衛黑質步甲隊之後, 白質步甲隊之前. 第二門, 居左右衛步甲隊之後, 左右領軍衛黃麾仗之前. 第三門, 居左右武衛黃麾仗之後, 左右驍衛黃麾仗之前. 第四門, 居左右領軍衛黃麾仗之後, 左右衛步甲隊之前. 第五門, 居左右武衛

白質步甲隊之後, 黑質步甲隊之前. 五門別當步甲隊黃麾仗前·馬
隊後, 各六人分左右, 戎服大袍, 帶弓箭·橫刀.

　다음은 현무의장대인데, 아문의장대 하나가 현무의장대의 앞과
대극의장대의 뒤에 위치하며, 2인이 기를 잡고, 4인이 보좌하는데,
모두 말을 타고 좌우로 나누어 적색 기오, 황색 포를 입고, 황색 모
를 쓴다. 이어서 아문좌위상인데 매 상廂마다 5문門이 있으며, 기를
잡고 보좌하는 인원은 위와 같다. 제1문은 좌우위위 중 검은색 갑옷
보갑대의 뒤, 백색 갑옷 보갑대 앞에 위치한다. 제2문은 좌우위보갑
대의 뒤, 좌우령군위 황휘의장대의 앞에 위치한다. 제3문은 좌우무
위 황휘의장대의 뒤, 좌우효위 황휘의장대의 앞에 위치한다. 제4문
은 좌우령군위 황휘의장대의 뒤, 좌위위보갑대의 앞에 위치한다. 제
5문은 좌우무위 중 백색 갑옷 보갑대의 뒤, 검은색 갑옷 보갑대의
앞에 위치한다. 5문은 따로 보갑대 황휘의장대의 앞과 말 의장대의
뒤에서 대응하는데 각각 6인이 좌우로 나누어 담당하고 융복에 대
포를 입고, 활과 화살, 횡도를 찬다.

凡衛門皆監門校尉六人, 分左右, 執銀裝長刀, 騎. 左右監門衛
大將軍·將軍·中郎將, 廂各巡行. 校尉二人, 往來檢校諸門. 中郎
將各一人騎從. 左右金吾衛將軍循仗檢校, 各二人執殳騎從. 左
右金吾衛果毅都尉二人, 糾察仗內不法, 各一人騎從.

　모든 아문은 모두 감문교위 6인이 있는데, 좌우로 나뉘어 은으로
장식한 긴 칼을 들고 말을 탄다. 좌우감문위의 대장군·장군·중랑장
은 상廂에서 각각 순행한다. 교위 2인은 검교하는 여러 문을 왕복한
다. 중랑장 각 1인이 말을 타고 따른다. 좌우금오위 장군순장검교 각

2인은 포삭을 들고 말을 타고 따른다. 좌우금오위 과의도위 2인은 의장대 내의 불법을 규찰하는데 각각 1인이 말을 타고 따른다.

駕所至, 路南向, 將軍降立于路右, 侍中前奏「請降路」. 天子降, 乘輿而入, 繖·扇·華蓋, 侍衛.

가마가 도착하면 노거를 남쪽으로 향하게 하고, 장군은 내려가 노거의 오른쪽에 서고, 시중은 앞에서 "노거에서 내리십시오"라고 아린다. 천자가 수레에서 내리면 승여가 들어오고, 산과 선, 화개로 시위한다.

駕還, 一刻, 擊一鼓爲一嚴, 仗衛還於塗. 三刻, 擊二鼓爲再嚴, 將士布隊仗, 侍中奏「請中嚴」. 五刻, 擊三鼓爲三嚴, 黃門侍郎奏「請駕發」. 鼓傳音, 駕發, 鼓吹振作. 入門, 太樂令命擊蕤賓之鍾, 左五鍾皆應. 鼓柷, 奏采茨之樂. 至太極門, 夏敔, 樂止. 旣入, 鼓柷, 奏太和之樂. 回路南向, 侍中請降路, 乘輿乃入, 繖·扇, 侍御, 警蹕如初. 至門, 夏敔, 樂止. 皇帝入, 侍中版奏「請解嚴」. 叩鉦, 將士皆休.

가마가 궁으로 돌아오면 1각에 첫 번째 북을 치는데 이것이 1엄嚴이며, 의장대와 위위대는 길을 따라 돌아간다. 3각에는 두 번째 북을 치는데 2엄이며, 장군과 병사가 위위대와 의장대에 포진하고, 시중은 "궁중의 계엄을 청합니다"라고 아린다. 5각에는 세 번째 북을 치는데 3차 엄이며, 황문시랑이 "가마가 출발하기를 청합니다"라고 아린다. 북소리를 전달하여 알리면 가마가 출발하고 고취대가 연주한다. 문으로 들어가면 태악령은 유빈蕤賓[122] 률의 종을 치라고 명하고, 왼쪽의 5개 종을 모두 쳐서 응한다. 축柷을 치면 〈채자采茨〉[123]의 음악을 연주한다. 태극문에 이르면 어敔[124]를 쳐서 음악을 그친다. 들어간 후에는 축을 쳐서 태화의 악을 연주한다. 노거를 돌려 남쪽으로 향하게 하고, 시중은 (황제에게) 노거에서 내리기를 청하고 황제의 승여가 들어가면 산과 선으로 시위하고 길 청소와 계엄을 하는 것은 처음 시작할 때와 같다. 문에 이르면 어를 쳐서 음악을 그친다. 황제가 들어가면 시중은 판을 들고 "계엄을 해제하기를 청합니다"라고 아뢴다. 정鉦을 치면 장군과 병사는 모두 휴식한다.

---

122) 유빈蕤賓 : 古樂 12률 중 7률에 해당한다. 律은 陰陽으로 나누어 奇數의 六을 陽律로 하여 六律이라고 하였고, 偶數 六을 陰律로 하여 六呂라고 하여 합하여 律呂라고 칭했다. 蕤賓은 7률이므로 陽律에 속한다. 『周禮』「春官·大司樂」에 "乃奏蕤賓, 歌函鍾, 舞大夏, 以祭山川"라 하였다. 『禮記』「月令」에서는 "〈仲夏之月〉其音徵, 律中蕤賓 鄭玄注 : "蕤賓者應鍾之所生, 三分益一, 律長六寸八十一分寸之二十六, 仲夏氣至, 則蕤賓之律應"라 하였다.

123) 채자采茨 : 악장의 이름이다. 『大戴禮記』「保傳」"行中鸞和, 步中〈采茨〉, 趨中〈肆夏〉." 盧辯注 : "於大寢之內奏〈采茨〉, 朝廷之中奏〈肆夏〉."

124) 어敔 : 타악기의 일종으로 모양은 엎드려 있는 호랑이 모양이다. 대나무로 刮하여 연주하며, 역대 궁중 아악에서 악곡이 끝났음을 알리는 악기였다. 『尙書』「益稷」"下管鞀鼓, 合止柷敔"에 대해 孔穎達은 정의에서 "樂之初, 擊柷以作之 ; 樂之將末, 戞敔以止之"라고 하였다.

儀衛下
의위 하

방향숙 역주

太皇太后·皇太后·皇后出, 尚儀版奏「請中嚴」. 尚服率司仗布
侍衛, 司賓列內命婦於庭, 西嚮北上, 六尚以下詣室奉迎, 尚服負
寶, 內僕進車於閤外, 尚儀版奏「外辦」. 馭者執轡, 太皇太后乘輿
以出, 華蓋, 侍衛, 警蹕, 內命婦從.

태황태후·황태후·황후의 출행 때에는 상의尚儀[1]가 판을 들고
"궁중의 계엄을 청합니다"라고 아뢴다. 상복尚服[2]은 사장司仗을 인
솔하여 시위를 포진시키고, 사빈司賓[3]은 궁정에 내명부가 도열하도
록 하고 서쪽을 향하여 북쪽에서부터 도열하며 육상六尚[4] 이하는
내실에 이르러 받들어 맞이하고 상복은 보를 들고, 내복이 합문의
밖으로 나가면 상의가 판을 들고 "바깥이 준비되었습니다"라고 아
뢴다. 말을 부리는 자는 고삐를 잡고 태황태후 승여가 나가는데, 화
개를 사용하고, 시위하고, 길 청소와 계엄을 하며 내명부가 따른다.

---

1) 상의尚儀 : 宮官의 속부 尚儀局의 관직이다. 『新唐書』 권47 「百官志」2,
   "尚儀局, 尚儀二人, 掌禮儀起居. 總司籍·司樂·司賓·司贊."
2) 상복尚服 : 宮官의 속부 尚服局의 관직이다. 『新唐書』 권47 「百官志」2,
   "尚服局, 尚服二人, 掌供服用采章之數, 總司寶·司衣·司飾·司仗."
3) 사빈司賓 : 宮官의 속부 尚儀局의 속관이다. 『新唐書』 권47 「百官志」2,
   "司賓·典賓·掌賓, 各二人, 掌賓客朝見, 受名以聞. 宴會, 則具品數以
   授尚食 ; 有賜物, 與尚功涖給."
4) 육상六尚 : 宮廷 공봉관을 담당하던 관직이다. 秦나라 때 처음으로 六尚
   을 두었으며, 尚冠·尚衣·尚食·尚沐·尚席·尚書가 있었다. 隋나라 때
   의 六尚은 殿內省에 속했으며, 尚食·尚藥·尚衣·尚舍·尚乘·尚輦을
   두었다. 唐나라 때에는 殿內省을 殿中省이라 개칭하였고, 尚宮, 尚儀,
   尚服, 尚食, 尚寢, 尚功을 두었다(『舊唐書』 권44 「職官志」3).

出門, 太皇太后升車, 從官皆乘馬, 內命婦·宮人以次從. 清游隊, 旗一, 執者一人, 佩横刀, 引·夾皆二人, 佩弓箭·横刀, 騎. 次金吾衛折衝都尉一人, 佩横刀·弓箭; 領騎四十, 亦佩横刀, 夾折衝; 執槊二十人, 持弩四人, 佩弓箭十六人, 持㦎槊·刀二人. 次虞候佽飛二十八人, 騎, 佩弓箭·横刀, 夾道分左右, 以屬黃麾仗.

문을 나가 태황태후가 수레에 오르면 따르는 관리들은 모두 말을 타고, 내명부와 궁인은 그 뒤에서 따른다. 청유의장대의 기는 하나로 1인이 기를 잡고, 횡도를 차며, 인도하는 자와 옆에서 보좌하는 자는 모두 2인이고 활과 화살, 횡도를 차고 말을 탄다. 이어서 금오위절충도위 1인이 따르는데 횡도와 활과 화살을 찬다. 영기 40인은 역시 횡도를 차고, 절충도위의 옆에서 보좌한다. 긴 창을 든 20인, 노를 든 4인, 활과 화살을 찬 16인, 포삭㦎槊과 칼을 든 2인이 따른다. 이어서 오후차비虞候佽飛 28인이 말을 타고 활과 화살, 횡도를 차고, 길의 좌우로 나누어 보좌하여 황휘의장대의 뒤를 따른다.

次內僕令一人在左, 丞一人在右, 各書令史二人騎從. 次黃麾一, 執者一人, 夾道二人, 皆騎. 次左右廂黃麾仗, 廂皆三行, 行百人. 第一短戟, 五色氅, 執者黃地白花綦襖·冒. 第二戈, 五色氅, 執者赤地黃花綦襖·冒. 第三鍠, 五色旛, 執者靑地赤花綦襖·冒. 左右衛·左右威衛·左右武衛·左右驍衛·左右領軍衛各三行, 行二十人, 每衛以主帥六人主之, 皆豹文袍·冒, 執鍮石裝長刀, 騎, 唯左右領軍衛減三人. 每衛果毅都尉一人, 被繡袍, 各一人從; 左右領軍衛有絳引幡, 引前者三, 掩後者三.

다음은 내복령內僕令5) 1인이 왼쪽에, 승 1인이 오른쪽에 위치하고 각각 서령사6) 2인이 말을 타고 따른다. 이어서 황휘기인데, 1인이 기를 들고 2인이 보좌하며 모두 말을 탄다. 이어서 좌우상 황휘의장대인데 좌우 옆에는 모두 3행으로 행마다 100인이다. 제1 단극을 든 의장대는 오색의 새 깃털로 만든 기[氅]를 들며, 기를 드는 자는 황색 바탕에 백색 꽃 문양을 장식한 기오[黃地白花氅襖]를 입고 모를 쓴다. 제2 과를 든 의장대는 오색의 새 깃털로 만든 기를 들며, 기를 드는 자는 적색 바탕에 황색 꽃 문양을 장식한 기오[赤地黃花氅襖]를 입고 모를 쓴다. 제3 황을 든 의장대는 오색의 새 깃털로 만든 기를 들며, 기를 드는 자는 청색 바탕에 적색 꽃 문양을 장식한 기오[靑地赤花氅襖]를 입고 모를 쓴다. 좌우위·좌우위위·좌우무위·좌우효위·좌우령군위는 각 3행으로 행마다 20인이며, 매 위는 주수 6인이 지휘하는데, 모두 표범 문양이 있는 포를 입고 모를 쓰며 유석이 장식된 장도를 들고 말을 타는데, 오직 좌우령군위는 3인을 감한다. 매 위는 과의도위 1인이 있는데 수를 놓은 포를 입으며, 각각 1인이 따른다. 좌우령군위에는 강색으로 만든 인도하는 번이 있는데, 앞에서 인도하는 자가 3인, 뒤에서 엄호하는 자가 3인이다.

---

5) 내복령內僕令 : 內侍省의 속부 內僕局의 관리다. 『舊唐書』권44 「職官志」3, "令二人, 正八品下. 丞二人, 正九品下. 書令史二人, 書吏四人, 駕士二百人. 內僕令掌中宮車乘出入導引. 丞爲之貳. 凡中宮有出入則令居左, 丞居右, 而夾引之. 凡皇后之車有六, 事在輿服也."

6) 서령사書令史 : 內侍省의 속관이다. 『舊唐書』권44 「職官志」3, "內給事八人, 從五品下. 主事二人, 從九品下. 令史八人, 書令史十六人. 內給事掌判省事. 凡元正·冬至羣臣朝賀中宮, 則出入宣傳. 凡宮人衣服費用, 則具其品秩, 計其多少, 春秋二時, 宣送中書."

次內謁者監四人, 給事二人, 內常侍二人, 內侍少監二人, 騎, 分左右, 皆有內給使一人從. 次內給使百二十人, 平巾幘・大口絝・緋裲襠, 分左右, 屬於宮人車.

다음은 내알자감(內謁者監)[7] 4인, 급사 2인, 내상시(內常侍)[8] 2인, 내시소감 2인인데, 말을 타고 좌우로 나누어 따르며 모두 내급사(內給使)[9] 1인이 따른다. 이어서 내급사 120인은 평건책, 대구고, 비색 양당을 입고 좌우로 나뉘어 궁인의 수레 뒤를 따른다.

次偏扇・團扇・方扇皆二十四, 宮人執之, 衣綵大袖裙襦・綵衣・革帶・履, 分左右. 次香蹬一, 內給使四人興之, 居重翟車前.

다음은 편선・단선・방선 각각 24개가 따르는데 궁인이 들며, 색이

---

7) 내알자감內謁者監 : 內侍省의 속부 관리다. 『舊唐書』 권44 「職官志」3, "內謁者監六人, 正六品下. 內謁者十二人. 從八品下. 內寺伯二人. 正七品下. 內謁者監掌內宣傳. 凡諸親命婦朝會, 所司籍其人數, 送內侍省. 內謁者掌諸親命婦朝集班位. 內寺伯掌糾察諸不法之事. 歲大儺, 則監其出入."

8) 내상시內常侍 : 內侍省의 속부 관리다. 『舊唐書』 권44 「職官志」3, "內常侍六人. 正五品下. 漢代謂之中常侍."

9) 내급사內給使 : 內侍省의 속부 宮闈局의 관리다. 『舊唐書』 권44 「職官志」3, "宮闈局 : 令二人, 從七品下. 丞二人, 從八品下. 令史三人, 書吏六人, 內閣人二十人, 內掌扇十六人, 內給使無常員. 宮闈局令掌侍奉宮闈, 出入管鑰. 凡大享太廟, 帥其屬詣于室, 出皇后神主置於輿而登座焉. 既事, 納之. 凡宮人無官品者, 稱內給使. 若有官及經解免應敍選者, 得令長上, 其小給使學生五十人, 皆總其名籍, 以給其糧廩. 丞掌判局事. 內給使掌諸門進物出納之曆."

있는 비단으로 만든 대수大袖[10]와 치마[裙]와 저고리[襦],[11] 색이 있
는 비단으로 만든 상의를 입고 혁대를 차고 리를 신으며, 좌우로 나
뉘어 따른다. 이어서 향등 1개가 따르며 내급사 4인이 가마를 들고
중적거의 앞에 위치한다.

次重翟車, 駕四馬, 駕士二十四人. 次行障六, 次坐障三, 皆左右
夾車, 宮人執之, 服同執扇. 次內寺伯二人, 領寺人六人, 執御刀,
服如內給使, 夾重翟車. 次腰輿一, 執者八人, 團雉尾扇二, 夾輿.
次大繖四. 次雉尾扇八, 左右橫行, 爲二重. 次錦花蓋二, 單行. 次
小雉尾扇·朱畫團扇皆十二, 橫行. 次錦曲蓋二十, 橫行, 爲二重.
次錦六柱八, 分左右. 自腰輿以下, 皆內給使執之.

다음은 중적거인데, 4필의 말이 끌고 가사는 24인이다. 이어서 행
장 6개, 다음은 좌장 3개가 따르는데, 모두 좌우에서 수레를 보좌하
고 궁인이 들며, 복식은 선을 든 자와 같다. 이어서 내시백內寺伯[12]

---

10) 대수大袖 : 大袖衫이라고 해서 소매가 넓고 긴 상의류를 의미한다.

11) 군유裙襦 : 裙은 長裙으로 일반적인 치마를, 襦는 襖와 유사한데, 유가
조금 더 짧은 것이었다. 高春明의 『中國服飾』(2002, 上海外語敎育出版
社) 58쪽에서는 "唐代의 짧은 襦는 여인들의 주요 복장이었으며, 별다른
변화 없이 송대에 착용되었다. 襦는 꼭 맞았기 때문에 작업복으로 편리
하였으므로 하층계급의 여인들 사이에 대단히 인기가 있었다. 귀족부녀
도 입었는데 대부분 안에 입는 옷[內衣]로 입었기 때문에, 입을 때 겉에
다른 옷을 걸쳐야 했다."고 하였다

12) 내시백內寺伯 : 內侍省의 속관으로, 6인을 두었으며, 정7품하에 해당하는
관직이다. 『新唐書』 권47 「百官志」2, "內寺伯六人, 正七品下. 掌糾察宮
內不法, 歲儺則涖出入."

2인, 영시인領寺人 6인이 따르는데 어도를 들며 복식은 내급사와 같고, 중적거를 곁에서 보좌한다. 이어서 요여 1대가 따르는데 8인이 들며, 단치미선 2개가 요여의 곁에서 보좌한다. 이어서 대산 4개, 다음은 치미선 8개가 좌우에 나란히 도열하는데 2줄이다. 이어서 금화개 2개가 단독으로 도열한다. 이어서 소치미선, 주색 그림이 있는 단선인데 모두 12개가 나란히 도열한다. 이어서 금곡개錦曲蓋 20개인데, 나란히 도열하며 2줄이다. 이어서 금육주 7개인데 좌우로 나뉘어 따른다. 요여부터 이하는 모두 내급사가 든다.

次宮人車. 次絳麾二, 分左右. 次後黃麾一, 執者一人, 夾二人, 皆騎. 次供奉宮人, 在黃麾後.

다음은 궁인의 수레다. 다음은 강색 휘기 2개가 좌우로 나뉘어 따른다. 이어서 후황휘 1개가 따르는데, 1인이 기를 들고 2인이 곁에서 보좌하며 모두 말을 탄다. 이어서 봉공궁인이 황휘기의 뒤에 위치한다.

次厭翟車·翟車·安車, 皆駕四馬, 駕士各二十四人; 四望車, 駕士二十二人; 金根車, 駕牛, 駕士十二人.

다음은 염적거·적거·안거로 모두 4필의 말이 끌며 가사는 각각 24인이다. 사망거는 가사가 22인이다. 금근거는 소가 끌며 가사는 12인이다.

次左右廂衙門各二, 每門二人執, 四人夾, 皆赤幓襆, 黃袍·冒, 騎.

다음은 좌우상아문 각 2문인데 매 문마다 2인이 들고 4인이 곁에서 보좌하며, 모두 적색 기오와 황색 도포를 입고 황색 모를 쓰며 말을 탄다.

次左右領軍衛, 廂皆一百五十人, 執殳, 赤地黃花鞌襖·冒, 前屬於黃麾仗, 後盡鹵簿; 廂各主帥四人主之, 皆黃袍·冒, 執鍮石裝長刀, 騎; 折衝都尉二人, 檢校殳仗, 皆一人騎從. 次衙門一, 盡鹵簿後殳仗內正道, 每門監門校尉二人主之, 執銀裝長刀; 廂各有校尉一人, 騎, 佩銀橫刀, 往來檢校. 御馬減大駕之半.

다음은 좌우령군위로 (행렬의) 좌우[廂]에 모두 150인이 수를 들고 적색 바탕에 황색 꽃 문양을 장식한 기오를 입고 모를 쓰고 따르며, 앞으로는 황휘의장대에 이어지고 뒤로는 노부행차의 끝에 이른다. 상은 각각 주수 4인이 지휘하는데 모두 황색 포를 입고 황색 모를 쓰며, 유석으로 장식한 장도를 들고 말을 탄다. 절충도위 2인이 수 의장대를 임시로 감독하는데 각각 1인이 말을 타고 따른다. 이어서 아문 1문인데 노부행렬의 가장 뒤에 수를 든 의장대 안쪽의 정도에 위치하며 매 문에 감문교위監門校尉[13] 2인이 지휘하는데 은을 장식한 긴 칼을 든다. 상에는 각각 교위 1인이 있는데 말을 타고 은을 장식한 횡도를 차고 오가면서 임시로 감독한다. 말의 수는 대가행렬의 반으로 감한다.

---

13) 감문교위監門校尉 : 左右監門衛의 속관이다. 『舊唐書』 권44 「職官志」3, "監門校尉, 各三百二十人, 立長各六百八十人, 長人長上二十人, 立長長上各二十人."

太皇太后將還, 三嚴, 內典引引外命婦出次, 就位; 司賓引內命婦出次, 序立大次之前. 旣外辦, 馭者執轡. 太皇太后乘輿出次, 華蓋·警蹕·侍衛如初. 內命婦以下乘車以從. 車駕入, 內典引引外命婦退, 駕至正殿門外, 車駕南嚮, 尚儀前奏「請降車」. 將士還.

태황태후가 환궁할 때는 세 차례 계엄을 하는데, 내전인(內典引)[14]이 외명부가 나가는 순서를 인도하고 행차 순서에 따라 앞에 선다. 사빈(司賓)이 내명부가 나가는 순서를 인도하고 순서에 따라 대차(大次)[15]의 앞에 차례대로 선다. 바깥의 준비를 마치고 나면 말을 부리는 자는 고삐를 잡는다. 태황태후의 승여가 나가면 화개가 나가고 길청소와 계엄을 하고 시위가 호위하는 것이 처음 출발할 때와 같다. 내명부 이하는 수레를 타고 따른다. 수레가 궁에 들어오면 내전인은 외명부를 인도하여 물러나게 하고, 가마가 정전의 문 밖에 이르면 수레는 남쪽으로 향하게 하고 상의가 앞에서 "수레에서 내리십시오"라고 아뢴다. 장군과 병사도 귀환한다.

皇太子出, 則鹵簿陳於重明門外. 其日三刻, 宮臣皆集於次, 左庶子版奏「請中嚴」. 典謁引宮臣就位, 侍衛官服其器服, 左庶子

---

14) 내전인(內典引) : 內侍省의 속관으로 당에서 內謁者局을 폐지하고 대신 설치하였다고 전한다("唐廢內謁者局, 置內典引十八人, 掌諸親命婦朝參, 出入導引"『新唐書』 권47 「百官志」2).

15) 대차(大次) : 황제나 제후 등이 행차할 때 휴식하기 위해 설치하는 장막이다. 『周禮』 「天官·掌次」 "朝日祀五帝則張大次小次 … 諸侯朝覲會同則張大次小次."

負璽詣閤奉迎, 僕進車若輦於西閤外, 南嚮, 內率一人執刀立車
前, 北嚮, 中允一人立侍臣之前, 贊者二人立中允之前. 前二刻,
諸衛之官詣閤奉迎, 宮臣應從者各出次, 立於門外, 文東武西, 重
行北嚮北上.

　황태자가 출행할 때는 노부가 중명문重明門[16)]의 밖에 진설된다.
그날 3각에 동궁의 신료[宮臣]가 모두 순서에 따라 모이며, 좌서자左
庶子[17)]가 판을 들고 "궁중의 계엄을 청합니다"라고 아뢴다. 전알典
謁[18)]이 동궁의 신료들을 인도하여 제자리에 나아가게 하고, 시위관
은 각자의 복식과 기물을 갖추고, 좌서자는 새를 지고 합문에 이르
러 받들어 영접하고, 복은 수레 혹은 가마를 서쪽 합문의 밖으로 내
보내 남쪽으로 향하게 하며 내솔內率[19)] 1인이 칼을 들고 수레의 앞

---

16) 중명문重明門 : 수당대 장안성의 태극궁 동궁의 궁문이다.

17) 좌서자左庶子 : 東宮의 太子左春坊의 속관이다. 『舊唐書』 권44 「職官
志」3, "太子左春坊 : 左庶子二人, 正四品上. 中允二人. 正五品下. 左庶
子掌侍從贊相, 駁正啟奏. 中允爲之貳."

18) 전알典謁 : 東宮의 太子右春坊의 속관이다. 『舊唐書』 권44 「職官志」3,
"典謁二十人. 舍人掌導引宮臣辭見及承令勞問之事."

19) 내솔內率 : 東宮 속관 중 내솔은 『舊唐書』 권44 「職官志」3에 의하면 太
子左右衛率府 소속의 내솔이 있고(太子左右衛率府 : 秦·漢有太子衛
率, 主門衛. 晉分左右中前四衛率, 後代因置左右率. 北齊爲衛率坊. 隋
初始分置左右衛率府·左右宗衛率·左右虞候·左右內率·左右監門率
十府, 以備儲闈武衛之職. 煬帝改爲左右侍率, 國家復爲衛率. 龍朔改爲
左右典戎衛, 咸亨復. 率各一員, 正四品上. 副率各一人. 從四品上. 左
右衛率掌東宮兵仗羽衛之政令, 總諸曹之事) 太子左右內率府 소속의
내솔이 있다(太子左右內率府 : 隋初置內率府, 擬上臺千牛衛. 龍朔初,
爲奉裕率, 咸亨復. 率各一人, 正四品上. 副率各一人. 從四品上. 左右

에서 북쪽을 향해서 서고, 중윤中允[20] 1인이 근시관의 앞에 서고, 찬자 2인이 중윤의 앞에 선다. 전 2각에 모든 위관은 합문에 이르러 영접하고 동궁의 신료로 따르는 자들은 각자 순서대로 나가 문밖에 서는데 문관은 동쪽에 무관은 서쪽에 서며, 2줄로 북쪽을 시작으로 하여 북쪽을 향하고 서되 북쪽을 윗자리로 한다.

左庶子版奏「外辦」, 僕升正位執轡, 皇太子乘輿而出, 內率前執轡, 皇太子升車, 僕立授綏, 左庶子以下夾侍. 中允奏「請發」, 車動, 贊者夾引而出, 內率夾車而趨, 出重明門, 中允奏「請停車, 侍臣上馬」. 左庶子前承令, 退稱:「令曰諾」. 中允退稱:「侍臣上馬.」贊者承傳, 侍臣皆騎. 中允奏「請車右升」. 左庶子前承令, 退稱:「令曰諾」. 內率升訖, 中允奏「請發」. 車動, 鼓吹振作, 太傅乘車訓導, 少傅乘車訓從.

좌서자가 판을 들고 "바깥이 준비되었습니다"라고 아뢰면 복이 수레에 올라 자리해서 고삐를 잡고 황태자의 승여가 나가면 내솔이 앞에서 고삐를 잡으며, 황태자가 수레에 오르면 복이 서서 (황태자에게) 끈을 주고 좌서자 이하는 옆에서 시위한다. 중윤이 "출발하십시오"라고 아뢰고 수레가 움직이면 찬자는 옆에서 인도하여 나가고

內率之職, 掌東宮千牛備身侍奉之事, 而立其兵仗, 總其府事, 長史·錄事參軍事·兵胄二曹參軍, 人數·品秩如諸率. 千牛十六人, 備身二十八人, 主仗六十人).

20) 중윤中允 : 東宮의 太子左春坊의 속관이다.『舊唐書』권44「職官志」3, "太子左春坊:左庶子二人, 正四品上. 中允二人. 正五品下. 左庶子掌侍從贊相, 駁正啓奏. 中允爲之貳."

내솔은 수레의 옆에서 달리고, 중명문을 나가면 중윤이 "수레를 멈추고 근시관은 말에 오르십시오"라고 아뢴다. 좌서자가 앞에서 황태자의 영을 받고, 물러나 "황태자께서 영으로 허락하셨습니다"라고 말한다. 중윤은 물러나 "근시관은 말에 오르십시오"라고 말한다. 찬자는 영을 전달하고 근시관은 모두 말에 오른다. 중윤이 "우위는 수레에 오르십시오"라고 말한다. 좌서자는 (황태자의) 앞에서 영을 받고, 물러나 "황태자께서 영으로 허락하셨습니다"라고 말한다. 내솔이 수레에 오르기를 마치면 중윤이 "출발하십시오"라고 아뢴다. 수레가 움직이면 고취대가 음악을 연주하고 태부는 수레에 올라 앞에서 인도하고 소부는 수레에 올라 뒤에서 따른다.

出延喜門, 家令先導, 次率更令·詹事·太保·太傅·太師, 皆軺車, 備鹵簿.

연희문을 나가면 가령이 앞에서 인도하고, 다음으로 솔경령率更令[21]·첨사詹事[22]·태보·태부·태사[23]가 따르는데 모두 초거[24]를

---

21) 솔경령率更令 : 東宮의 太子率更寺의 속관이다. 『舊唐書』 권44 「職官志」3, "太子率更寺 : 令一人, 從四品上. 丞二人, 從七品上. 主簿一人, 正九品下. 錄事一人, 伶官師二人, 漏刻博士二人, 掌漏六人, 漏童六十人, 典鼓二十四人. 率更令掌宗族次序·禮樂·刑罰及漏刻之政令."

22) 첨사詹事 : 東宮의 官屬이다. 『舊唐書』 권44 「職官志」3, "太子詹事一員, 正三品. 少詹事一員. 正四品上. 詹事, 秦官, 掌皇太子宮. 龍朔二年改爲端尹, 天授爲宮尹, 神龍復也. 詹事統東宮三寺十率府之政令. 少詹爲之貳. 凡天子六官之典制, 皆視其事而承受之."

23) 태보太保·태부太傅·태사太師 : 東宮의 官屬이다. 『舊唐書』 권44 「職官

타며 노부행차의 의장을 갖춘다.

次淸游隊, 旗一, 執者一人, 佩橫刀, 引·夾皆二人, 亦佩弓箭·
橫刀, 騎. 次淸道率府折衝都尉一人, 佩弓箭·橫刀, 領騎三十, 亦
佩橫刀, 十八人執槊, 九人挾弓箭, 三人持弩, 各二人騎從. 次左
右淸道率府率各一人, 騎, 佩橫刀·弓箭, 領淸道直盪及檢校淸游
隊各二人, 執猴槊騎從. 次外淸道直盪二十四人, 騎, 佩弓箭·橫
刀, 夾道.

　다음은 청유의장대인데 1기를 1인이 들고 횡도를 차고, 인도하는
자와 옆에서 보좌하는 자는 2인이며, 역시 활과 화살, 횡도를 차고
말을 탄다. 이어서 청도솔부淸道率府[25] 절충도위 1인이 활과 화살,
횡도를 차고, 영기 30인 역시 횡도를 차고, 18인은 긴 창을 들고 9인
은 활과 화살을 끼며, 3인은 노를 들며, 각각 2인이 말을 타고 따른
다. 이어서 좌우청도솔부 솔 각 1인이 말을 타고, 횡도와 활과 화살
을 차며, 영청도직탕領淸道直盪 및 검교청유대 각 2인은 포삭을 들

<hr />

　　志」3, "太子太師·太傅·太保各一員. 並從一品. 師傅, 宮官, 南朝不置. 後
　　魏·北齊, 師傅品第二, 號東宮三太. 隋品亦第二. 武德定令, 加從一品也."
24) 초거軺車 : 말 한 마리가 끄는 가벼운 수레를 말한다. 『晉書』 권25 「興服
　　志」 "軺車, 古之時軍車也. 一馬曰軺車, 二馬曰軺傳."
25) 청도솔부淸道率府 : 東宮의 官屬이다. 『舊唐書』 권44 「職官志」3, "太子
　　左右淸道率府 : 隋文置左右虞候府, 各開府一人, 掌斥候. 國初亦爲左
　　右虞候, 龍朔改爲淸道率府, 神龍又爲虞候, 開元復爲淸道也. 率各一
　　人, 正四品上. 副率各二人. 從四品上. 淸道率掌東宮內外晝夜巡警之
　　法. 長史·錄事參軍事·倉兵胄三曹參軍·司階·中候·司戈·執戟. 人數
　　·品秩如左右衞率府."

고 말을 타고 따른다. 이어서 외청도직탕外淸道直盪 24인이 말을 타고, 활과 화살, 횡도를 차고 길 옆에서 호위한다.

次龍旗六, 各一人騎執, 佩橫刀, 戎服大袍, 橫行正道, 每旗前後二人騎, 爲二重, 前引後護, 皆佩弓箭·橫刀, 戎服大袍. 次副竿二, 分左右, 各一人騎執. 次細引六重, 皆騎, 佩橫刀, 每重二人. 自龍旗後屬於細仗, 槊·弓箭相間, 廂各果毅都尉一人主之.

다음은 용기 6기인데 각 1인이 말을 타고 기를 드는데 횡도를 차고 융복에 대포를 입고, 정도에 횡렬을 짓고, 깃발마다 앞뒤로 2인이 말을 타는데 2줄로 도열하여 앞에서 인도하고 뒤에서 호위하는데 모두 활과 화살, 횡도를 차며, 융복에 대포를 입는다. 이어서 부간 2개가 따르는데 좌우로 나뉘어 각각 1인이 말을 타고 든다. 이어서 세인이 6줄로 따르며 모두 말을 타고 횡도를 차며 2열마다 2인이 따른다. 용기에서부터 그 뒤는 세의장대[細仗]로 이어지는데 긴 창과 활과 화살 사이에는 간격을 두고 상마다 과의도위 1인이 지휘한다.

次率更丞一人, 府·史二人騎從, 領鼓吹. 次誕馬十, 分左右, 執者各二人. 次廐牧令一人居左, 丞一人居右, 各府·史二人騎從.

다음은 솔경승[26] 1인, 부·사[27] 2인이 말을 타고 따르며 고취대를

---

26) 솔경승率更丞 : 東宮 官屬 率更寺의 속관이다. 승은 종7품상에 해당하는 관직이다. 『新唐書』권49상 「百官志」4, "率更寺令一人, 從四品上. 掌宗族次序·禮樂·刑罰及漏刻之政. 太子釋奠·講學·齒胄, 則總其儀 ; 出入, 乘輅車爲導, 居家令之次. 坊·寺·府有罪者, 論罰, 庶人杖以下, 皆

통령한다. 이어서 곁마 10필이 좌우로 나뉘어 따르는데 말을 잡는
자는 각각 2인이다. 이어서 구목령廐牧令[28] 1인이 왼쪽에 승 1인이
오른쪽에 위치하며, 각각 부사 2인이 말을 타고 따른다.

次左右翊府郎將二人, 主班劍. 次左右翊衛二十四人, 執班劍,
分左右. 次通事舍人四人·司直二人·文學四人·洗馬二人, 司議
郎二人居左, 太子舍人二人居右, 中允二人居左, 中舍人二人居
右, 左右諭德二人, 左右庶子四人, 騎, 分左右, 皆一人從. 次左右
衛率府副率二人步從.

다음은 좌우익부랑장 2인이 반검을 든 위병들을 지휘한다. 이어서
좌우익위 24인이 반검을 들고 좌우로 나뉘어 따른다. 이어서 통사사
인 4인·사직司直[29] 2인·문학文學[30] 4인·세마洗馬[31] 2인이 따른다.

送大理. 皇太子未立, 判斷於大理. 丞一人, 從七品上. 掌貳令事. 宮臣
有犯理於率更者, 躬問蔽罪而上於詹事."
27) 부부·사사府府·史史: 率更寺의 속관으로 府는 3인, 史는 4인을 두었다. 『新唐書』
권49상 「百官志」4, "龍朔二年, 改曰司更寺, 令曰司更大夫. 有錄事一
人, 府三人, 史四人, 漏刻博士三人, 掌漏六人, 漏童二十人, 典鍾·典鼓
各十二人, 亭長四人, 掌固四人. 漏刻博士掌教漏刻."
28) 구목령廐牧令: 東宮의 太子僕寺의 속관이다. 『舊唐書』 권44 「職官志」3,
"廐牧令掌車馬·閑廐·牧畜之事."
29) 사직司直: 東宮의 太子詹事의 속관이다. 『舊唐書』 권44 「職官志」3, "司
直一人, 正九品上."
30) 문학 文學: 東宮의 太子左春坊의 속관이다. 『舊唐書』 권44 「職官志」3,
"太子文學三人, 正六品."
31) 세마洗馬: 東宮의 太子左春坊의 속관이다. 『舊唐書』 권44 「職官志」3,

사의랑司議郎[32] 2인이 왼쪽에 위치하고, 태자사인太子舍人[33] 2인이
오른쪽에 위치하며, 중윤 2인이 왼쪽에, 중사인中舍人[34] 2인이 오른
쪽에 위치하며, 좌우유덕左右諭德[35] 2인·좌우서자左右庶子[36] 4인이
말을 타고 좌우로 나뉘어 따르며, 각각 1인이 함께 따른다. 이어서
좌우위솔부左右衛率府의 부솔副率[37] 2인이 걸어서 따른다.

"司經局 : 洗馬二人, 從五品下. 洗馬, 漢官, 爲太子前馬."

32) 사의랑司議郎 : 東宮의 太子左春坊의 속관이다. 『舊唐書』 권44 「職官
志」3, "司議郎四人, 正六品上."

33) 태자사인太子舍人 : 東宮의 太子右春坊에 속한 정6품상에 해당하는 관
직이다. 『舊唐書』 권42 「職官志」1, "太子詹事府丞·太子司議郎·太子
舍人·中郡長史·武德令, 中州別駕從五品上, 貞觀年改也."

34) 중사인中舍人 : 東宮의 太子右春坊에 속한 정5품상에 해당하는 관직이
다. 『舊唐書』 권44 「職官志」3, "太子右春坊 : 右庶子二人, 正四品下. 中
舍人二人, 正五品上. 舍人四人, 正六品上. 錄事一人, 從八品下. 主事
二人. 從九品下. 舍人掌行令書令旨及表啟之事. 太子通表, 如諸臣之
禮. 諸臣及宮臣上皇太子, 大事以牋, 小事以啟, 其封題皆曰上, 右春坊
通事舍人開封以進. 其事可施行者皆下於坊, 舍人開, 庶子參詳之, 然後
進. 不可者則否."

35) 좌우유덕左右諭德 : 右諭德은 東宮의 太子右春坊에 속하며 정4품하에
해당하는 관직이다. 『舊唐書』 권44 「職官志」3, "右諭德一人, 正四品下."
左諭德은 東宮의 太子左春坊에 속하며 정4품하에 해당하는 관직이다.
『舊唐書』 권44 「職官志」3, "左諭德一人, 正四品下."

36) 좌우서자左右庶子 : 右庶子는 東宮의 太子右春坊에 속한 정4품하에 해
당하는 관직이다. 『舊唐書』 권44 「職官志」3, "太子右春坊 : 右庶子二人,
正四品下." 左庶子는 東宮의 太子左春坊에 속한 정4품하에 해당하는
관직이다. 『舊唐書』 권44 「職官志」3, "太子左春坊 : 左庶子二人, 正四
品下."

37) 좌우위솔부부솔左右衛率府副率 : 東宮 武官 太子左右衛率府의 속관이

次親·勳·翊衛, 廂各中郎將·郎將一人, 皆領儀刀六行：第一親
衛二十三人, 第二親衛二十五人, 皆執金銅裝儀刀, 纁朱綬紛；第三
勳衛二十七人, 第四勳衛二十九人, 皆執銀裝儀刀, 綠緺紛〔一〕38)；
第五翊衛三十一人, 第六翊衛三十三人, 皆執鍮石裝儀刀, 紫黃綬
紛. 自第一行有曲折三人陪後門, 每行加一人, 至第六行八人. 次
三衛十八人, 騎, 分左右夾路.

다음은 친위, 훈위, 익위대인데 상에는 각각 중랑장, 낭장 1인이
있으며 모두 의도를 든 6행의 행렬을 통령한다. 제1 친위대는 23인
이고, 제2 친위대는 25인이며 모두 금동으로 장식한 의도를 들고 훈
주색 수와 반을 찬다. 제3 훈위대는 27인, 제4 훈위대는 29인으로,
모두 은으로 장식한 의도를 들었으며, 연록색의 수와 반을 찬다. 제5
익위대는 31인, 제6 익위대는 33인으로, 모두 유석으로 장식한 의도
를 차며, 자황색 수와 반을 찬다. 제1행부터 곡절 3인을 후문에 배치
하는데 행마다 1인을 증가시켜 제6행에 이르면 곡절은 8인이다. 이
어서 삼위 18인이 말을 타고 길의 좌우에서 보좌한다.

다. 종4품상에 해당한다. 『舊唐書』 권44 「職官志」3, "太子左右衞率府：
秦·漢有太子衞率, 主門衞. 晉分左右中前四衞率, 後代因置左右率. 北
齊爲衞率坊. 隋初始分置左右衞率府·左右宗衞率·左右虞候·左右內
率·左右監門率十府, 以備儲闈武衞之職. 煬帝改爲左右侍率, 國家復
爲衞率. 龍朔改爲左右典戎衞, 咸亨復. 率各一員, 正四品上. 副率各一
人. 從四品上."

38) [교감기 1] "綠緺紛"은 上卷에는 "綠緺綬紛"라는 문구가 있는데, "纁朱
綬紛"·"紫黃綬紛"과 서로 차이가 있으나 같은 사례라고 생각된다. 『舊
唐書』 권45에서는 "有綬者則有紛"라고 한 부분이 있으므로, 여기서도
'紛' 앞에 '綬'자가 있어야 할 것이다.

次金路, 駕四馬, 駕士二十三人, 僕寺僕馭, 左右率府率二人執
儀刀陪乘. 次左右衛率府率二人, 夾路, 各一人從, 居供奉官後. 次
左右内率府率二人, 副率二人, 領細刀·弓箭, 皆一人從. 次千牛,
騎, 執細刀·弓箭. 次三衛儀刀仗, 後開衙門. 次左右監門率府直
長各六人, 執鍮石儀刀, 騎, 監後門. 次左右衛率府, 廂各翊衛二
隊, 皆騎, 在執儀刀行外; 壓角隊各三十人, 騎, 佩橫刀, 一人執旗,
二人引, 二人夾, 十五人執槊, 七人佩弓箭, 三人佩弩, 隊各郎將
一人主之.

다음은 금로金路[39]인데 4필의 말이 끌며 가사는 23인이고 복시僕
寺[40]의 복이 말을 몰며, 좌우솔부左右率府[41] 솔 2인이 의도를 들고
배승한다. 이어서 좌우위솔부左右衛率府[42] 솔 2인이 길의 옆에서 보

---

39) 금로金路 : 황제 5로 중의 하나로 금으로 장식한 수레를 말한다. 『周禮』
「春官·巾車」"金路, 鉤樊纓九就, 建大旂, 以賓, 同姓以封." 鄭玄注 :
"金路, 以金飾諸末." 『新唐書』권25 「車服志」"凡天子之車 : 曰玉路者,
祭祀·納后所乘也, 靑質, 玉飾末 ; 金路者, 饗·射·祀還, 飮至所乘也,
赤質, 金飾末."

40) 복시僕寺 : 東宮의 官屬이다. 『新唐書』권49상 「百官志」4, "僕寺, 僕一
人, 從四品上. 掌車輿·乘騎·儀仗·喪葬, 總廏牧署. 太子出, 則率廏牧
令進路, 親馭."

41) 좌우솔부左右率府 : 東宮의 官屬이다. 『新唐書』권49상 「百官志」4, "太
子左右率府, 率各一人, 正四品上 ; 副率各二人, 從四品上. 掌兵仗·儀
衛. 凡諸曹及三府·外府皆隷焉. 元日·冬至, 皇太子朝宮臣·諸方使, 則
率衞府之屬爲衞. 每月三府三衞及五府超乘番上者, 配以職."

42) 좌우위솔부左右衛率府 : 東宮의 官屬이다. 武德 5년(622)에 左右侍率을
左右衞率府로 개칭하였고, 左右武侍衞率을 左右宗衞率府로 개칭하는
등 여러 솔부를 정비하였다. 『新唐書』권49상 「百官志」4, "武德五年, 改

좌하며 각각 1인이 따르며 공봉관의 뒤편에 위치한다. 이어서 좌우 내솔부左右內率府[43] 솔 2인, 부솔 2인이 가는 칼과 활과 화살을 든 병사들을 통령하는데 모두 1인이 따른다. 이어서 천우千牛[44]인데 말

左右侍率曰左右衞率府, 左右武侍衞率曰左右宗衞率府, 左右宮門將曰左右監門率府. 龍朔二年, 改左右衞率府曰左右典戎衞, 左右宗衞率府曰左右司禦率府, 左右虞候率府曰左右淸道衞, 左右內率府曰左右奉裕衞, 左右監門率府曰左右崇掖衞. 武后垂拱中, 改左右監門率府曰左右鶴禁衞. 神龍元年, 改左右司禦率府曰左右宗衞府, 左右淸道衞曰左右虞候率府. 景雲二年, 左右宗衞府復曰左右司禦率府. 開元初, 左右虞候率府復曰左右淸道率府." 『舊唐書』 권44 「職官志」3, "太子左右衞率府 : 秦·漢有太子衞率, 主門衞. 晉分左右中前四衞率, 後代因置左右率. 北齊爲衞率坊. 隋初始分置左右衞率府·左右宗衞率·左右虞候·左右內率·左右監門率十府, 以備儲闈武衞之職. 煬帝改爲左右侍率, 國家復爲衞率. 龍朔改爲左右典戎衞, 咸亨復. 率各一員, 正四品上. 副率各一人. 從四品上. 左右衞率掌東宮兵仗羽衞之政令, 總諸曹之事. 凡親勳翊府及廣濟等五府屬焉."

43) 좌우내솔부左右內率府 : 東宮의 官屬이다. 『新唐書』 권49상 「百官志」4, "太子左右內率府率各一人, 副率各一人. 掌千牛供奉之事. 皇太子坐日, 領千牛升殿. 射于射宮, 則千牛奉弓矢立東階, 西面 ; 率奉弓, 副率奉矢·決拾. 北面張弓, 左執弣, 右執簫以進, 副率以弓拂矢而進, 各退立於位. 旣射, 左內率啟其中否." 『舊唐書』 권44 「職官志」3, "太子左右內率府 : 隋初置內率府, 擬上臺千牛衞. 龍朔初, 爲奉裕率, 咸亨復. 率各一人, 正四品上. 副率各一人. 從四品上. 左右內率之職, 掌東宮千牛備身侍奉之事, 而立其兵仗, 總其府事."

44) 천우千牛 : 禁衞官 소속 千牛備身·千牛衞의 약칭이다. 본래 칼의 이름인데, 千牛刀를 잡고 군왕을 호위한다. 후한 때 천우비신이 있었는데, 여기에서 유래하였다. 『通典』 권28 「職官」10, "千牛, 刀名. 後漢有千牛備身, 掌執禦刀, 因以名職."

을 타며, 가는 칼과 활과 화살을 든다. 다음은 3위의도의장대인데 뒤에서 아문을 연다. 이어서 좌우감문솔부左右監門率府[45])의 직장 각 6인이 유석으로 장식한 의도를 들고 말을 타며 후문을 감찰한다. 이어서 좌우위솔부인데 상마다 각각 익위 2대가 모두 말을 타고 의도를 들고 행렬의 바깥에 위치한다. 압각 의장대는 각 30인이 말을 타고 횡도를 차며, 1인이 기를 들고 2인이 인도하고 2인이 옆에서 보좌하며, 15인이 긴 창을 들고 7인이 활과 화살을 차며, 3인이 노를 차며, 의장대마다 낭장 1인이 지휘한다.

次繖, 二人執, 雉尾扇四, 夾繖. 次腰輿一, 執者八人, 團雉尾扇二, 小方雉尾扇八, 以夾腰輿, 內直郎二人主之, 各令史二人騎從. 次誕馬十, 分左右, 馭者各二人. 次典乘二人, 各府·史二人騎從. 次左右司禦率府校尉二人騎從, 佩鍮石裝儀刀, 領團扇·曲蓋. 次朱漆團扇六, 紫曲蓋六, 各橫行. 次諸司供奉. 次左右淸道率府校尉二人, 騎, 佩鍮石裝儀刀, 主大角.

다음은 산이 따르는데 2인이 들며, 치미산 4개가 산의 옆에서 보좌한다. 이어서 요여 1대가 따르는데, 8인이 들며, 단치미선 2개, 소방치미선 8개가 요여를 옆에서 보좌하며 내직랑內直郎[46]) 2인이 지

---

45) 좌우감문솔부左右監門率府 : 東宮의 官屬이다. 『新唐書』 권49상 「百官志」4, "太子左右監門率府 率各一人, 副率各二人. 掌諸門禁衛. 凡財物·器用, 出者有籍." 『舊唐書』 권44 「職官志」3, "太子左右監門率府 : 隋置此官, 國家因之. 率各一人, 正四品上. 副率各一人. 正四品上. 左右監門率掌東宮禁衛之法, 應以籍入宮殿門者, 二率司其出入, 如上臺之法."
46) 내직랑內直郎 : 東宮의 內直局 속관이다. 『新唐書』 권49상 「百官志」4,

휘하며, 각각 영사 2인이 말을 타고 따른다. 이어서 곁마 10필이 좌우로 나뉘어 따르는데 말을 모는 자는 각각 2인이다. 다음은 전승典乘[47] 2인, 각부·사 2인이 말을 타고 따른다. 이어서 좌우사어솔부左右司禦率府[48]의 교위 2인이 말을 타고 따르는데 유석으로 장식한 의도를 차고 단선과 곡개를 든 자들을 통령한다. 이어서 주색 칠을 한 단선 6개와 자색 칠을 한 단선 6개와 자색 곡개 6개인데 각각 나란히 행렬한다. 이어서 여러 사봉공이다. 이어서 좌우청도솔부左右淸道率府[49]의 교위 2인이 말을 타고, 유석으로 장식한 의도를 차고 대

“內直局內直郎二人, 從六品下；丞二人, 正八品下. 掌符璽·衣服·繖扇·几案·筆硯·垣牆. 龍朔二年, 改監曰內直郎, 副監曰丞. 有令史一人, 書吏三人, 典服十二人, 典扇八人, 典翰八人, 掌固六人. 武德中, 有典璽四人, 開元中廢.”

47) 전승典乘：東宮의 僕寺 廐牧署 속관으로 종9품하이다.『新唐書』권49상「百官志」4, “廐牧署 令一人, 從八品下；丞二人, 從九品下. 掌車馬·閑廐·牧畜. 皇太子出, 則率典乘先期習路馬, 率駕士馭車乘, 旣出, 進路, 式路車於西閤外, 南向以俟. 凡輦牧隷東宮者, 皆受其職事. 典乘四人, 從九品下.”

48) 좌우사어솔부左右司禦率府：東宮의 官屬이다.『新唐書』권49상「百官志」4, “太子左右司禦率府率各一人, 正四品上；副率各二人, 從四品上. 掌同左右衛. 凡諸曹及外府旅賁番上者隷焉. 長史各一人, 正七品上；錄事參軍事各一人, 從八品上；倉曹參軍事·兵曹參軍事·冑曹參軍事·騎曹參軍事, 各一人, 從八品下；司階各一人, 中候各二人, 司戈各二人, 執戟各三人. 親衛·勳衛·翊衛三府中郎將以下, 如左右衛率府. 有錄事一人, 史二人. 倉曹, 府一人, 史二人；兵曹, 府二人, 史三人；冑曹, 府·史各二人. 亭長一人, 掌固二人.”

49) 좌우청도솔부左右淸道率府：東宮의 官屬이다.『新唐書』권49상「百官志」4, “太子左右淸道率府率各一人, 副率各二人. 掌晝夜巡警. 凡諸曹

각을 지휘한다.

次副路, 駕四馬, 駕士二十二人; 輜車, 駕一馬, 駕士十四人; 四望車, 駕一馬, 駕士十人.

다음은 부로인데 말 4필이 끌며 가사는 22인이다. 초거는 말 1필이 끌며 가사는 14인이다. 사망거四望車는 말 1필이 끌며 가사는 10인이다.

次左右廂步隊十六, 每隊果毅都尉一人, 領騎三十人, 戎服大袍, 佩橫刀, 一人執旗, 二人引, 二人夾, 二十五人佩弓箭, 前隊持槊, 與佩弓箭隊以次相間. 次左右司禦率府副率各一人, 騎, 檢校步隊, 二人執鎙槊騎從.

다음은 좌우상 보병의장대 16대인데, 의장대마다 과의도위 1인이 기병 30인을 통령하며, 융복에 대포를 입고 횡도를 차며, 1인이 기를 들고, 2인이 인도하고 2인이 옆에서 보좌하고, 25인은 활과 화살을 찬다. 앞에 긴 창을 든 의장대와 활과 화살을 찬 의장대는 서로 사이를 둔다. 이어서 좌우사어솔부 부솔 각 1인이 말을 타고, 보병의장대

及外府直盪番上者隷焉. 皇太子出入, 則以淸游隊先導, 後拒隊爲殿. 長史各一人, 錄事參軍事各一人, 從八品上; 倉曹參軍事·兵曹參軍事·胄曹參軍事各一人, 從八品下; 左右司階各一人, 左右中候各二人, 左右司戈各一人, 左右執戟各三人. 親衞·勳衞·翊衞三府中郞將以下, 如左右衞率府. 有錄事一人, 史二人, 亭長二人, 掌固二人. 倉曹, 府一人, 史二人; 兵曹, 府二人, 史三人; 胄曹, 府二人, 史二人. 細引押仗五十人."

를 임시로 감독하며 2인이 포삭을 들고 말을 타고 따른다.

次儀仗, 左右廂各六色, 每色九行, 行六人, 赤綦襖·冒, 行縢·
鞋韈. 第一戟, 赤氅, 六人; 第二弓箭, 六人; 第三儀鋋, 毦, 六人;
第四刀楯, 六人; 第五儀鍠, 五色幡, 六人; 第六油戟, 六人. 次前
仗首, 左右廂各六色, 每色三行, 行六人, 左右司禦率府二人, 果
毅都尉各一人, 主帥各六人主之; 次左右廂各六色, 每色三行, 行
六人, 左右衛率府副率二人, 果毅都尉各一人, 主帥各六人主之.
左右司禦率府主帥各六人騎護後, 率及副率各一人步從. 廂有絳
引幡十二, 引前者六, 引後者六. 廂各有獨揭鼓六重, 重二人, 居
儀仗外·及仗內, 皆赤綦襖·冒, 行縢·鞋韈. 左右司禦率府四重,
左右衛率府二重.

다음 의장은 좌우상에 각각 6색50)이 있는데 색마다 9행이며 행마
다 6인으로 적색 기오를 입고, 모를 쓰며, 행등을 차고 혜와 버선을
신는다. 제1 의장대는 극을 들고, 적색 깃발이고, 6인이다. 제2 의장
대는 활과 화살을 들며 6인이다. 제3 의장대는 의연儀鋋을 들고, 투
구 장식을 하며 6인이다. 제4 의장대는 칼과 방패를 들며 6인이다.
제5 의장대는 의굉을 들고 오색번을 꽂으며 6인이다. 제6 의장대는
유극을 들며 6인이다. 다음은 전장수인데, 좌우상에 각각 6색이며
색마다 3행의 행렬이며, 행마다 6인으로, 좌우사어솔부 2인, 과의도
위 각 1인, 주수 각 6인이 지휘한다. 다음은 좌우상에 각각 6색인데

---

50) 6색六色 : 6색 氅을 말하는 것으로 보인다. 「儀衛志」上 皇帝의 노부 행차
에 기록이 있다.

색마다 3행의 행렬이며, 행마다 6인으로, 좌우위솔부 부솔 2인, 과의도위 각 1인, 주수 각 6인이 지휘한다. 좌우사어솔부 주수 각 6인은 말을 타고 뒤를 호위하고 솔 및 부솔은 각각 1인은 걸어서 따른다. 상마다 강색 인번기 12기가 있는데 6기는 앞에서 인도하고, 6기는 뒤에서 인도한다. 상에는 각각 독게고獨揭鼓 6 줄인데, 매 줄마다 2인이고 의장대의 바깥과 수장대의 안쪽에 위치하며, 모두 적색 기오를 입고 모를 쓰며, 행등을 차고 혜와 버선을 신는다. 좌우사어솔부가 4줄이고, 좌우위솔부는 2줄이다.

次左右廂皆百五十人, 左右司禦率府各八十六人, 左右衛率府各六十四人, 赤綦襖·冒, 主殳, 分前後, 居步隊外·馬隊內. 各司禦率府果毅都尉一人主之, 各一人騎從. 廂各主帥七人, 左右司禦率府各四人, 左右衛率府各三人, 騎, 分前後.

다음은 좌우상에 모두 150인, 좌우사어솔부 각 86인, 좌우위솔부 각 64인이 따르는데 적색 기오에 모를 쓰며, 수를 들고 앞뒤로 나뉘어 보병의장대의 바깥과 말 의장대의 안쪽에 위치한다. 각각 사어솔부 과의도위 1인이 지휘하며, 각 1인이 말을 타고 따른다. 상마다 각각 주수 7인인데, 좌우사어솔부 각 4인, 좌우위솔부 각 3인으로 말을 타고, 전후로 나뉘어 따른다.

次左右廂馬隊, 廂各十隊, 隊有主帥以下三十一人, 戎服大袍, 佩橫刀, 騎. 隊有旗一, 執者一人, 引·夾各二人, 皆佩弓箭, 十六人持槊, 七人佩弓箭, 三人佩弩. 第一, 左右清道率府果毅都尉二人主之. 第二·第三·第四, 左右司禦率府果毅都尉二人主之. 第五·第六·第七, 左右衛率府果毅都尉主之. 第八·第九·第十, 左右司禦率府果毅都尉二人主之. 皆戎服大袍, 佩弓箭·橫刀.

다음은 좌우상의 말 의장대인데, 상마다 각각 10대이고, 대에는 주수 이하 30인이 있으며, 융복에 대포를 입고, 횡도를 차고 말을 탄다. 대에는 기가 1기씩 있는데, 1인이 기를 잡고, 2인이 인도하고, 2인이 옆에서 보좌하며, 모두 활과 화살을 차는데, 16인은 긴 창을 들고 7인은 활과 화살을 차고, 3인은 노를 찬다. 제1대는 좌우청도솔부 과의도위 2인이 지휘한다. 제2, 3, 4대는 좌우사어솔부 과의도위 2인이 지휘한다. 제5, 6, 7대는 좌우위솔부 과의도위가 지휘한다. 제8, 9, 10대는 좌우사어솔부 과의도위 2인이 지휘한다. 모두 융복에 대포를 입고 활과 화살, 횡도를 찬다.

次後拒隊, 旗一, 執者佩橫刀, 引·夾路各二人, 佩弓箭·橫刀. 次淸道率府果毅都尉一人, 領四十騎, 佩橫刀, 凡執槊二十人, 佩弓箭十六人, 佩弩四人, 騎從. 次後拒隊, 前當正道及仗內, 有衙門. 次左右廂各有衙門三: 第一, 當左右司禦率府步隊後, 左右衛率府步隊前; 第二, 當左右衛率府步隊後, 左右司禦率府儀仗前; 第三, 當左右司禦率府儀仗後, 左右衛率府步隊前. 每門二人執, 四人夾, 皆騎, 赤綦襖, 黃袍·冒. 門有監門率府直長二人檢校, 左右監門率府副率各二人檢校諸門, 各一人騎從.

다음은 후거의장대인데 기는 하나로 기를 드는 자는 횡도를 차고, 인도하는 자와 길에서 보좌하는 자 각 2인은 활과 화살, 횡도를 찬다. 이어서 청도솔부 과의도위 1인이 40인의 기사를 통령하는데, 횡도를 차고, 20인은 삭을 들고, 16인은 활과 화살을 차고, 4인은 노를 차고 말을 타고 따른다. 이어서 후거의장대인데, 전면에 정도의 수 의장대내와 마주하며, 아문이 있다. 이어서 좌우상에 각각 아문 3문 이 있다. 제1문은 좌우사어솔부 보병대의 뒤에서 마주하며 좌우위솔 부 보병대의 앞에 도열한다. 제2문은 좌우위솔부 보병대의 뒤에서 마주하며 좌우사어솔부 의장대의 앞에 도열한다. 제3문은 좌우사어 솔부 의장대 뒤에서 마주하며 좌우위솔부 보병대의 앞에 도열한다. 매 문은 2인이 기를 들고 4인이 옆에서 보좌하는데 모두 말을 타고 적색 기오에 황색 포를 입고 황색 모를 쓴다. 문에는 감문솔부 직장 2인이 임시로 감독하며, 좌우감문솔부 부솔 각 2인이 여러 문을 임 시로 감독하는데, 각각 1인이 말을 타고 따른다.

次左右淸道率府·副率各二人, 檢校仗內不法, 各一人騎從. 次 少師·少傅·少保, 正道乘路, 備鹵簿, 文武以次從.

다음은 좌우청도솔부·부솔 각 2인이 임시로 의장대내의 불법을 감찰하는데, 각각 1인이 말을 타고 따른다. 소사·소부·소보가 정도 에서 수레에 오르고 노부를 갖추어 문무 관리가 순서에 따라 따른다.

皇太子所至, 回車南嚮, 左庶子跪奏「請降路」.

황태자가 이르면 수레를 돌려 남쪽을 향하게 하고 좌서자가 무릎 을 꿇고 "노에서 내려오십시오"라고 아뢴다.

還宮, 一嚴, 轉仗衛於還塗. 再嚴, 左庶子版奏「請中嚴」. 三嚴, 僕進車, 左庶子版奏「外辨」. 皇太子乘輿出門外, 降輿, 乘車, 左庶子請車右升, 侍臣皆騎, 車動, 至重明門, 宮官下馬, 皇太子乘車而入, 太傅・少傅還. 皇太子至殿前, 車南嚮, 左庶子奏「請降」, 皇太子乘輿而入, 侍臣從至閤, 左庶子版奏「解嚴」.

환궁하면 1계엄에 의장위대는 돌아간다. 2계엄에 좌서자는 판을 들고 "궁중의 계엄을 청합니다"라고 아뢴다. 3계엄에 복僕은 수레로 나아가고 좌서자는 판을 들고 "바깥이 준비되었습니다"라고 아뢴다. 황태자가 가마에 올라 문밖으로 나가면 가마에서 내려서 수레를 타며, 좌서자가 오른쪽 앞의 수레를 따르기를 청하고, 근시관들이 모두 말에 타며, 수레가 움직여 중명문에 이르면 동궁의 관료들이 말에서 내리고, 황태자는 수레에 올라 들어가며, 태부와 소부는 돌아간다. 황태자가 전의 앞에 이르면 수레는 남쪽을 향하게 하고 좌서자는 "내리십시오"라고 아뢰고, 황태자는 가마에 올라 들어가며 근시관은 따라서 합문에 이르며, 좌서자는 판을 들고 "계엄을 해제합니다"라고 아뢴다.

若常行・常朝, 無馬隊・鼓吹・金路・四望車・家令・率更令・詹事・太保・太師・少保・少師, 又減隊仗三之一, 清道・儀刀・誕馬皆減半, 乘軺車而已. 二傅乘犢車, 導從十人, 太傅加清道二人.

만약 일반적인 행차나 상조 때에는 마대・고취・금로・사망거・가령・솔경령・첨사・태보・태사・소보・소사는 따르지 않으며, 의장대도 3분의 1을 감하고, 청도・의도・곁마도 모두 반으로 줄이며, 초거를 탈 뿐이다. 태부와 소부는 독거를 타고 인도하며 따르는 자는 10인이고, 태부는 청도 2인을 더한다.

皇太子妃鹵簿. 淸道率府校尉六人, 騎, 分左右爲三重, 佩橫刀
·弓箭. 次靑衣十人, 分左右. 次導客舍人四人, 內給使六十人, 皆
分左右, 後屬內人車. 次偏扇·團扇·方扇各十八, 分左右, 宮人執
者間綵衣·革帶. 次行障四, 坐障二, 宮人執以夾車. 次典內二人,
騎, 分左右. 次厭翟車, 駕三馬, 駕士十四人. 次閤帥二人, 領內給
使十八人, 夾車. 次六柱二, 內給使執之. 次供奉內人, 乘犢車. 次
繖一, 雉尾扇二, 團扇四, 曲蓋二, 皆分左右, 各內給使執之. 次戟
九十, 執者絳綦襖·冒, 分左右.

황태자비의 노부행차는 청도솔부 교위 6인이 말을 타고 3줄로 좌
우로 나뉘어 따르는데, 횡도와 활과 화살을 찬다. 이어서 청의 10인
이 좌우로 나뉘어 따른다. 이어서 도객사인導客舍人[51] 4인, 내급사
60인이 모두 좌우로 나뉘어 내인거의 뒤로 이어진다. 이어서 편선과
단선, 방선 각 10인이 좌우로 따르는데 궁인으로 편선 등을 든 자는
간색의 옷[間綵衣]을 입고 혁대를 찬다. 이어서 행장 4인, 좌장 2인
인데 궁인이 들고 수레의 옆에서 보좌한다. 이어서 전내典內[52] 2인

---

51) 도객사인導客舍人: 東宮의 太子內坊局의 속관이다. 『舊唐書』 권44 「職
官志」3, "太子內坊: 皆宦者爲司局. 典內二人, 從五品下. 錄事一人, 典
直四人, 正九品下. 導客舍人六人, 閤帥六人, 內閣八人, 內給使, 無員
數. 內廐二十人, 典事二人, 駕士三十人. 典內掌東宮閣門之禁令, 及宮
人衣廩賜與之出入."

52) 전내典內: 東宮의 太子內坊局의 속관이다. 『舊唐書』 권44 「職官志」3,
"太子內坊: 皆宦者爲司局. 典內二人, 從五品下. 錄事一人, 典直四人,
正九品下. 導客舍人六人, 閤帥六人, 內閣八人, 內給使, 無員數. 內廐
二十人, 典事二人, 駕士三十人. 典內掌東宮閣門之禁令, 及宮人衣廩賜
與之出入. 丞爲之貳. 典直主儀式. 導客主儐序. 閤帥主門戶. 內閣主出

이 말을 타고 좌우로 나뉘어 따른다. 이어서 염적거인데 3필의 말이 끌며 가사는 14인이다. 이어서 합수(閣帥)[53] 2인, 영내급사 18인이 수레를 보좌한다. 이어서 육주 2개를 내급사가 들고 따른다. 이어서 공봉내인이 독거를 타고 따른다. 이어서 산 1개, 치미선 2개, 단선 4개, 곡개 2개를 모두 좌우로 나누어 각각 내급사가 들고 따른다. 이어서 극 90개인데 극을 든 자는 강색 기오와 모를 쓰고 좌우로 나뉘어 따른다.

親王鹵簿. 有淸道六人爲三重, 武弁·朱衣·革帶. 次幰弩一, 執者平巾幘·緋褲褶, 騎. 次靑衣十二人, 平巾靑幘·靑布褲褶, 執靑布仗袋, 分左右. 次車輻十二, 分左右. 車輻, 棒也, 夾車而行, 故曰車輻, 執者服如幰弩. 次㦸九十, 執者絳鞤襖·冒, 分左右. 次絳引旛六, 分左右, 橫行, 以引刀·楯·弓·箭·槊. 次內第一行廂, 執

入. 給使主繖扇. 內廄主車輿. 典事主牛馬. 典內統而監之." 開元 27년 (739)에는 令으로 개칭하였다. 『新唐書』 권47 「百官志」2, "初, 內坊隸東宮. 開元二十七年, 隸內侍省, 爲局, 改典內曰令, 置丞. 坊事及導客舍人六人, 掌序導賓客;閣帥六人, 掌帥閣人·內給使以供其事;內閣人八人, 掌承諸門出入管鑰, 內繖扇·燈燭;內廄尉二人, 掌車乘. 有錄事一人, 令史三人, 書令史五人, 典事二人, 駕士三十人, 亭長·掌固各一人."

53) 합수閣帥 : 東宮의 太子內坊局의 속관이다. 『新唐書』 권47 「百官志」2, "初, 內坊隸東宮. 開元二十七年, 隸內侍省, 爲局, 改典內曰令, 置丞. 坊事及導客舍人六人, 掌序導賓客;閣帥六人, 掌帥閣人·內給使以供其事;內閣人八人, 掌承諸門出入管鑰, 內繖扇·燈燭;內廄尉二人, 掌車乘. 有錄事一人, 令史三人, 書令史五人, 典事二人, 駕士三十人, 亭長·掌固各一人."

刀楯, 絳鞶褾·冒. 第二行廂, 執弓矢, 戎服. 第三行廂, 執槊, 戎服
大袍. 廂各四十人. 次節一, 夾槊二, 各一人騎執, 平巾幘·大口褲
·緋衫. 次告止幡四, 傳敎幡四, 信幡八. 凡幡皆絳爲之, 署官號,
篆以黃, 飾以鳥翅, 取其疾也, 金塗鉤, 竿長一丈一尺, 執者服如
夾槊, 分左右. 次儀鋌二, 儀鍠六, 油戟十八, 儀槊十, 細槊十, 執
者皆絳鞶褾·冒. 次儀刀十八, 執者服如夾槊, 分左右. 次誕馬八,
馭者服如夾槊, 分左右. 次府佐六人, 平巾幘·大口絝·緋裲襠,
騎, 持刀夾引. 次象路一, 駕四馬, 佐二人立侍, 一人武弁·朱衣·革
帶, 居左; 一人緋裲襠·大口絝, 持刀居右. 駕士十八人, 服如夾槊.
次繖一, 雉尾扇二. 次朱漆團扇四, 曲蓋二, 執者皆絳鞶褾·冒, 分
左右. 次僚佐, 本服陪從. 次麾·幢各一, 左麾右幢. 次大角·鼓吹.

　친왕의 노부행차는 청도 6인이 3줄로 대열을 만들어 따르는데, 무
변武弁[54])을 쓰고, 주색 상의에 혁대를 찬다. 이어서 헌노幰弩 1개인

---

54) 무변武弁 : 漢代에는 武官들의 관모였다. 『後漢書』
　　권30 「輿服志」에 "武弁大冠이라하며, 武官들이 관으
　　로 썼다. 그 형태는 옛 치포관의 형태이다. 侍中·中常
　　侍는 黃金璫의 장식물을 더하고, 매미 장식을 관 앞
　　에 붙여[附蟬] 무늬를 내고, 담비 꼬리[貂尾]로 장식
　　을 한다. 호광胡廣(91~172)은 '조나라 무령왕(기원전
　　325~기원전 299)은 胡服을 본떠 金璫으로 머리를 장
　　식하고, 앞에는 담비 꼬리를 꽂아서 귀한 신분임을 드

武弁
(섭숭의, 「삼례도」)

　　러냈다. 진나라가 조나라를 멸망시키고 그 관을 근신에게 하사하였다. 一
　　曰武弁大冠, 武官冠之. 其制古緇布之象也. 侍中·中常侍加黃金璫, 附
　　蟬爲文, 貂尾爲飾. 胡廣曰, '趙武靈王效胡服, 以金璫飾首, 前揷貂尾,
　　爲貴職. 秦滅趙以其冠賜近臣.'"라고 하였다. 唐代에는 무관뿐만 아니라
　　근시관 및 일부 문관들도 착용하였다.

데, 헌노를 든 자는 평건책에 비색 고습을 입고 말을 탄다. 이어서 청색 상의를 입은 10인이 청색 평건책을 쓰고, 청색 포와 고습을 입고 청고장대를 들고, 좌우로 나뉘어 따른다. 이어서 거복車輻 12인이 좌우로 나뉘어 따른다. 거복은 몽둥이[棒]를 들고 있는데, 수레의 옆에서 보좌하며 따르기 때문에 거복이라고 불렀으며, 이것을 든 자의 복식은 헌노의 복식과 같다. 이어서 극 90인데, 극을 든 자는 강색기오에 모를 쓰고 좌우로 나뉘어 따른다. 이어서 강색 인도하는 번 6기인데, 좌우로 나뉘어 나란히 행렬을 하고 인도하는 칼과 방패, 활과 화살, 긴 창을 든다. 이어서 안쪽 제1행상인데, 칼과 방패를 들고, 강색 비단 두루마기를 입고 모를 쓴다. 제2행상은 활과 화살을 들고, 융복을 입는다. 제3행상은 삭을 들고, 융복에 대포를 입는다. 상 마다 40인이다. 이어서 절 하나가 따른다. 2인이 옆에서 긴 창을 들고 보좌하는데, 각 1인이 말을 타고 잡으며, 평건책을 쓰고, 대구고에 비색 삼을 입는다. 이어서 고지번告止旛55) 4기, 전교번傳敎旛56) 4기, 신번信旛57) 8기가 따른다. 모든 번旛은 모두 강색으로 만들며, 황색 전서로 관호를 쓰고, 새의 깃털로 장식하는데 새의 빠른 모양을 취한 것이다. 금도구金塗鉤의 간은 길이가 1장 1척이고, 협삭을 드는 자와 같은 복식을 입으며, 좌우로 나뉘어 따른다. 이어서 의연儀鋋(작은 창) 2, 의황 6, 유극 18, 의삭 10, 세삭 10인데 모두 강색 기오

---

55) 고지번告止旛 : 당송 때 관리의 의장대 행렬 중 가장 앞에서 인도하는 깃발을 말한다. "告止"라는 두 글자가 쓰여 있다. 행인들에게 움직이지 못하게 하고 정숙하게 하는 의미가 있다.

56) 전교번傳敎旛 : 명령을 알리는 깃발이다.

57) 신번信旛 : 관호를 표시하거나 符信用 깃발이다.

를 입고, 모를 쓴다. 이어서 의도 18인데, 협삭을 든 자와 같은 복식을 입고, 좌우로 나뉘어 따른다. 이어서 탄마誕馬[58] 8기인데 말을 부리는 자는 협삭의 복식과 같고, 좌우로 나뉘어 따른다. 이어서 부좌 6인인데, 평건책을 쓰고 대구고와 자색 양당을 입으며 말을 타고 칼을 들며 옆에서 인도한다. 이어서 상로 1대로 말 4필의 끌고 좌 2인이 서서 시위하는데, 1인은 무변을 쓰고, 주색 상의를 입고 혁대를 차며, 왼쪽에 위치하고, 1인은 비색 양당에 대구고를 입으며, 칼을 들고 오른쪽에 위치한다. 가사 18인은 협삭과 같은 복식을 입는다. 이어서 산 1기, 지미선 2기이다. 이어서 주색으로 옻칠을 한 단선 4기, 곡개 2기인데, 드는 자는 모두 강색의 기오를 입고 모를 쓰며, 좌우로 나뉘어 따른다. 이어서 관료들인데 본복을 입고 따른다. 이어서 휘, 당 각 1기인데 왼쪽에 휘, 오른쪽에 당이 위치한다. 이어서 대각과 고취대다.

一品鹵簿. 有淸道四人爲二重, 憶弩一騎. 靑衣十人, 車輻十人, 㦸九十, 絳引幡六, 刀·楯·弓·箭·槊皆八十, 節二, 大槊二, 告止幡·傳敎幡皆二, 信幡六, 誕馬六, 儀刀十六, 府佐四人夾行. 革路一, 駕四馬, 駕士十六人, 繖一, 朱漆團扇四, 曲蓋二, 僚佐本服陪從, 麾·幢·大角·鐃吹皆備.

1품관의 노부행차는 청도 4인이 2줄로 따르고, 헌노를 들고 말을

---

58) 탄마誕馬 : 但馬를 말하는 것으로, 의장대 행렬 중에 마구를 갖추지 않은 예비용 말을 말한다.

탄 자가 1인이 따른다. 청의를 입은 자 10인이고, 거복은 10인, 극을 든 자는 90인이 따르며, 강색의 인도하는 번은 6기이며, 칼과 방패, 활과 화살, 긴 창은 모두 80개로 한다. 절은 2개, 대삭은 2개, 고지번과 전교번이 각각 2기, 신번은 6기, 탄마는 6기, 의도를 든 자는 16인이며, 부좌 4인이 옆에서 함께 행차한다. 혁로革路59)는 1대인데, 말 4필이 끌고, 가사는 16인이다. 산은 1기, 주색 옻칠을 한 단선 4기, 곡개는 2기이며, 관료들은 본복을 입고 따른다. 휘, 당, 대각, 효취鐃吹60)를 모두 갖춘다.

自二品至四品, 青衣·車輻每品減二人. 二品, 刀·楯·弓·箭·戟·槊各減二十. 三品以下, 每品減十而已. 二品, 信旛四, 誕馬四, 儀刀十四, 革路駕士十四人. 三品亦如之, 儀刀十, 革路駕士十二人. 四品·五品, 信旛二, 誕馬二, 儀刀八, 木路駕士十人.

2품에서 4품관의 행차는 청의, 거복을 품이 내려갈 때마다 2인씩 줄인다. 2품 관리는 칼, 방패, 활, 화살, 극, 긴 창을 각각 20개씩 줄인다. 3품관 이하는 매 품이 내려갈 때마다 10개씩 줄인다. 2품관은 신번 4기, 탄마 4필, 의도 14개에 혁로를 타고 가사는 14인이다. 3품

---

59) 혁로革路 : 가죽으로 장식한 수레를 말한다. 대개 군사를 행렬하거나 순수할 때 탔다. 『新唐書』 권24 「車服志」, "革路者, 臨兵·巡守所乘也, 白質, 鞔以革."

60) 효취鐃吹 : 개선 고취악의 일부로 笛·觱篥·簫·笳·鐃·鼓 등을 갖추어 연주한다. 『舊唐書』 권28 「音樂志」1, "凡命將征討, 有大功獻俘馘者, 其日備神策兵衛於東門外, 如獻俘常儀. 其凱樂用鐃吹二部, 笛·篳篥·簫·笳·鐃·鼓, 每色二人, 歌工二十四人."

관 역시 이와 같으나 의도는 10개, 혁로를 타고 가사는 12인이다. 4
품과 5품관은 신번 2기, 탄마 2필, 의도 8개이고, 목로木路[61]를 타고,
가사는 10인이다.

自二品至四品, 皆有淸道二人, 朱漆團扇二, 曲蓋一, 憶弩一騎,
旛竿長丈, 纛一, 節一, 夾槊二.

2품에서 4품관까지 모두 청도 2인이 따르고, 주색 옻칠을 한 단선
2개, 곡개 1개, 헌노 1기이며, 번간旛竿[62]의 길이는 1장이고, 산 1기,
절 1개, 협삭 2개다.

萬年縣令亦有淸道二人, 憶弩一騎, 靑衣 · 車輻皆二人, 戟三十,
告止旛 · 傳敎旛 · 信旛皆二, 竿長九尺, 誕馬二, 軺車, 一馬, 駕士
六人, 纛 · 朱漆團扇 · 曲蓋皆一. 非導駕及餘四等縣初上者, 減憶
弩 · 車輻 · 曲蓋, 其戟亦減十.

만년현령 역시 청도 2인과 헌노 1기가 따르고, 청의와 거복 모두
2인이 따르며, 극은 30개이다. 고지번, 전교번, 신번은 각각 2기이며,
깃대의 길이는 9척이고, 탄마는 2필이다. 초거를 타는데 말 1필이 끌
고, 가사는 6인이며, 산과 주색 옻칠을 한 단선, 곡개 각각 1개가 따
른다. 인도하지 않는 가사나 나머지 4개 현의 초임관들은 헌노, 거

---

61) 목로木路 : 나무에 칠을 한 수레로 가죽이나 금, 옥, 상아의 장식이 없다.
  황제의 목로는 대개 藉田의 제례를 할 때 탄다고 하였다. 『新唐書』 권24
  「車服志」, "木路者, 蒐田所乘也, 黑質, 漆之."
62) 번간旛竿 : 깃발을 매어 단 장대를 말한다.

복, 곡개를 줄이고, 극 역시 10개를 줄인다.

內命婦·夫人鹵簿. 青衣六人, 偏扇·團扇皆十六, 執者間綵裙
襦·綵衣·革帶, 行障三, 坐障二, 厭翟車駕二馬, 馭人十, 內給使
十六人夾車, 從車六乘, 繖·雉尾扇皆一, 團扇二, 內給使執之, 戟
六十.

내명부·부인의 노부 행차에서는 청의를 입은 6인이 따르며, 편선,
단선은 모두 16개가 따르는데, 이것을 든 자는 간색의 치마와 저고
리[間綵裙襦]에 색이 있는 상의를 입고 혁대를 찬다. 행장 3개, 좌장
2개가 따른다. 2필의 말이 끄는 염적거를 타며 어인은 10인이다. 내
급사 16인이 수레를 보좌하며, 종거는 6승이며, 산과 치미선이 각각
1개, 단선 2개를 내급사가 들고 가며, 극을 든 60인이 따른다.

外命婦一品亦如之, 厭翟車馭人減二, 有從人十六人. 非公主·
王妃則乘白銅飾犢車, 駕牛, 馭人四, 無雉尾扇.

외명부 1품 역시 이와 같은데, 염적거의 어인은 2인을 줄이고, 종
인은 16인이다. 공주나 왕비가 아니면 백동으로 장식한 독거犢車[63]
를 타는데, 소가 끌며, 어인은 4인이고 치미선도 따르지 않는다.

嬪, 青衣四人, 偏扇·團扇·方扇十四, 行障二, 坐障一, 翟車, 馭

---

63) 독거犢車 : 대개 소가 끄는 수레를 말한다. 漢代에는 가난한 제후들이 타
   는 수레였으나 후에는 귀족들도 이용하였다.

人八, 內給使十四人, 夾車四乘, 戟四十.

빈은 청의를 입은 4인이 따르고, 편선, 단선, 방선 14개, 행장 1개, 좌장 1개가 따르며 적거翟車[64]를 타는데 어인은 8인이고, 내급사는 14인이 따르고, 협거는 4승이고, 극을 든 자 40인이 따른다.

外命婦二品亦如之, 乘白銅飾犢車, 靑通幰, 朱裏, 從人十四人.

외명부 2품 역시 이와 같으며, 백동으로 장식한 독거를 타는데, 청색 통헌에 주색으로 안을 댄 수레다. 종인은 14인이다.

婕妤·美人·才人, 靑衣二人, 偏扇·團扇·方扇十, 行障二, 坐障一, 安車, 駕二馬, 馭人八, 內給使十人, 從車二乘, 戟二十.

첩여婕妤[65]·미인美人[66]·재인才人[67]은 청의를 입는 2인이 따르며, 편선, 단선, 방선 10개에 행장 2개, 좌장 1개가 따르며, 안거를

<hr>

64) 적거翟車 : 后妃들이 주로 타던 수레를 말한다. 꿩의 털로 장식하여 적거라 불렀다. 『隋書』 권10 「禮儀志」5, "翟車, 黃質, 金飾諸末. 輪畫朱牙. 其車側飾以翟羽, 黃油纁黃裏, 通幰, 白紅錦帷, 朱絲絡網, 白紅錦絡帶. 其餘如重翟. 駕黃駠. 歸寧則供之."

65) 첩여婕妤 : 황제 후궁 직책 중의 하나로 9인을 두었고, 정3품에 해당하였다. 『舊唐書』 권51 「后妃列傳」상.

66) 미인美人 : 황제 후궁 직책 중의 하나로 9인을 두었고, 정4품에 해당하였다. 『舊唐書』 권51 「后妃列傳」상.

67) 재인才人 : 황제 후궁 직책 중의 하나로 9인을 두었고, 정5품에 해당하였다. 『舊唐書』 권51 「后妃列傳」상.

타는데 말 2필이 끌며, 어인 8인, 내급사는 10인이 따르고 종거는 2
승이고, 극을 든 자 20인이 따른다.

太子良娣·良媛·承徽·外命婦三品亦如之, 白銅飾犢車, 從人
十人.

태자양제太子良娣[68]·양원良媛[69]·승휘承徽[70]·외명부 3품 역시 이
상과 같으나, 백동으로 장식한 독거를 타며, 종인은 10인이다.

外命婦四品, 靑衣二人, 偏扇·團扇·方扇皆八, 行障·坐障皆
一, 白銅飾犢車, 駁人四, 從人八. 餘同三品, 唯無戟.

외명부 4품은 청의를 입는 2인이 따르고, 편선·단선·방선이 각각
8개, 행장·좌장이 각각 1개이며, 백동으로 장식한 독거를 타며, 어
인은 4인이고, 종인은 8인이고, 나머지는 3품과 같으나, 극을 든 호
위는 없다.

自夫人以下皆淸道二人, 繖一, 又有團扇二.

---

68) 태자양제太子良娣 : 태자비 바로 아래의 지위를 가진 태자 후궁 직책 중
   의 하나를 말하며 2인을 두었고, 정3품에 해당하였다.『新唐書』권47「百官
   志」2.
69) 양원良媛 : 태자의 후궁 직책 중의 하나로 6인을 두었고, 정4품에 해당하
   였다.『新唐書』권47「百官志」2.
70) 승휘承徽 : 태자의 후궁 직책 중의 하나로 10인을 두었고, 정5품에 해당하
   였다.『新唐書』권47「百官志」2.

부인 이하는 모두 청도는 2인이 따르고, 산 1기, 또 단선 2개이다.

大駕鹵簿鼓吹, 分前後二部. 鼓吹令二人, 府·史二人騎從, 分左右.

대가노부 고취대는 전후 2부로 나누고, 고취령 2인, 부·사 2인이 말을 타고 좌우로 나뉘어 따른다.

前部：捆鼓十二, 夾金鉦十二, 大鼓·長鳴皆百二十, 鐃鼓十二, 歌·簫·笳次之; 大橫吹百二十, 節鼓二, 笛·簫·觱篥·笳·桃皮觱篥次之; 捆鼓·夾金鉦皆十二, 小鼓·中鳴皆百二十, 羽葆鼓十二, 歌·簫·笳次之. 至相風輿, 有捆鼓一, 金鉦一, 鼓左鉦右. 至黃麾, 有左右金吾衛果毅都尉二人主大角百二十, 橫行十重; 鼓吹丞二人, 典事二人騎從.

전부의 고취대는 강고捆鼓[71] 12, 협금정夾金鉦[72] 12, 대고大鼓·장명長鳴[73] 각 120, 요고鐃鼓[74] 12에 가歌·소簫[75]·가笳[76]가 그 뒤를

---

71) 강고捆鼓 : 들고 두드리는 북

72) 협금정夾金鉦 : 징

73) 장명長鳴 : 長鳴角을 줄여서 부르는 말이다. 노부 행차의 앞에서 행차의 계엄을 알리는 역할을 한다.

74) 요고鐃鼓 : 악기의 일종으로 大駕의 출행이나, 노부고취 행차 때에 앞뒤에서 연주하는 타악기다.

75) 소簫 : 洞簫와 琴簫로 분류되며, 일반적으로 대나무로 만든다. 6개 구멍이 있는 簫와 8개의 구멍이 있는 簫가 있다.

따른다. 대횡취大橫吹[77] 120, 절고節鼓[78] 2에 적笛·소簫·필률觱篥[79]·가笳·도피필률桃皮觱篥[80]이 그 뒤를 따른다. 강고, 협금정 모두 12개, 소고·중명 모두 120, 우보고 12에 가·소·가가 그 뒤를 따른다. 상풍여에 이르면 강고 1, 금정 1개가 있는데, 고는 왼쪽 정은 오른쪽에 위치한다. 황휘에 이르면 좌우금오위 과의도위 2인이 대각 120인을 지휘하는데 가로로 행렬하여 10열로 한다. 고취승 2인, 전사 2인이 말을 타고 따른다.

次後部鼓吹: 羽葆鼓十二, 歌·簫·笳次之; 鐃鼓十二, 歌·簫·笳次之; 小橫吹百二十, 笛·簫·觱篥·笳·桃皮觱篥次之. 凡歌·簫·笳工各二十四人, 主帥四人, 笛·簫·觱篥·笳·桃皮觱篥工各二十四人.

다음으로 후부의 고취대는 우보고 12에 가·소·가가 그 뒤를 따른다. 요고 12에 가·소·가가 그 뒤를 따른다. 소횡취는 120에 적·소·필률·가·도피필률이 그 뒤를 따른다. 모든 가·소·가의 공인은

---

76) 가笳 : 북방민족의 악기로 笛子와 비슷하게 생겼으며, 漢代에 서역을 통해 중국에 들어왔다. 통상 胡笳라고도 부른다.

77) 대횡취大橫吹 : 큰 橫笛을 말한다. 漢代에 서역에서 중원으로 들어왔다고 한다.

78) 절고節鼓 : 고대의 악기로 모양이 博局과 비슷한데, 가운데에 둥근 구멍이 있어서 마치 鼓와 같은 모양이며, 두드려서 연주한다.

79) 필률觱篥 : 관악기의 일종이다. 악기의 몸체는 목제로 윗부분에 8개의 구멍이 있다.

80) 도피필률桃皮觱篥 : 桃枝의 껍질로 만든 필률을 말한다.

각각 24인이고, 주수는 4인이며, 적·소·필률·가·도피필률의 공인은 각각 24인이다.

法駕, 減太常卿·司徒·兵部尚書·白鷺車·辟惡車·大輦·五副路·安車·四望車, 又減屬車四, 淸游隊·持鈒隊·玄武隊皆減四之一, 鼓吹減三之一.

법가는 태상경·사도·병부상서·백로거·벽악거·대연·오부거·안거·사망거를 줄이고, 또 속거 4승과 청유의장대, 지삽의장대, 현무의장대는 모두 1/4을 줄이고, 고취대는 1/3을 줄인다.

小駕, 又減御史大夫·指南車·記里鼓車·鸞旗車·皮軒車·象革木三路·耕根車·羊車·黃鉞車·豹尾車·屬車·小輦·小輿, 諸隊及鼓吹減大駕之半.

소가행렬은 어사대부·지남거·기리고거·난기거·피헌거·상로와 혁로, 목로·경근거·양거·황월거·표미거·속거·소연·소여를 더 줄이고, 모든 의장대와 고취대를 대가행렬의 반으로 줄인다.

凡鼓吹五部 : 一鼓吹, 二羽葆, 三鐃吹, 四大橫吹, 五小橫吹, 總七十五曲.

고취는 5부인데 1 고취, 2 우보, 3 요취, 4 대횡취, 5 소횡취로 모두 75곡81)이다.

---

81) 고취는 5부인데 … [凡鼓吹五部 …] : 一鼓吹, 二羽葆, 三鐃吹, 四大橫

鼓吹部有摑鼓·大鼓·金鉦小鼓·長鳴·中鳴. 摑鼓十曲：一警
雷震, 二猛獸駭, 三鷙鳥擊, 四龍媒蹀, 五靈夔吼, 六鵰鶚爭, 七壯
士怒, 八熊羆吼, 九石墜崖, 十波蕩壑. 大鼓十五曲, 嚴用三曲：一
元驎合邏, 二元驎他固夜, 三元驎跋至慮. 警用十二曲：一元咳大
至遊, 二阿列乾, 三破達析利純, 四賀羽眞, 五鳴都路跋, 六他勃
鳴路跋, 七相雷析追, 八元咳赤賴, 九赤咳赤賴, 十吐咳乞物眞,
十一貪大訐, 十二賀粟胡眞. 小鼓九曲：一漁陽, 二雞子, 三警鼓,
四三鳴, 五合節, 六覆參, 七步鼓, 八南陽會星, 九單搖. 皆以爲嚴
·警, 其一上馬用之. 長鳴一曲三聲：一龍吟聲, 二彪吼聲, 三河
聲. 中鳴一曲三聲：一盪聲, 二牙聲, 三送聲.

고취부에는 강고·대고·금정소고·장명·중명이 있다. 강고는 10
곡으로 1 〈경뢰진警雷震〉, 2 〈맹수해猛獸駭〉, 3 〈지조격鷙鳥擊〉, 4
〈용매접龍媒蹀〉, 5 〈영기후靈夔吼〉, 6 〈조악쟁鵰鶚爭〉, 7 〈장사로壯士
怒〉, 8 〈웅비후熊羆吼〉, 9 〈석추애石墜崖〉, 10 〈파탕학波蕩壑〉이다. 대
고는 15곡이고 엄용嚴用 3곡은 1 〈원린합라元驎合邏〉, 2 〈원린타고
야元驎他固夜〉, 3 〈원린발지려元驎跋至慮〉이다. 경용警用 12곡은 1
〈원해대지유元咳大至遊〉, 2 〈아열건阿列乾〉, 3 〈파달석리순破達析利
純〉, 4 〈하우진賀羽眞〉, 5 〈명도로발鳴都路跋〉, 6 〈타발명로발他勃鳴
路跋〉, 7 〈상뢰석추相雷析追〉, 8 〈원해적뢰元咳赤賴〉, 9 〈적해적뢰赤
咳赤賴〉, 10 〈토해걸물진吐咳乞物眞〉, 11 〈탐대간貪大訐〉, 12 〈가속호
진賀粟胡眞〉이다. 소고小鼓는 9곡으로 1 〈어양漁陽〉, 2 〈계자雞子〉, 3
〈경고警鼓〉, 4 〈삼명三鳴〉, 5 〈합절合節〉, 6 〈복참覆參〉, 7 〈보고步鼓〉,

吹, 五小橫吹가 각각 5부이므로, 고취 5, 우보 10, 요취 15, 대횡취 20,
소횡취 25로 모두 75곡이다.

8〈남양회성南陽會星〉, 9〈단요單搖〉다. 모두 계엄과 경엄할 때 사용
하며 그 하나는 말에 오를 때 사용한다. 장명 1곡 삼성三聲은 1〈용
음성龍吟聲〉, 2〈표후성彪吼聲〉, 3〈하성河聲〉이다. 중명 1곡 삼성三
聲은 1〈탕성盪聲〉, 2〈아성牙聲〉, 3〈송성送聲〉이다.

羽葆部十八曲:一太和, 二休和, 三七德, 四騶虞, 五基王化, 六
纂唐風, 七厭炎精, 八肇皇運, 九躍龍飛, 十殄馬邑, 十一興晉陽,
十二濟渭險, 十三應聖期, 十四御宸極, 十五寧兆庶, 十六服遐荒,
十七龍池, 十八破陣樂.

우보부는 18곡으로 1〈태화太和〉, 2〈휴화休和〉, 3〈칠덕七德〉, 4
〈추우騶虞〉, 5〈기왕화基王化〉, 6〈찬당풍纂唐風〉, 7〈염염정厭炎精〉,
8〈조황운肇皇運〉, 9〈적룡비躍龍飛〉, 10〈진마읍殄馬邑〉, 11〈흥진양
興晉陽〉, 12〈제위험濟渭險〉, 13〈응성기應聖期〉, 14〈어신극御宸極〉,
15〈영조서寧兆庶〉, 16〈복가황服遐荒〉, 17〈용지龍池〉, 18〈파진악破
陣樂〉이다.

鐃吹部七曲:一破陣樂, 二上車, 三行車, 四向城, 五平安, 六歡
樂, 七太平.

요취부는 7곡으로 1〈파진악破陣樂〉, 2〈상거上車〉, 3〈행거行車〉,
4〈향성向城〉, 5〈평안平安〉, 6〈환악歡樂〉, 7〈태평太平〉이다.

大橫吹部有節鼓二十四曲:一悲風, 二遊絃, 三閒絃明君, 四吳
明君, 五古明君, 六長樂聲, 七五調聲, 八烏夜啼, 九望鄕, 十跨鞍,

十一閒君, 十二瑟調, 十三止息, 十四天女怨, 十五楚客, 十六楚妃歎, 十七霜鴻引, 十八楚歌, 十九胡笳聲, 二十辭漢, 二十一對月, 二十二胡笳明君, 二十三湘妃怨, 二十四沈湘.

대횡취부는 절고 24곡이 있는데 1 〈비풍悲風〉, 2 〈유현遊絃〉, 3 〈간굉명군開絃明君〉, 4 〈오명군吳明君〉, 5 〈고명군古明君〉, 6 〈장낙성長樂聲〉, 7 〈오조성五調聲〉, 8 〈오야제烏夜啼〉, 9 〈망향望鄉〉, 10 〈과안跨鞍〉, 11 〈간군閒君〉, 12 〈금조瑟調〉, 13 〈지식止息〉, 14 〈천녀원天女怨〉, 15 〈초객楚客〉, 16 〈초비탄楚妃歎〉, 17 〈상홍인霜鴻引〉, 18 〈초가楚歌〉, 19 〈호가성胡笳聲〉, 20 〈사한辭漢〉, 21 〈대월對月〉, 22 〈호가명군胡笳明君〉, 23 〈상비원湘妃怨〉, 24 〈심상沈湘〉이다.

小橫吹部有角·笛·簫·笳·觱篥·桃皮觱篥六種, 曲名失傳.

소횡취부에는 각角·적笛·소簫·가笳·필률觱篥·도피필률桃皮觱篥의 6종이 있는데 곡명은 전해지지 않는다.

伶工謂夜警爲嚴, 凡大駕嚴, 夜警十二曲, 中警三曲, 五更嚴三遍. 天子謁郊廟, 夜五鼓過半, 奏四嚴; 車駕至橋, 復奏一嚴. 元和初, 禮儀使高郢建議罷之.

악공에게 "야간에 경계"하라고 말하여 계엄하는데, 대가의 계엄은 야간 경계에는 12곡, 중간 경계 3곡, 5경 계엄 3편이다. 천자가 교묘에 배알하러 갈 때에는 야간 5고의 반을 넘으면 4계엄을 아뢰고, 수레가 다리에 이르면 또 1계엄을 아뢴다. 원화 초년에 예의사 고정高郢[82]이 사용 중지를 건의하였다.

歷代獻捷必有凱歌, 太宗平東都, 破宋金剛, 執賀魯, 克高麗, 皆
備軍容, 凱歌入京都, 然其禮儀不傳. 太和初, 有司奏 :「命將征討,
有大功, 獻俘馘, 則神策兵衛於門外, 如獻俘儀. 凱樂用鐃吹二部,
笛・觱篥・簫・笳・鐃鼓, 皆工二人, 歌工二十四人, 乘馬執樂, 陳
列如鹵簿. 鼓吹令・丞前導, 分行俘馘之前. 將入都門, 鼓吹振作,
奏破陣樂・應聖期・賀朝歡・君臣同慶樂等四曲. 至太社・太廟門
外, 陳而不作. 告獻禮畢, 樂作. 至御樓前, 陳兵仗於旌門外二十
步, 樂工步行, 兵部尚書介冑執鉞, 於旌門中路前導, 協律郎二人
執麾, 門外分導, 太常卿跪請奏凱樂. 樂闋, 太常卿跪奏樂畢. 兵部
尚書・太常卿退, 樂工立於旌門外, 引俘馘入獻, 及稱賀, 俘囚出,
乃退.」

역대로 전쟁의 전리품을 헌상할 때에는 반드시 개선가가 있었는데,
태종이 낙양을 평정하였을 때83)와 송금강宋金剛84)을 격파하였을 때,

---

82) 고정高郢(740~811) : 선조는 발해인으로 9살에 춘추를 통하였고, 문장에
능했다고 한다. 진사에 급제하여 관직에 진출하였다. 『舊唐書』 권147「高
郢傳」 "高郢字公楚, 其先渤海蓚人. 九歲通春秋, 能屬文. 天寶末, 盜據
京邑, 父伯祥先爲好畤尉, 抵賊禁, 將加極刑. 郢時年十五, 被髮解衣,
請代其父, 賊黨義之, 乃俱釋. 後舉進士擢第, 應制舉, 登茂才異行科,
授華陰尉. 嘗以魯不合用天子禮樂, 乃引公羊傳著魯議, 見稱於時, 由是
授咸陽尉."

83) 태종이 낙양을 평정하였을 때[太宗平東都] : 당나라가 건국하여 아직 수나
라 말기의 잔여 반란군들이 남아 있던 무덕 3년(620)의 일로, 이세민이
王世充이 장악하고 있던 낙양을 공격하여 함락한 일을 말한다.

84) 송금강宋金剛(?~620) : 上谷郡(지금의 河北省 張家口市) 사람이다. 隋
나라 말기 농민기의에 군의 수령이다. 隋煬帝 말년에 上谷 일대에서 반
란 군중을 이끌고 劉武周와 함께 남하하며 여러 차례 唐軍을 격파하였

하로賀魯[85])를 사로잡았을 때, 고구려를 멸망시켰을 때[86]) 모두 군의
위용을 갖추고 개선가를 연주하며 장안으로 들어왔다고 하는데 그 예
의는 전해지지 않는다.[87]) 태화 초에 담당 관리가 상주하여 말하였다.

　　장수에게 정토의 명을 내려 큰 공을 세우고 포로와 적의 수
급[俘馘]을 헌상하면 즉 신책병이 문밖에서 위수하는 것이 포

　　다. 武德 3년(620) 正月 秦王 李世民에 대항하다가 패전하여 突厥로 도
　　망갔다가 피살되었다.

85) 하로賀魯 : 당 고종 顯慶 3년(658)에 소정방으로 하여금 서돌궐을 공격하
　　게 하였는데, 이 때 沙鉢羅可汗賀魯가 石國으로 도망갔다. 그해 11월
　　에 그를 잡아 소릉에 바쳤다는 기록이 있다. 『舊唐書』 권4 「高宗本紀」상,
　　"二月丁巳, 車駕還京. 壬午, 親錄囚徒, 多所原宥. 蘇定方攻破西突厥沙
　　鉢羅可汗賀魯及咥運·闕啜. 賀魯走石國, 副將蕭嗣業追擒之, 收其人
　　畜前後四十餘萬. … 冬十一月乙酉, 鴻臚卿蕭嗣業於石國取賀魯."

86) 고구려를 멸망시켰을 때[克高麗] : 唐 高宗 總章 1년(668) 고구려 멸망을
　　말한다. 『舊唐書』 권5 「高宗本紀」하, "九月癸巳, 司空·英國公勣破高
　　麗, 拔平壤城, 擒其王高藏及其大臣男建等以歸. 境內盡降, 其城一百七
　　十, 戶六十九萬七千, 以其地爲安東都護府, 分置四十二州."

87) 개선가를 연주하며 장안으로 들어왔다고 하는데 … [凱歌入京都 …] : 唐
　　文宗 大和 3년(829) 태상예원의 관리가 상주한 같은 내용이 『舊唐書』
　　「音樂志」에도 나온다. 『舊唐書』 권28 「音樂志」1, "大和三年八月, 太常
　　禮院奏 : 謹按凱樂, 鼓吹之歌曲也. 周官大司樂 : 「王師大獻, 則奏凱
　　樂.」注云 : 「獻功之樂也.」又大司馬之職, 「師有功, 則凱樂獻于社.」注
　　云 : 「兵樂曰凱.」司馬法曰 : 「得意則凱樂, 所以示喜也.」左氏傳載晉文
　　公勝楚, 振旅凱入. 魏·晉已來鼓吹曲章, 多述當時戰功. 是則歷代獻捷,
　　必有凱歌. 太宗平東都, 破宋金剛, 其後蘇定方執賀魯, 李勣平高麗, 皆
　　備軍容凱歌入京師. 謹檢貞觀·顯慶·開元禮書, 並無儀注. 今參酌今古,
　　備其陳設及奏歌曲之儀如後."

252　『신당서』 권 23하

로를 헌상할 때의 의례와 같습니다. 개선악은 요취 2부를 연주하는데 적笛·필률觱篥·소簫·가笳·요고鐃鼓에 각각 악공인 2인이고 가인이 24인이며, 말을 타고 악기를 잡고 노부와 같이 열을 짓습니다. 고취령鼓吹令과 승전도承前導는 포로와 적군의 수급 앞에 행을 나누어 서고, 장차 도문을 들어가면서 고취악기를 연주하는데, 〈파진악破陣樂〉·〈응성기應聖期〉·〈하조환賀朝歡〉·〈군신동경악君臣同慶樂〉 등 4곡입니다. 태사와 태묘의 문 밖에 이르면 도열하지만 연주하지는 않습니다. 고헌례가 끝나면 악기를 연주합니다. 어루의 앞에 이르면 정문 20보 밖에 병기의장대가 도열하고 악공은 보행하며, 병부상서는 갑옷과 투구를 쓰고 부월을 들고 정문 중로의 앞에서 인도하고, 협률랑 2인은 휘를 들고 문 밖에서 나뉘어 인도하고, 태상경은 무릎을 꿇고 개선악을 연주하기를 청합니다. 음악이 끝나면 태상경은 무릎을 꿇고 음악이 끝났음을 아룁니다. 병부상서와 태상경이 물러나면 악공은 정문의 밖에 서고, 포로와 적군의 왼쪽 귀를 바치도록 인도하며, 축하가 끝나면 포로가 나가고 물러나게 합니다.

참고문헌

『周易正義』『尙書正義』『毛詩正義』『周禮註疏』『儀禮註疏』『禮記正義』
『春秋左傳正義』『春秋公羊傳註疏』『春秋穀梁傳註疏』『論語註疏』『爾雅
註疏』『孟子註疏』『孝經註疏』(十三經注疏整理委員會 整理, 北京大學出
版社, 2000年 12月 第1版)
『史記』『漢書』『後漢書』『三國志』『晉書』『宋書』『南齊書』『梁書』『陳書』
『魏書』『北齊書』『周書』『南史』『北史』『隋書』『舊唐書』『新唐書』『舊五
代史』『新五代史』『宋史』(中華書局 標點本)

郭茂倩,『樂府詩集』, 中華書局, 1996.
국사편찬위원회,『조선왕조실록』, http://sillok.history.go.kr/main/main.do
김선주,『中國 5-6世紀 北朝 古墳壁畵〈墓主出行圖〉研究』, 고려대학교
　　　석사학위논문, 2016.
김현주·이태형 역주,『碧雞漫志譯註』, 昭明出版社, 2021.
杜佑 撰,『通典』, 中華書局, 1996.
雷曉靑·薛龍·趙煜,『中國古代兵器史話』, 西安出版社, 2020.
劉藍 輯著,『二十五史音樂志 國家古籍整理出版補貼項目』第2卷, 雲南大
　　　學出版社, 2015.
劉俊田·林松·禹克坤 譯注,『四書全驛』, 貴州人民出版社, 1994.
馬端臨,『文獻通考』, 中華書局, 1986.
梅文 編著,『古代兵器』, 黃山書社, 2012.
배윤경,『수당시대 국가음악 연구』, 동국대학교 박사학위논문, 2021.
백영자,『우리나라 鹵簿儀衛에 관한 研究 : 儀仗, 儀禮服의 制度 및 그 象徵
　　　性을 中心으로』, 梨花女子大學校 박사학위논문, 1985.
沙靈娜 譯注,『宋詞三百首全譯』貴州人民出版社, 1992.
司馬光,『資治通鑑』, 臺灣 中華書局, 1966.
司馬光,『資治通鑑』, 上海古籍出版社, 1987.
謝宇·唐文立,『中國古代兵器鑑賞』, 華齡出版社, 2008.
聶崇義,『新訂三禮圖』, 淸華大學出版社, 2006.

孫曉輝,『兩唐書樂志硏究』, 上海音樂出版社, 2005.

宋敏求,『長安志』, 國家圖書館出版社, 2012.

梁蔭瀏,『中國古代音樂史稿 上』, 人民音樂出版社, 1981.

王溥,『唐會要』, 中華書局, 1990.

王肅,『孔子家語』, 漓江出版社, 2019.

王燁,『中國古代兵器』, 中國商業出版社, 2015.

王雲五 主編, 王夢鷗 註譯,『禮記今註今譯』, 臺灣商務印書館, 1981.

王灼 著, 岳珍 校正,『碧雞漫志校正』, 人民文學出版社, 2015.

于孟晨·劉磊,『中國古代兵器圖鑑』, 西安出版社, 2017.

袁珂 譯注,『山海經全譯』, 貴州人民出版社, 1995.

張百合,『『舊唐書·音樂志』與『新唐書·禮樂志』比較研究』, 中國中央學院
        碩士學位論文, 2014.

張傳官 撰,『急就篇校理』, 中華書局, 2017.

조남권·김종수 공역,『樂記』, 민속원, 2005.

中國戲曲研究院 編,『中國古典戲曲論著集成』1, 中國戲劇出版社, 1980.

陳鼓應 注譯,『莊子今注今譯』, 中華書局, 1991.

陳立,『白虎通疏證』, 中華書局, 1994.

陳暘 撰, 張國强 點校,『樂書』, 中州古籍出版社, 2019.

최진아 역,『북리지 교방기』, 소명출판사, 2013.

許嘉璐 主編,『二十四史全譯』, 同心出版社, 2012.

李方元,「唐宋時期的正史樂志及其文本傳統」,『中國音樂(季刊)』, 2004年
        第4期.

李亞明,「『周禮』「考工記」樂鐘部件系統」,『交資學報』, 2004年 第4期.

許繼起,「鼓吹十二案考釋」,『中國音樂學』, 2004年 第4期.

宋旭雅,「來自宋朝的"儀仗隊"」,『科學24小時』, 2020.02.28.

柳夏雲,「唐代儀仗扇小考」,『西安石油大學學報(社會科學版)』, 2009.05.15.

張愛麾,「近三十年來鹵簿制度研綜述」,『陰山學刊』, 2013.04.20.

朱筱新,「古代帝王出行的儀仗」,『百科知識』, 2013.03.01.

당송 예악지 역주 총서

| 연구 책임 |

김현철

연세대학교 중국연구원 원장
중국 언어와 문화 전공자. 한국연구재단 중점사업 '중국 정사 당송 예악지 역주' 사업
연구책임자. 연세대학교 우수업적 교수상, 우수강의 교수상, 공헌교수상 및 우수업적
논문분야 최우수상을 수상
200여 편의 논문과 저역서 편찬, 『중국 언어학사』가 '1998년 제31회 문화관광부선정
우수학술도서', 『중국어어법 연구방법론』이 '2008년 대한민국학술원 기초학문육성 우
수 학술도서', 『대조분석과 중국어교육』이 '2019년 학술부문 세종도서로 선정'로 선정

| 역주자 |

이유진

연세대학교 중국연구원 연구교수
연세대 중어중문학과를 졸업하고, 동대학원에서 '중국신화의 역사화歷史化 연구'로 박
사학위를 받았다. 복잡한 중국 역사를 대중적인 언어로 소개하는 작업을 꾸준히 해왔
다. 저서로 『중국을 빚어낸 여섯 도읍지 이야기』, 『상식과 교양으로 읽는 중국의 역사』
『한손엔 공자 한손엔 황제 : 중국의 문화 굴기를 읽는다』, 『차이나 인사이트 2018』(공저)
등이 있고, 역서로 『신세계사』, 『고대 도시로 떠나는 여행』, 『미의 역정』, 『동양고전과
푸코의 웃음소리』, 『중국신화사』(공역), 『태평광기』(공역) 등이 있다.

하경심

연세대학교 중어중문학과 교수, 연세대학교 공연예술연구소장. 중국고전희곡 전공
역서로 『중국연극사』(학고방), 『두아이야기, 악한 노재랑』(지만지), 『전한희곡선』(학고방),
『조우희곡선』(학고방), 『부득이』(일조각), 『송대의 사』(학고방) 등이 있고 논문으로 「무대
위의 건괵영웅 – 중국 전통극중 여성영웅형상의 탄생과 변용」, 「계승과 변화, 다양성과
가능성 : 최근 북경의 극 공연 및 공연환경 탐색」, 「중국 전통극 제재의 변용에 관한
일고 – 혼변고사를 중심으로」, 「마치원의 산곡 투수 소고」, 「원대 '조소' 산곡 소고」 등
이 있다.

방향숙

연세대학교 중국연구원 연구교수

이화여자대학교 학사·석사, 서강대학교 박사

저서로『중국 한대 정치사 연구』(서강대학교 출판부),『한중관계사상의 교역과 교통로』(주류성, 공저), 역서로『중국 고대 정사 예악지 역주: 후한서, 진서, 송서, 남제서, 수서』(혜안, 공역),『고대 동북아시아 교통사』(주류성, 공역), 논문으로「전한의 외척보정과 왕망정권의 출현 배경」,「백제 고토에 대한 당의 지배체제」,「전한 말기 예제 논쟁과 왕망의 정치집단」,「중국 정사 '예악지'와『삼국사기』잡지 비교 분석」,「고대 '중국'과 '요동'의 정치적 관계」,「당태종·고종대 한반도 정책과 백제의 위상」등이 있다.

당송 예악지 역주 총서 10

신당서 예악지 *4* · 의위지

초판 1쇄 인쇄 2023년 8월 1일
초판 1쇄 발행 2023년 8월 16일

연세대학교 중국연구원 당송 예악지 연구회 편
연구책임 | 김현철

역 주 자 | 이유진·하경심·방향숙
펴 낸 이 | 하운근
펴 낸 곳 | 學古房

주   소 | 경기도 고양시 덕양구 통일로 140 삼송테크노밸리 A동 B224
전   화 | (02)353-9908 편집부(02)356-9903
팩   스 | (02)6959-8234
홈페이지 | http://hakgobang.co.kr
전자우편 | hakgobang@naver.com, hakgobang@chol.com
등록번호 | 제311-1994-000001호

ISBN 979-11-6586-457-6 94910
     979-11-6586-091-2 (세트)

값 : 23,000원

■ 파본은 교환해 드립니다.